广东省哲学社科"十二五"规划 2012 年度学科共建项目"客家文化视角下的地方特色大学研究——以嘉应学院为例（GD12XJY10）"；广东省创新强校项目"客家特色鲜明的国内知名特色大学理论研究与实践探索"的终期成果

地方特色大学研究

胡解旺　陈明　等著

中国社会科学出版社

图书在版编目（CIP）数据

地方特色大学研究／胡解旺等著 . —北京：中国社会科学出版社，
2017. 12

ISBN 978 - 7 - 5203 - 1764 - 1

Ⅰ.①地… Ⅱ.①胡… Ⅲ.①地方高校—研究—中国 Ⅳ.①G649.2

中国版本图书馆 CIP 数据核字（2017）第 313389 号

出 版 人	赵剑英
责任编辑	王半枚
责任校对	王　影
责任印制	李寡寡

出　　版	中国社会科学出版社
社　　址	北京鼓楼西大街甲 158 号
邮　　编	100720
网　　址	http://www.csspw.cn
发 行 部	010 - 84083685
门 市 部	010 - 84029450
经　　销	新华书店及其他书店

印　　刷	北京君升印刷有限公司
装　　订	廊坊市广阳区广增装订厂
版　　次	2017 年 12 月第 1 版
印　　次	2017 年 12 月第 1 次印刷

开　　本	710×1000 1/16
印　　张	21
插　　页	2
字　　数	320 千字
定　　价	85.00 元

凡购买中国社会科学出版社图书，如有质量问题请与本社营销中心联系调换
电话：010 - 84083683

目　录

第一篇　地方特色大学概论

第二篇　地方特色大学的人才培养

第三篇 地方特色大学的科学研究

第四篇 地方特色大学的社会服务

第五篇　地方特色大学的文化传承与创新

导　论

邱国锋

综观世界大学发展史，不同时期、不同国家和地区诞生的大学，既有模仿中形成自身特色，更多大学自始就以创新为己任，致力于打造独具一格的品牌和特色。可以说，历经岁月洗礼的大学，无论历史长短，都是通过不断凸显特色，成为日益适应高等教育潮流和各国、各地区社会经济发展需要的特色大学。

一　关于"创建国内知名特色大学"的构想

2006 年，在教育部组织开展的本科高校教学工作水平评估中，嘉应学院在办学实践中凝炼的"植根桥乡，服务山区，弘扬客家文化"的特色得到了教育部专家组的充分肯定，学校获评"良好"等级。此后，学校不断彰显办学特色，并在原有特色基础上，进一步凝炼成"植根侨乡，服务地方，弘扬客家文化"。2010 年 12 月校二届四次工代会、教代会上，正式提出了"创建国内知名特色大学"的宏伟目标——"十二五"乃至未来十年，将"办好应用型优质本科教育，取得硕士学位授予权，办成国内知名特色大学"，全面提升办学整体水平、办学层次和综合效益。

2011 年 11 月，全国"办学特色与地方院校发展"论坛在嘉应学院举行，与会的教育部高教司原巡视员刘凤泰、华中科技大学刘献君教授等与会专家都一致强调地方院校走特色强校道路的重要意义，并充分肯定了嘉应学院的办学思路。

2013 年 3 月，学校第三次党代会提出了把学校办成引领区域经济社会发展、优势突出的国内知名特色大学。2015 年制定的《嘉应学院章程》再次明确办学目标："学校办学的发展目标是办好应用型优秀本科教育，取得硕士学位授予权，建成国内知名特色大学"。

我们期望通过自身的艰苦努力，推动"世界客都"唯一本科大学能够迈向卓越之路，为中国高等教育开辟出一片试验田。这是我们的嘉园之梦，也是落实中国高等教育差异化、个性化、特色化发展的现实选择。诚如中国教育学会会长钟秉林教授指出："中国高等教育发展规模非常大，普及程度也很高。在这种情况下，如何做非常重要，不能一刀切，不能同质化，包括培养应用型人才，也要强调多样化，没有唯一的模式。"①

为了更好地从理论到实践上进行探索，在我的策划和推动下，我校教育科学研究所先后承担了广东省哲学社科"十二五"规划 2012 年度学科共建项目"客家文化视角下的地方特色大学研究——以嘉应学院为例（GD12XJY10）"和广东省教育厅创新强校项目"客家特色鲜明的国内知名特色大学理论研究与实践探索"两项课题，并以此作为重要平台，认真探索和研究。《地方特色大学研究》便是其中的主要成果。该著由我本人组织安排、充分调动和发挥相关研究人员之所长，并最终由学校教育科学研究所和教育科学学院部分骨干教师共同完成，是集体智慧的结晶。

该著从大学发展历程和高等教育理论出发，结合地方大学的办学特点和我校"创建国内知名特色大学"等典型案例，从人才培养、科学研究、社会服务、文化传承与创新四大功能的角度进行了初步探索，在国内首次比较系统地开展了地方特色大学研究。不过，与高等教育领域的众多经典名作相比，该著还显得比较稚嫩，尤其是理论水平有待提高。然而，作为地方特色大学研究领域的拓荒之作，相信它一定能够起到抛砖引玉作用。

二　关于大学特色

不可否认，许多大学创办伊始，是通过借鉴本国或其他国家"前辈"大学的经验，甚至通过模仿而逐步发展的。早期的美国大学以模仿欧洲大

---

① 易鑫：《高校不能一个模式一种形态》，《中国教育报》2015 年 10 月 19 日。

学（尤其是英国的牛津、剑桥）为荣；日本明治维新后的大学以德国大学为蓝本；中国早期的大学同样如此，北京大学便是在学习洪堡大学的基础上走向勃兴的。从社会心理学角度看，"模仿是有力的社会保守倾向，它使新一代不做丝毫变化地去采纳上一代的习俗和传统。"[①]

不过，大学的模仿具有阶段性，绝不可能恒久持续下去。如果大学仅囿于模仿并宴安耽乐，缺乏创新和突破，缺乏对自身特色的挖掘和彰显，那么，这样的大学便会刻鹄类鹜，容易出现典型的"天花板效应"。

（一）特色是所有大学的应然追求。特色是应然而非或然，也并非某些大学的"天赋"，更不为名校独享，而是所有大学的自觉追求。软硬条件好、起点高的大学，特色更容易凸现，且具有非凡的影响力；而基础薄弱、起点较低的大学，并非毫无特色，而是对自身特色视而不见、充耳不闻。

对于任何大学而言，特色不仅是区别自身与他校的外在符号，更具有独特的基因密码。大学只有坚持自身特色，才能保持独有的风格，才能以此为着力点和坐标，调动一切可以调动的资源，推动学校稳步、健康发展，并逐步获得社会的广泛认同。

反之，大学失去对自身特色的坚守，靠模仿去提高办学质量和美誉度，则常常事倍功半，甚至缘木求鱼。就习惯而言，模仿就是不切实际的求高过程。近年来，顶尖的北大、清华是中国诸多大学追形摹影的偶像。正是由于许多大学以邯郸学步的方式走上了一条与北大、清华相同的轨道，高等教育领域到处涌现出头戴北大帽、身穿清华服的大学，它们在两大顶尖名校身后鹅行鸭步，深以为荣，严重迟滞了中国大学追赶世界高水平大学的步伐。

所有大学都是唯一的。寄望于模仿顶尖大学来为自己添彩、增光，最多是形"象"，却很难做到神似。热衷于模仿的大学会丧失自己的本能和特长，导致办学水平日益下降。某种意义上，中国近年来高等教育质量的下降，原因固然多种多样，其中同质化、"千校一貌"是公认的、饱受诟病的主要因素。

---

① ［美］威廉·麦独孤著，俞国良、雷雳、张登印译：《社会心理学导论》，北京大学出版社2010年版，第170页。

（二）特色是大学前瞻性的突出表征。特色本身天然地蕴藏着深厚的超前和创新元素；反之亦然。大学如果没有前瞻性和创造性，就不会主动挖掘特色、识别特色、重视特色、彰显特色。俗话说："出头橡子先烂"。一所大学在努力追求特色的过程中，必然要打破传统思维和既有惯性，时常面临着各种误解、非议甚至强大的阻力。这在中外大学历史中屡见不鲜、从未间断。因为追求一种全新且并无绝对把握的办学风格潜伏着不可预知的各类险情，或来自于社会各界，或源于大学内部。总之，与创新的高风险相比，求稳即使无"高功"，也难有"大过"。上个世纪 80 年代，武汉大学校长刘道玉在大学管理、引进人才、科学研究、学生培养、对外交流等诸多方面采取一系列独特措施时，引发了校内和整个高等教育界的重大震动，一些人认为"过急"、"冒进"，是大学中的"大跃进"现象。但刘道玉本着重振武大雄风的使命感和责任感，顶住重重压力，坚持推行新政。经过七年的实践检验，这些举措极大地彰显了武大的办学特色，也进一步提升了武大的综合实力和影响力。

在国外，这种情况也并不少见。美国威斯康星大学创办伊始，便创造性地提出"大学必须为地方经济服务"的理念，形成了独具特色的"威斯康星思想"。尤其是 1901 年范海斯执掌帅印后，更是提出了"威斯康星计划"，全面落实大学服务本州、为本州培养人才、提高本州公民素质的思想。不过，这一有悖于"象牙塔式"的大学模式和"平民特色"饱受各方批评和讽刺，一些保守的贵族甚至嘲笑它为"牧牛娃大学"。在古典主义大学思想占绝对统治地位的环境中，威斯康星大学走上一条完全不同的道路，也是一条荆棘遍布、符合美国社会经济发展的现代主义"新航道"，它从此发现了"新大陆"，并在这块坚实而广阔的天地中大展鸿图。

与欧美许多古老大学相比，威斯康星大学一百余年的历史，确实只能算"后学晚辈"，然而，它创造的辉煌成就丝毫不逊色于鼎鼎大名的先贤前辈和同侪。无论从哪个角度看，它都已经成为美国和世界公认的顶尖大学。更重要的是，服务地方的思想种子已经和正在世界各国开花，且硕果累累。

所以，大学彰显办学特色既是做强的必由之路，也需要大学领导者做好承担巨大风险、敢于探路的思想准备。陈规和传统既是内部保守思维盘踞、陋习堆垒的体现，也是外部怀疑和反对力量进行干扰的"至理"。大学要在突出重重包围中创新、变革，以特色为主导，并逐步获得广泛认同，是一项需要反复博弈、历尽艰辛的过程，绝非如汤沃雪之举。

三　关于特色大学

大学特色与特色大学是不同的概念。后者包含前者。大学特色是特色大学的必要基础和前提，特色大学则是大学特色的必然趋势和发展方向。一所具有特色的大学要想最终成为公认的特色大学，既需要漫长的时间积淀，也需要始终不渝的执着与坚守。

其一，特色大学是大学发展的高级阶段。一般而言，大学发展要经过初级阶段、中级阶段和高级阶段。初级阶段是大学奠定基础、探索特色的阶段；中级阶段是大学凝炼特色、彰显特色的阶段；高级阶段是大学特色业已成型、固化并全面体现在大学各个领域、影响全体师生价值观和行为的阶段。

与大学特色显著不同的是，特色大学从理念、意识、制度到功能都深深地印刻着鲜明的个性而且具有相当高的办学水平。更进一步说，特色大学已经形成了别具一格、积淀深厚的先进文化体系，并且通过不断创新和吸收其他优秀文化，确保高质量、高水准。

特色大学层次和类型多种多样，如美国的哈佛大学、麻省理工学院，英国的牛津大学、剑桥大学等，都属于名震世界的特色大学；有的特色大学在世界上并无显赫名声，却在国内享誉崇隆，其影响力与世界顶尖名校相比，同样无遑多让。印度理工学院便是其中的典型代表。这所在当下所有排名机构中均难以进入世界百强的特色大学，在印度却成了所有考生梦寐以求的学术圣殿，被印度学子尊称为"科学皇冠上的瑰宝"。这所大学最令人信服、最具特色的是 IT 人才培养，有人甚至将它喻为硅谷 IT 人才的"海外摇篮"。

当然，世界各地还有不可胜数的特色大学。无论它们的影响范围较大或较小，世界排名或高或低，都无法改变其特色大学的本质。

其二，特色大学将人才培养质量看作生命线。各类各型的特色大学，都有一个共同点：即无一例外地以人才培养当作学校竞争力、影响力和吸引力的关键。世界顶尖的特色大学更是始终不渝、乐此不疲。它们对学生的重视程度呈"哑铃型",在本科、硕士和博士三大学历层次中,本科教育居于顶端,博士教育第二,再次是硕士教育。如剑桥大学三一学院,为了培养高质量的本科生,一批名一流教授时常与数百名本科生吃住在一起,共同探讨深奥的科学命题和人生理想。无独有偶,耶鲁大学自1701年创办之初,就坚持并逐步完善"住宿学院"制度,确保一流教授与本科生在课堂之余能够经常交流。被誉为全美最好的公立大学——加州大学伯克利分校,也是一直将本科教学置于最高地位,而且越是低年级学生,越能够享受大牌教授的教学资源。其他顶尖大学无一不是将本科教学质量看作学校的生命线、一切工作之首。大量顶尖教授都以站在本科教育第一线为荣。

这些顶尖的特色大学深知:本科教育质量是大学水平的决定性因素。本科教育是大学生接受高等教育最重要的阶段,是求异思维、扩散思维和创新思维最发达的时期,因此,必须以最优秀的教授引导他们尽快进入研究型学习阶段,以最大的投入为他们拓展成长空间,以最严格的淘汰制度去约束他们养成良好的学习、生活习惯。

反之,不重视人才培养,绝不可能以高质量人才作为学校声誉的"背书"。这样的大学即使在其他方面投入再多、劳心费力,终因与办学宗旨背道而驰。它们将长期在低水平区间徘徊,永远不可能成为受到社会敬重、考生青睐的特色大学,只能在人们的同情苟延残喘,维持着最低水平的生存状态。

其三,特色大学应是任何大学的最高目标。既然特色大学是大学发展的高级阶段,因此,也是任何大学努力的方向和必须追求的高远目标。当然,世界各地的大学难以数计,能够真正成为特色大学者依然是少数,绝大多数大学还只是普通大学,即处于大学发展的初、中级阶段,尚未升华到高级阶段。

普通大学要想上升到特色大学,是一个远比彰显特色更为艰难的历程,也需要付出更加艰辛的努力。这一过程是养精蓄锐、积累经验的历程,是一个不断屏除杂念、丢掉幻想、用心如一的历程,更是一个百折不挠、克服重重困难的历程。创建特色大学涉及观念和思想统一、办学行动步调一致、全校上下具有强大的凝聚力和向心力等软件,还需要师资、生源、资金、设备、场所等硬件,是高水平软硬件的集合。它是"波浪式前进,螺旋式上升"的曲线，是普通大学经历的凤凰涅槃。任何"一万年太久，只争朝夕"的不切实际的想法和做法，都将以失败而告终。在大学发展史上，曾经有过惨痛的教训。"一蹴而就"不但劳民伤财，也让大学元气大伤。

从辩证法的角度看，事物发展无止无境。即使是从普通大学最终上升到特色大学，也不可能一劳永逸。特色大学没有最好，只有更好；没有前进，便是倒退。

四　关于地方特色大学

地方特色大学是特色大学的重要组成部分，它是地方大学发展到高级阶段的产物。地方大学在国内和国际上的说法和称谓殊异。在我国，二十多年前，教育部以及各部委直属以外的大学称为地方大学；上个世纪90年代后期，985、211工程大学以及部分省部共建的重点大学以外的大学称为地方大学。在国外，大学同样有层级，但划分方式不一样。许多地方大学经过长期努力，已经成长为具有国内甚至国际影响力的名校。

（一）地方大学必须努力登上地方特色大学的高峰。在国内，一些人不辨菽麦、武断地认为：地方大学天然地与低层次、低水平为伍。这一谬断在某种程度上甚至得以强化，对地方大学的健康发展非常有害。

从欧美大学的发展进程看，地方大学正是为了满足地方社会经济快速发展的需要而创办的。在欧洲，19世纪英国的地方大学运动也被之为"新大学运动"，它带动了曼彻斯特大学等一大批新型大学的建立。在德国，自近代以来，许多大学就高瞻远瞩地为自己的"地方性"和"有限范围"进行精准定位：着力服务周边200公里以内的企业和地方经济发展。这样的定位看似低调和内敛，却并非自甘平庸。作为高等教育后起之秀的美国，更是通过《莫雷尔法案》，在各州开办了一大批以服务本州为主的地方大学。如今，已有不少大学不但闻名全美，而且享誉全球。

与欧美现代大学的悠久历史和卓越声望相比，我国现代大学不过短短的一百余年，而且经历长期战乱，极大地影响了对中国大学的正常、持续发展。新中国成立后，也历经波折，但中国大学一直坚强前行。作为地方大学，它们先天不足，起点较低，各方面条件无法与名校比肩，但并意味着它们笃定就是大学群体中的永恒弱者。

　　在高等教育既有的分层体系中，地方大学已经没有追兵、只有标兵，必须用百倍、千倍的努力改变自身积弱的形象。"从来就没有什么救世主，也不靠神仙皇帝"，地方大学必须以自救的心态自立自强，舍此，恐无其他良策与捷径。

　　（二）地方大学应有建成地方特色大学的自信。自信是永远不可缺少的"精神之钙"。如果说名校的自信是基于长期积淀的雄厚办学实力和卓越的声望，那么，在诸多硬件远逊于名校的现实情境下，地方大学需要在严格遵循高等教育规律的前提下充分发挥自身的主观能动性和创造性。作为我国高等教育拼图中的重要版块，地方大学是高等教育的"地方队"和"方面军"，具有"国家队"所不具备的特殊区位优势，须臾不可或缺。其主要目的是为服务地方社会经济发展。地方大学越强劲，则高等教育有大厦越稳固。因此，地方大学必须在四大职能上全面服务于当地，成为当地能够倚重的智力库、人才库和思想库。

　　其中，培养适合当地发展和需要的高素质人才是地方大学的重中之重。其他三种职能都必须紧紧围绕这一中心职能展开。地方大学的人才培养必须具有鲜明的当地特色，需要结合当地社会经济发展的现实和长远需求，不断培养接地气、高水平的应用型技术技能人才。"今天我以母校为荣，明天母校以你为荣"，能够实现双向光荣的更多是名校，而地方大学则更多需要借毕业生之光，来提升自身的品牌形象和影响力，即"母校以你为荣"。因此，从严管理、提高培养质量、体现母校之大爱，是地方大学赖以登堂入室的不二法门。

　　此外，科学研究、服务社会、文化传承与创新等职能既要紧紧围绕人才培养这一中心任务，同时要与地方社会经济有机融合。充分发挥好这三大职能，才能为人才培养提供坚实的基础和动力，也才能更好地服务于当地。

　　地方特色大学是地方大学的崇高理想和辽远目标。能够有卓尔不凡的理想和目标的地方大学，国内逐步增多。嘉应学院作为地处"世界客都"的唯一本科大学，一直是心动与行动并举。学校确定了"创建国内知名特色大学"这一宏伟目标，并列入学校的发展规划和章程，殊为难得，与广东省创新强校、打造南方教育高地的目标高度一致。

　　客观地说，在短期内，学校的整体办学实力无法与名校，甚至无法与许多省市区的重点建设高校相匹，但是，学校上下齐心，拧成一股绳，既有"疾如风"的有效举措，也有"徐如林"的扎实稳健，以踏石留印的坚实步伐，努力向着这一目标迈进。

邱国锋

嘉应学院校长/教授/博士

2015 年 11 月 12 日

序　言

卢晓中

多年来，在我国高等教育领域先有重点大学、非重点大学的分类，后有985、211工程大学与一般普通本科院校的区隔，这些分类和区隔有意无意地透出了对大学水平高低的一种官方评判，并直接影响到社会心理。而属一般普通本科院校的地方大学更被贴上了一张"低水平"标签，以至严重影响了地方大学办学的积极性和创造性，也有悖于现代高等教育发展规律。

事实上，任何一所大学在高等教育谱系中都有各自的发展定位和发展逻辑，研究型的大学有适合自己的定位和发展逻辑，教学型的地方大学也有符合自己的定位和发展逻辑，从来就没有一条适合所有大学的发展道路。适合于此大学的发展范式，对彼大学而言，极有可能是圆枘方凿；反之亦然。毕竟，不同大学都有自己的独特内涵，包括学科专业、培养目标、课程体系、管理制度、历史文化、人员构成等因素，是不可能随意相互进行置换的。例如，在英国，牛津的文科、剑桥的理科、帝国理工的工科，成鼎足之势，均达到世界顶尖水平。在长期的办学实践中，三大名校始终坚持自己的特色和发展道路，丝毫没有动摇信念。正是这种"咬定青山不放松"的执着，它们始终处于世界高等教育领域的塔尖，并带动了本校其他学科的发展。在美国，哈佛和麻省理工仅一河之隔，却没有同轨并道，遑论合为一体。两校自成立以降，以综合实力（尤其是文科）见长的哈佛和以工科见长的麻省理工，便始终不渝地坚持自己的发展方向，不断彰显自身的特色。它们向世人呈现了同城顶尖大学双星闪耀的蔚为大观。这些世界名校如此，其他大学也概莫能外，如美国许多州立大学正是通过适当定位，特色发展，走出了一条经久不衰的持续发展之路。

在中国，无论是政府还是大学自身，确立大学分类发展这一认识，对于大学的良性发展和高等教育健康生态体系的形成，都是至关重要的。而对于地方大学，由于某些先天的弱势，要实现自我超越、达成卓越，深刻认识这一点尤为重要。《中庸》有云："君子素其位而行，不愿乎其外。素富贵行乎富贵，素贫贱行乎贫贱，素夷狄行乎夷狄，素患难行乎患难，君子无入而不自得焉。"这段话似乎也适合大学尤其是地方大学的发展，也就是说地方大学应当"素其位而行，不愿乎其外"，走出一条符合自身实际的特色化发展之路。

嘉应学院是一所地处"世界客都"广东梅州的地方本科大学，2010年，该大学便确立了"创建国内知名特色大学"的宏伟目标，并在学校领导班子的带领下，朝着这一宏伟目标，求实创新，不断超越自我，取得了骄人的办学业绩，学校美誉日隆。《地方特色大学研究》一书正是在这一背景下，由邱国锋校长主持策划，并由该校教育科学研究所所长胡解旺教授与该所及教育科学学院多位老中青学者共同完成的。所以，从这一意义上，与其说此书是一本探讨地方大学发展路径的学术专著，倒不如说是嘉应人对学校办学实践进行的一种理性思考和理论升华。

本书在对"地方特色大学"进行界定的基础之上，从人才培养、科学研究、社会服务、文化传承与创新的高校四大职能，通过横向和纵向比较的方式，梳理了地方大学的发展历程，并通过解剖大量典型案例，提出了"地方特色大学是地方大学的必然归属"这一不仅深刻且颇具现实意义的思想。尤其难能可贵的是，作者在研究地方特色大学这一课题时，始终以嘉应学院作为一个典型案例进行分析，全方位展现了该校近年来通过办"地方特色大学"所取得的成就，尤其是学校"办地方特色大学"，既注意抓住大学发展的人才队伍建设这一核心，又重视充分利用好地方文化资源进行前瞻性谋划。比如，学校在以下三个方面进行了富有成效的特色建设：一是在青年教师培养方面措施得力，方法得当，初步解决了地方大学师资队伍"有山无峰"的难题，培养了李颂孝教授这样具有世界影响力的青年数学家。他于2014和2105年连续两年成功入选全球"高被引科学家"名录；二是在人才培养方面主动接地气、服务社会，同时又有前瞻性眼光和战略高度，比如开展"党政干部战略后备人才培养"，深受地方党委组织部门的认可和称赞。再就是开设运动训练（足球专业），开启了大学培养足球专业人才的先河，不仅"零距离"服务于梅州这一中国"足球之乡"，而且与国家足球发展长远战略高度一致，力争把学校建成中国足球高端人才的培养和输出重镇；三是该校客家文化的传承与创新研究颇具特色。嘉应学院是客家文化研究的主要基地，在全国具有重要影响。为了深化这一研究特色，该校在继续重视客家文化基础研究和田野调查的同时，已经率先将眼光瞄准了构建"客家学学科"这一理论高地，并且推出了一批高质量的成果，为创建"客家学学科"奠定了坚实的基础。

　　该书作为"地方特色大学研究"的探路之作，也难免存在一些不足，比如在理论方面可以进行更加深入和系统的思考。但瑕不掩玉，该书仍不失为一部具有较大理论价值和重要现实意义的学术著作，尤其是它将对嘉应学院实现"创建国内知名特色大学"这一宏伟目标产生重大且深远的影响。

　　上个世纪90年代初，我就开始关注我国普通高校特色化发展问题，曾发表过"特色化——我国普通高校发展的现实选择"和"自主权、竞争、特色化——我国高等教育未来发展的现实思考"等论文①。近年来由于自己专业和工作的关系，我与嘉应学院的领导和同行们有比较多的交流，这使我能在近距离观察该校办"地方特色大学"的办学实践和理论探索。令人欣慰的是，嘉应学院的特色化办学实践不仅在许多方面印证了我本人在有关问题上的一些认识，更为重要的是，他们无论是在理论

① 卢晓中：《特色化——我国普通高校发展的现实选择》，《江苏高教》1994年第6期；卢晓中：《自主权、竞争、特色化——高等教育未来发展的现实选择》，《教育研究》1995年第5期。

探索还是在办学实践上，都不同程度地超越了已有的许多研究与实践，丰富了高等教育特色化发展的有关理论，也为地方大学特色化办学提供了一种可供参考和借鉴的思路。这也或许是我乐为本书写下这段文字的缘由吧。

卢晓中

华南师范大学教育科学学院　院长/博士生导师、

广东省高等教育学专业委员会理事长

2015 年 11 月 12 日

第一篇

地方特色大学概论

特色是任何事物内在本质的外在显现。不同事物之间的区别如此，同类事物各个物种的差异也在于此。当然，特色的彰显既有其自身固有属性使然，也受到外部环境的影响。即："橘生淮南则为橘，生于淮北则为枳。"

无论任何事物，其特色都不能离开相应的时代、地域、历史、文化、环境等诸多因素。大学，是建立在不同时代、不同国家和地区的高等学府，必然受不同国家文化和当地特殊历史地理环境的影响，绝不应该"千校一面"。

关于大学的特色，受西学东渐的影响，我国学术界近二十年来的论述颇多，其中最集中的观点是：大学趋同性必须让位于趋异性；特色是所有大学应有的追求和目标；必须重视特色立校、特色强校。此不一一引证和赘述。"期望大学适应一种单一的模式是很荒谬的。"① 也只有鲜明的特色，大学才能最大限度地发挥其各项职能，才能做到"人无我有、人有我优，人优我特"。

如果大学热衷于邯郸学步，沉迷于模仿和跟随，不但无法领略其他大学的精髓，反而将自己原有的优势丢弃，最后只能如"燕人"一样，"曾未得其仿佛，又复失其故步，遂匍匐而归耳"。诚如美国高等教育学家克拉克·克尔引用奥尔特加的论证："模仿将是毁灭性的。"② 当代中国高等教育学的奠基人潘懋元先生认为：明确各高校的定位，充分发挥各类高校的不同作用和功能，是解决多样化社会需求与单一化发展目标矛盾的重要前提。③ 早在上个世纪80年代，时任华中工学院院长的著名教育家朱九思先生就已经认识到必须发挥不同层次高校作用，强调它们都

---

① ［美］亚伯拉罕·弗莱克斯纳著，徐辉、陈晓菲译：《现代大学论——美英德大学研究》，浙江教育出版社2001年版，第2页。

② ［美］克拉克·克尔著，王承绪译：《高等教育不能回避历史——21世纪的问题》，浙江教育出版社2001年版，第205页。

③ 潘懋元、吴玫：《高等学校分类与定位问题》，《复旦教育论坛》2003年第3期。

各有长处和短处。① 而当代著名高等教育专家、华南师范大学卢晓中教授更是提出了高等教育"特色化"一词。他认为，特色化是我国普通高校发展的现实选择。② "特色化有利于高校取得不可替代的地位。"③ 特色化是指高校在办学过程中对那些适应社会、经济发展需要，符合教育规律，有利于自身生存与发展的"特色"的自觉追求。④

2014 年习近平总书记到北京大学考察时强调"办好中国的世界一流大学，必须有中国特色"。2015 年中央全面深化改革领导小组第十五次会议审议通过《统筹推进世界一流大学和一流学科建设总体方案》，提出"以中国特色为统领，以支撑创新驱动发展战略、服务经济社会为导向，推动一批高水平大学和学科进入世界一流行列或前列"。

无论是高层级的名校，还是地方大学，一旦失去了自己的特色，就不可避免地进入下行通道。不过，老牌名校即使"褪色"而遇到较大危机，毕竟历史积淀深厚、影响卓著，还不至于断崖式下坠；作为社会声望相对较低的地方大学，本身实力有限、特色并不凸显，一旦"脱色"，必将异常斑驳，也更受同层次或更低层次大学的强力挤压，在短短几年内就会"原形毕露"。从这个意义上说，创建地方特色大学步履更艰难，责任更重大、意义更深远。

---

① 朱九思著：《高等教育刍议》，华中工学院出版社 1984 年版，第 74 页。
② 卢晓中：《特色化是我国普通高校发展的现实选择》，《江苏高教》1994 年第 6 期。
③ 卢晓中：《自主权·竞争·特色化》，《教育研究》1995 年第 5 期。
④ 卢晓中著：《当代世界高等教育理念及对中国的影响》，上海教育出版社 2001 年版，第199 页。

第 一 章

地方特色大学释义

在界定地方特色大学之前，需要弄清特色大学和地方大学的内涵。就"特色大学"类型而言，我国学者的比较集中的研究始于本世纪初。

第一节　大学特色与特色大学

多数学者对特色大学进行定义，并强调其应有的内涵和外延。周美雄认为："特色大学是指高等学校在办学过程中形成并表现出的独特的学科体系、办学模式、管理风格和校园文化。特色大学是一种办学理念，不是一种办学模式。"①

蔡丽丹等认为："特色大学"是指在长期办学实践中，经过历史的积淀，学校的办学理念、学科建设、人才培养、大学文化等方面形成了具有个性、稳定性、创新性的特征并获得社会认可的高校。②

陈翠荣则认为：从定义的对象上来看，大学办学特色与特色大学在汉语构词法上都是偏正名词词组，其核心分别是"特色"和"大学"，前者是事物的特征、风貌，即大学的特征、风貌，后者是一个具体的事物，即大学……从二者的所指对象来看，特色大学往往用来指在学科专业设置、学校性质比较特殊的学校办学特色则用来评价所有高校的办学水平

---

① 周美雄：《试论特色大学及建设》，《云梦学刊》2002 年第 5 期。
② 蔡丽丹、董磊：《浅淡特色大学的建设与实践》，《中国农业教育》2008 年第 3 期。

和办学特征，因此，具有特色的大学并非都是特色大学。①

焦丽梅并没有直接定义特色大学，但突出了其内涵。"最具核心意义的应为'研究型'、'世界性'、'大师云集'等"。"特色大学一定是研究型大学"。②

陈红心则方法论角度切入，运用马克思主义的差异化理论对特色大学进行论证。提出：创建特色大学是尊重差异性规律的要求和体现。但在我国大学趋同化极其严重的情况下，如何走出趋同化困境，创建特色大学是当前我国大学教育科学发展亟待破解的难题。③

不过，也有的学者则从某些侧面去研究特色大学。如从大学管理、校园文化建设、人才培养角度、师资队伍建设展开。此不赘述。

在研究特色大学的基础上，一些学者着重从"高水平特色大学"尤其是行业类、应用型"高水平特色大学"开展研究。其中一个具有共性且比较突出的观点是：高水平特色大学必须有所为有所不为，力避"大而全"，依托学科和专业特色，突出自身优势。沈刘峡认为：我国部分行业特色鲜明的高校，创建高水平特色大学不仅符合国家和学校的实际，同时也是迈向高水平大学的一条快速道路。应当采取"削枝强干"、"固本培源"，"集中优势兵力，打歼灭战"等"超常规"战略，以期收到事半功倍的效果。④

管华诗认为：高水平大学要办出特色，特色大学只有是高水平才能保持、巩固和发展特色。⑤ 在他看来，没有高水平作为基础，特色大学不可能取得成功。

刘汉东认为：高水平大学最主要是实现特色学科专业的优化配置，

① 陈翠荣：《大学办学特色与相关问题之关系的辩证思考》，《现代教育科学》2009 年第 4 期。

② 焦丽梅：《关于建设特色大学的几点思考》，《湖北经济学院学报（人文社会科学版）》2015 年第 8 期。

③ 陈红心：《创建特色大学的理论基础和方法论原则》，《山西高等学校社会科学学报》2015 年第 1 期。

④ 沈刘峡：《论高水平特色大学的建设》，《石油教育》2003 年第 1 期。

⑤ 管华诗：《高水平特色大学建设的探索与思考》，《中国高等教育》2004 年第 20 期。

并在综合化的基础上实现特色发展。①

　　中国现代高等教育学的奠基人、著名高等教育学家潘懋元先生等人更是提出了特色型大学这一全新概念。所谓特色型大学，是指以行业为依托，围绕行业需求，针对行业特点，为特定行业培养高素质专门人才的大学或学院。特色型大学是与市场、产业、行业和岗位群密切联系的大学，依据普通院校本科办学的基本规律，围绕学科建设，针对行业、岗位与技能需要设置专业，以培养专业性高级人才。② 潘先生等专家论证的这一类型，介于高水平特色大学和应用型特色大学之间，但偏重于应用型特色大学。

　　总体上看，近年来，国内学者关于特色大学的论述和研究，呈现出如下共性：一是明确强调千校一面、大而全等办学模式严重影响了中国高等教育质量，大学必须立足自身实际，突出自身特色和优势，必须"扬长补短"、"扬长补短"；二是既借鉴了国外学者的观点，也从中国国情出发，提出了一些符合当代中国大学现状和办学实际的新理论、新设想、新观点。三是引用国外特色大学的成功经验，通过比较和分析，提出了我国要办好特色大学的理念和措施。这些论证对于推动我国特色大学的建设具有积极意义和作用，也符合高等教育发展的潮流和趋势。

　　尚钢教授指出：建设特色大学需要把握四个关键：关键要树立科学发展的理念；关键要加强学校领导班子建设；关键要充分发挥学校办学特色和资源优势；关键要优化学校特色发展环境。③ 我们认为：特色大学与大学特色的关系是：前者包括后者，建立在后者的基础之上。大学特色是大学的某些方面已经体现"人有我优"的亮点，而特色大学则是在大学的办学理念、办学行为以及人才培养、教学科研等各个方面都形成

---

①　刘汉东：《高水平特色大学的建设策略》，《华东水电水利科学院学报（社会科学版）》2010 年第 3 期。

②　潘懋元、车如山：《特色型大学在高等教育中的地位与作用》，《大学教育科学》2008 年第 2 期。

③　尚钢：《坚持科学发展 建设特色大学》，《高等工程教育研究》2009 年第 6 期。

了别具一格的特点。①

关于地方大学，可谓众说纷纭，不同学者的解释和界定各有轩轾，目前尚无公认的定论。我们认为：地方大学是除 985、211 工程大学和各省市区重点建设（包括省部共建）大学之外的地方普通本科大学。

第二节　地方特色大学的内涵

如何界定地方特色大学？目前，相关论者寥寥。其中孙勇虽发表《建设地方特色大学的战略思考》（《中南民族大学学报·人文社会科学版》2005 年 S1 期）一文，但并未明确给出"地方特色大学"的定义。另外，全文论述未形成"地方特色大学"的基本理论框架。可以说，迄今为止，学术界尚无有关于"地方特色大学"的系统论述。

我们认为：地方特色大学就是地方大学从办学理念、政策措施、办学行动，全面印刻别具一格的鲜明地方特色，尤其是在人才培养、科学研究、服务社会、文化传承与创新等方面，以"立地"为准则，成为地方社会经济发展不可替代的高级应用型人才培养基地、高端智库和强大引擎，具有重大区域性影响，并逐步形成全国性品牌，是高等教育领域公认的、享誉崇隆、深受社会各界尊重的高水平地方大学。

当然，随着办学水平日益提高，极少数地方大学经过长期卧薪尝胆，已经逐步接近或基本达到这一目标。在未来一定时期内，还将有一部分地方大学升格为地方特色大学，并逐步成为各省、市、区重点建设的大学；或者其中的部分学科或学科集群上升为省级重点建设的优势学科。然而，无论如何，其地方性本质永远不可能改变和退化。

创建地方特色大学是地方大学自身发展和遵循高等教育规律的需要。在大学林立的高等教育领域，地方特色大学虽然因为诸多软硬条件无法与名校比肩，却同样是高等教育版块中不可或缺的重要拼图。

即使同为地方特色大学，也不可能出自一个模具。任何层级的大学，

---

① 胡解旺：《特色大学是高等教育发展的最佳范式》，《嘉应学院学报（哲学社会科学版）》2015 年第 3 期。

都具有自身独特优势和显著特色。无论是主管部门、还是大学自身，其评价标准都不宜用"普罗克鲁斯特斯之床"进行衡量。

因此，地方特色大学承担的职能与名校既有相似之处，即都具有人才培养、科学研究、服务社会和文化传承与创新四大职能，但其侧重点和着力点又有较大区别。

第 二 章

地方特色大学的显著功能

第一节 兼具地方性与应用性的人才培养

名校与地方特色大学的区别是：前者培养国家发展战略需要的高水平学术研究人才，而后者则主要培养特色化、区域性的高水平应用型人才。

随着高等教育日趋多元化，不同类别的大学在人才培养方面的异质性起来越强。北大、清华等名校培养的顶尖学术人才与地方特色大学培养的区域性高水平应用型人才，都能够在不同领域成为社会经济建设的重要力量，并无彼高此低、彼长此短之别。如果不进行这样的"错位"培养，异质性将日益微弱，而同质性则越来越突显。多年的高等教育实践业已证明：不分大学层次、不考虑大学自身特色而追求同质性是人才培养的最大浪费，也是高等教育质量"稳步"下降的根本原因。

地方特色大学所培养的区域性高水平应用型人才，必须具有鲜明的地方特质。即深刻理解并积极吸收当地特有的文化内涵，主动融入当地社会经济发展，乐于扎根当地，具有一定的理论水平和较强的应用技术能力。这些意识和能力既是地方特色大学在人才培养过程中必不可少的"基因密码"，也是毕业生终身难忘并奋发努力的不竭动力。

与名校相比，地方特色大学基于其有限的影响力和较低的声望，更需要一届又一届毕业生为提振自己的声名而"背书"。换言之，地方特色大学如果成为区域性甚至有全国性影响的名校，必须主要依靠高质量的人才培养，即更多地需要学生在未来工作中用出色的表现为母校增光，为校徽添彩。当学子们积蓄力量、展翅飞向各个岗位时，他们更有一种不辱母校的信念和决心，支撑着他们永不低头、勇往直前。连年大批怀揣不同梦想的毕业生们，成了母校荣誉的播种机和宣传队。

第二节 "立地式"科学研究

名校更注重跟踪科学的前沿领域，以"顶天"式研究为己任，力争取得全国性甚至国际性的科研成果；而后者则更加强化"立地"式研究，将科学理论与地方社会经济发展有机结合，更注重科研成果转化为适合发展地方的生产力。当下中国科研成果日益丰硕，但是，绝大数只停滞于纸面上，并没有真正成为"第一生产力"，说明"转化"环节并不通畅。

地方特色大学的重大科研职责便是既能够将自己的科研成果运用于相关行业，也需要将其他的科学成果转化到当地的生产第一线。比较而言，地方特色大学作为"孵化器"，其作用并不逊色于名校。日本著名科技史专家汤浅光朝曾对世界科学技术活动进行系统分析后，提出了著名的"科学活动中心转移"理论。他认为世界科学活动中心的转移顺序如下：意大利——英国——法国——德国——美国。这些国家之所能够保持上百年的"科学兴隆期"，一个十分重要的原因是有许多地方大学甘愿成为"孵化器"，始终不渝地将先进科学理论转化为应用成果。从现有的情况看，美国依然是全世界的"科学活动中心"，尚未有转移的迹象。其中一个重要原因是：美国不但有世界上数量最多、水平最高的顶尖大学，还有大量从事成果转化的州立大学和社区学院。其中不少大学历史都已经超过百年，依然安常守故，坚定不移地走与名校错位发展之路，从未更改初衷，更不纠结于各种较低的排名。

第三节 坚定不移服务地方

地方特色大学必须以坚定地服务所在区域，并成为当地社会经济发展的重要推动力量。所以，地方特色大学需要把脉地方龙头产业的存量、增量以及发展趋势，提供高水平、高质量、高智力服务。在目前公认的地方特色大学中，地处湘西的湖南吉首大学是一个值得诸多地方大学借鉴的范例。这所办学历史较短的地方大学长期坚持服务湘西及周边地区，着眼于"四个特殊"即特殊区位、特殊使命、特殊功能、特殊价值。在服务地方方面取得了令人瞩目的成就。其中化学化工学院、生物学院联合开发研究的具有自主知识产权的美味猕猴桃"米良1号"被国务院扶贫办列为扶贫开发项目，在全国16个省（市）推广栽种，仅湘西自治州种植面积就达10万余亩。从猕猴桃中提取的"果王素"经国内专家鉴定"达到国内领先水平，填补国际空白"，猕猴桃研究成果的产业化帮助湘西近30万农民摆脱贫困。目前该校主持开发以猕猴桃为原料、高附加值的系列产品多达20余种，产品远销国内外。此外，吉首大学为主开发了杜仲、葛根、椪柑醋、菌油等一系列高附加值产品，孵化出一大批本土企业，产生了良好的经济与社会效益。任何人只要进入湘西，就能够通过这些标有"吉首大学"的湘西特产感受到吉首大学的影响不处不在。

它是湖南省唯一进入国家西部大开发范围的高校、国家《武陵山片区区域发展与扶贫攻坚规划》确定的重点建设高校、国家"中西部高校基础能力建设工程"高校、国家"服务国家特殊需求博士人才培养项目"高校。被誉为国家"小211工程"大学。朱镕基总理赞誉它为"湖南的骄傲"。

有人认为，地方大学一直在为当地发展服务，过于强调服务可能会限制大学的发展广度和高度。"一屋不扫，何以扫天下？"人若此，地方大学何尝不是如此？如果将服务地方仅仅当作是一种"不得已而为之"的无奈，那么，这样的服务只能处处被动并长期在低水平轨道上徘徊。

事实上，这正是地方特色大学与一般地方大学的一个重要区别。前者积极主动，全心全意地服务地方，成效卓著，成为当地倚重的智力重镇，在民众心目中享有崇高的声望；后者消极被动，半心半意地服务地方，成为当地发展食之无味、弃之可惜的"鸡肋"，在当地民众心目中毫无声望可言。

不少地方大学目前面临的困局恰在于既无心服务地方，又缺乏足够的服务能力。然而，他们却又不甘于头戴"地方"这顶"草帽"，总是巴高望上，努力洗掉脚下的泥土、祛除身上的"区域"痕迹而渴望成为北大、清华之类全国名校。于是，没有坚实的"立地"基础，又不可能"顶天"，成为"上不着顶天、下不着地"而悬在半空的大学。这样的地方大学也可称为"浮萍大学"，说它们有根，却没有深深地扎进坚实的土地；它们更像是漂在水中的浮萍，随波逐流。在高等教育的激烈竞争中，看似左右逢源，其实是左右摇摆。

第四节　传承与创新区域特色文化

这是所有大学的基本职能。地方特色大学地处特定的文化区域，义不容辞地成为传承和创新当地特色文化的主力军。反过来，地方特色文化又进一步擦亮了地方特色大学的"特色"，两者相得益彰。

一般而言，任何一个地方基于其特殊的地理环境、风土人情和文化习惯，都有其异于其他地方的特殊历史文化。如何弘扬当地特色文化、祛除糟粕，仅靠民众的文化自觉显然不够，需要注入强劲的学术因子。于是，建基于本土的地方特色大学便成为承担这一重要使命的不二选择。

地方特色大学要最大限度地传承和创新当地特色文化并提升其在周边区域甚至全国、全世界的影响力，需要做好如下几个方面的工作：

其一，成立相应的研究机构，举全校之力进行研究。随着各类地方大学对当地特色文化的日益重视，基本都成立了富有特色的研究院（所、中心）。一些高校为了拓展研究资源和提高研究水平，还成立了跨校、跨省、跨境的联合研究机构，协同研究和创新，打造了更加宽广的平台。以地处"世界客都"——梅州的广东嘉应学院为例，不但成立了客家研究院，还与地处"客家摇篮"的赣南师范大学、地处"客家祖地"的福建龙岩学院联合建立了协同创新中心，并牵头与台湾建立了"粤台客家文化传承与创新中心"。

研究平台是弘扬当地特色文化的重要支点，是凝聚研究队伍、提高研究质量的基础性工程。

其二，集中研究重大课题。俗话说："纲举目张"。任何地方的特色文化都会包罗万象，可供研究的课题也很多，如何集中优秀师资、研究具有代表性影响的重大课题，应是"纲举"之要。如构筑当地文化的学科理论、研究具有划时代影响的重大历史文化事件和人物等，都属于此类。要做到这一点，就需要认真梳理和规划，并通过相应的举措，集中本校优秀师资（同时可聘请该领域的校外专家）通过若干年的深入研究，推出一批具有原创性和重大影响力的"扛鼎之作"。

分散研究和各自为阵是研究领域的软肋，更是地方特色大学传承和创新当地特色文化之大忌。从整体师资水平来说，地方特色大学相对较弱，而在这一特殊领域往往更弱。如果弱师资加上分散状态，表面上看，年年都有一些成果，却只是些"芝麻"，而没有"拳头产品"。这样的成果无助于将当地特色文化推向全国和世界，难以形成重大影响。

其三，寻找突破点，形成以点带面式的研究。退一步说，在自身师资不足的情况下，还可先寻找某个最具代表性的课题，重点突破。即通过将课题分解成若干个子课题，提高资助经费，集中全部人力、物力专门研究一个课题。在该课题取得较大成果的基础上，进一步拓展研究领域，从而能够充分发挥有限师资的研究能力。

其四，将当地特色文化有效渗透于教学和人才培养过程。传承创新当地特色文化不只是教师群体的事情，也必须带领学生参与。其中最重要的是相关课程和教师要让学生亲自领略当地特色文化的风采，感受其魅力，并最终被深深地吸引，从而成为传承当地特色文化的"接班人"。

如果在人才培养方面能够坚定地与当地特色文化无缝对接，要求相关专业学生从丰富的特色文化和地方资源中吸取营养，学生的毕业论文选题必须展现特色文化和地方特点，那么，他们的专业实践和社会实践必将与当地社会经济文化发展相契合，当地特色文化不但是写在论文和专著中，而且将永远印刻在学生心中。诚如此，当地特色文化就不再是符号，不再与具体学科和专业分属"两张皮"，而是紧紧镶钳在各个学科专业中，成为流淌在大学所有师生身上的"血液"。

带动学生参与体验，形成感性认识，只是第一步，还必须让学生上升到理性认识，再通过归纳、总结、分析等形成一定的理论，回到实践，去进行研究，进而形成社会实践报告、专业实践报告、学年论文、毕业论文的一系列研究。学生的广泛参与和研究，在相当程度上弥补了师资力量的短缺和不足，也能够在更大范围内弘扬当地特色文化。邱国锋教授在论及嘉应学院客家文化的育人过程时强调："以客家文化精髓育人，是培养地方适用性人才的必然选择。"①

　　学生缺位是地方特色大学未能较好体现"文化特色"的盲区。一些大学在这一点形成了典型的"两张皮"，只重视教师的研究，而没有延续到课堂教学和人才培养过程。学生对当地特色文化知之甚少、模糊不清，兴致全无。从踏入大学到走出校门，大学生四年没有受到当地特色文化的持续熏陶，更没有留下任何一点文化"烙印"和特色。这样的大学还不能真正成为"地方特色大学"，充其量只能算作有一星半点特色的地方大学。

---

① 邱国锋：《植根桥乡 培育办学特色：嘉应学院的案例》，《高等教育研究》2012 年第 9 期。

第 三 章

地方特色大学与全国特色大学之比较

地方特色大学与全国特色大学（即"名校"）相比，既有大学的共性，更有大学的特殊性。共性是严格遵循高等教育发展规律，而特殊性是强化目标差异化、发展错位化以及定位多元化。同时要做到校长特色化、教师立地化。

第一节　目标差异化

名校作为中国高等教育的"旗舰"，目标高企，有的明确提出在若干年内建成世界一流大学，有的提出要建成具有世界一流、国内领先、特色鲜明的大学。虽然提法不同、步骤不一，但都将建成世界一流大学作为自己的终极目标。

即使是名校，具有远高于一般大学的影响力，但由于分布在不同地区，也有其鲜明的地域特色。加上这些大学长年累积起来的历史积淀和丰富的办学经验，以及国家战略要求不同等多种因素，它们之间的差别也十分显著。例如，作为同城双星的北大与清华，就是两类风格的顶尖大学。它们所培养的学生已经打上鲜明的"校徽"痕迹。同样，作为同城双星的复旦和上海交大，武大和华中科大，南开和天大，中大和华南理工等等，其各自的特色非常明显。这样的特色正是中国高等教育健康发展的总趋势。

当然，这些名校的追求一方面反映出中国大学的办学实力正在稳步提高，同时也存在"心急要吃热豆腐"的焦躁心态。在几乎所有的大学中，只有中短期目标，即少则五年、十年，多则二十年，既没有五十年，更没有百年目标。

在过于"猴急"的目标追求中，一些名校投入了大量的人力、物力和财力，期望通过这类大手笔快速获得高显示度成果，进而在各类排名中有所提升。中国当下的大学，比任何时候都在意自身的国内和世界排名。如果某排名机构将自己排名提升了，那是一定得"广而告之"；如果自己的排名下降了，或环顾左右而他，或沉默无语，或批评排名机构缺乏专业水平和公平原则。排名成了这些金字塔顶端的大学既爱且恨的痛苦指标，或多或少影响了大学自我发展。

相比于全国特色大学而言，地方特色大学没有这样高远的目标，更不在意排名。因为它们是中国高等教育的塔基，上升或下降几名都没有实质性影响，不会影响自己整体排名靠后的大致状况。

地方特色大学是一个高度凝炼的统称，它并不专属某些或某所地方大学。同时，它也是开放而非封闭的。任何一所地方大学经过艰辛的努力都能够达到这一目标。必须明确，建成地方特色大学永远都需要立足自身条件，扬长避短，切忌"孔步亦步，孔趋亦趋。"复制永远只是徒有其表的模仿。因为不同的地域、环境、文化等固有因素决定了不同的地方大学水土不同。某种模式适合彼地，在此地可能是格格不入。学习和借鉴已经成名的地方特色大学的办学经验，可以为自己少走或不走弯路提供方便，但并无终南捷径。如果硬要不顾自身情况去寻求"捷径"，那么，这条"捷径"多半是自取其辱的短路。

同样，它们的目标也存在明显的差异。毕竟各所地方大学的办学实力参差不齐，要办成具有鲜明个性的地方特色大学时间长短不一，目标内涵不一，手段方式不一。

第二节　发展错位化

由于建立在国内大学最高水平基础之上，名校已经一骑绝尘，其妇孺皆晓、无校可匹的知名度和众星捧月式的美誉度，更是将历年高考最优秀的学生招至麾下。所以，名校雄踞高等教育的顶端，可以俯瞰"芸芸众校"。

不过，即使是名校，不同大学的发展依然存在错位。其中最显著的错位方式是学科建设的错位化。因为即使是处于塔尖的北大、清华，也只有部分学科成为第一，不可能所有学科都能当阳称尊。所以，全力支持优势学科，弥补相对较弱学科的短板，成为其学科错位发展的方式。其他名校也基本采用这一错位发展方式。这样，能够确保优势学科不丧失优势，较弱学科得以补强，从而保持整体办学水平在国内外的竞争力。

地方特色大学也必须强调发展错位化。但是其错位的内涵和外延都有相当大的区别。无论从内涵还是处延来看，地方特色大学更须重视人才培养作为首要和根本任务。无论是学科建设还是其他方面，都必须紧紧围绕人才培养这一最高目标不动摇。

从教育发展过程来看，本科学习逸脱了基础教育片面追求升学率这一终极目标，是人生学习过程中最具自由性和创造性的时期。在这个需要兼备雄厚知识积淀和创造性思维的关键时期，如果缺乏必要的空间和平台，导致大学生既无法夯实专业基础、拓展知识广度和深度，又不能真正形成批判性、创造性思维，那么，无论其走向社会直接就业或通过考研以延缓就业压力，都将失去其应有的竞争力。假如直接就业，因无法手握丹书铁券，与那些受过严格本科专业训练的同侪相比，更加相形见绌。在就业困难已经成为社会公认信息符号的今天，要想获得满意而理想的就业岗位显然是缘木求鱼；而考研甚至考博，由于其本科阶段脆弱的基础和支柱，更难以支撑研究型学习之大厦，虽然好不容易获得一纸文凭，其能力与水平都与这张象征教育筛选信号的凭证大相凿枘。

另外，毋庸讳言和不证自明：十余年来，连年扩招既降低了名校的生源质量，更稀释了地方特色大学的生源质量。作为本科阶段最低录取线录取的生源，他们远没有名校学生那种荣誉感和满足感，相反在某些学生中还滋生了负满足感和抵触情绪。从社会心理学角度看，消极情绪的感染性和传播范围远大于积极情绪，并最终消解积极情绪。这种情绪的感染程式是：高年级向低年级蔓延，并波及到学生家庭、中学以及远在异地的同学，甚至传染青年教师。从情绪与学习效率的相关性分析，存在三种显著情况：心情平静时学习效率最高，高度兴奋时次之，情绪低落时效率最低。无论是群体还是个体，当消极情绪弥漫的时候，其学习态度、学习能力和学习效果均处于最低状态。

因此，地方特色大学暂时在无力改变招生弱势地位的情境下，如何让学生就能够充分感受"学生为中心"的良好气氛，使这些考分较低的学生在进入大学的第一天开始获得与自己考相匹的荣誉感和满足感，平静地接受高考现实和录取现实，进而在整个学习阶段能够静下心来，踏踏实实地弥补中学阶段的不足，并最终形成"以母校为荣"的骄傲感，这是地方特色大学显示其水平的标志。

当然，不同地区、不同类别的地方特色大学在人才培养中的方法和侧重点并不雷同。每所大学都有自己长期积累和屡试不爽的独门绝技和"葵花宝典"。完全放弃自己在人才培养过程和成功经验，转而追求其他大学的做法，不但无益，反而有害。其结果不但无助于人才培养质量的提高，反而搅乱正常的教学秩序。

第三节   定位多元化

作为研究型大学，名校的定位是多元化的。那么，地方特色大学如何定位？有的追求较高定位，如将自己定位为"教学研究型"大学（该类型主要是省内仅次于名校的重点建设大学），觉得定得过低会降低自己的层次；有的定位较低，将自己定位为"教学服务型"大学，认为这样定位更能够发挥自身服务地方的特长。另外，随着国家建立现代职业教育体系的迫切需要，目前已有地方大学转型为应用技术大学，并成立了全国性的应用技术大学联盟。

地方特色大学的定位必须与发展目标同轨。如果定位与目标形成"两张皮"现象，说明定位和目标都存在问题，无法形成应有的办学合力。从现有的情况看，地方大学转型为应用技术大学是大势所趋，不过，既不能搞"大跃进"，也不能搞"一刀切"。新中国成立后，中国高等教育历经了五十年代的分折、重组，九十年代的大合并，从大学运行的轨迹看，效果并不理想。这都是违背大学逻辑、长官意志对大学本身造成的伤害。因此，新一波的转型，各地方大学也必须根据自身情况审慎对待，切不可跟风盲从，也不宜视而不见、充耳不闻。

地方特色大学之所以冠以"特色"，正在于其战略定力，咬定特色大学的总目标不放松。当然，有的地方大学（如理工院校）为了适应社会发展需要，可以坚决地及早转型；有的综合性地方大学可以部分专业先行转型，率先试验，为其他专业提供借鉴。有的也可以保持当前的办学方式。总之，无论是否转型，都必须强化应用技术人才的培养，书斋式的办学不可能提高人才培养质量，也有悖于地方特色大学的发展目标。

第四节　校长特色化

老一辈教育家陶行知先生指出："校长是一个学校的灵魂。"北大的蔡元培、清华的梅贻琦等特色校长锻造了这两大名校的风范，虽距今近百年，其流风遗韵依然不减，让人缅想不已。改革开放以后，武汉大学的刘道玉校长、中国科技大学的朱清时校长、华中工学院（现为华中科技大学）的朱九思校长，湖南师范大学的张楚廷校长等，都是个性鲜明、特色突出、勇于奉献、管理水平很高的大学领导者，他们的管理思想和理念及时贯穿于大学发展始终，成为这些大学发展历程中的一座丰碑！

上个世纪八十年代初，被喻为"永远的校长"、"武大蔡元培"的刘道玉执掌武大七年，他深谋远虑，求变求新，开拓进取，大胆启用各类人才，不断扩大对外交流，重视科学研究。在人才培养方面，积极推动创新型人才培养，并在国内高校首创了学分制、导师制、插班生制、转学制，办学成效十分显著，武大成为当时最具活力的重点大学，刘道玉也因此成为高等教育改革的一面旗帜。著名电影《女大学生宿舍》中的校长路石便是以刘道玉为原型。在中国高等教育面临着重大变革的今天，被淹没多年的刘道玉改革思想再次成为众多大学校长和学者津津乐道的热点话题。

朱清时院士作为中国科技大学的第七任掌门人，执掌十年（1998—2008）期间正是中国高校进行大规模合并和扩招的时期。但他是一个具有理想主义的教育家，也是一位教育改革家、实践家，他强烈反对应试教育、功利教育，反对无限制扩招、抨击学术造假等。他非常重视培育良好学风，重视教育教学质量和人才培养，取得了令人瞩目的成就。后来，他出任南方科技大学的首任校长，为该校未来健康发展奠定了重要基础。

朱九思校长是华中工学院（现华中科技大学）的奠基人，为华中科技大学做出了特别重大贡献，被喻为当代中国四大最杰出的校长之一。该校是上个世纪五十年代全国院系调整而成立的众多工科院校之一。朱九思出任该校领导（副院长、院长、院长兼党委书记等职）长达31年（1953—1984），从选址建校到学校发展，都留下他辛勤的汗水。作为一个卓有成就、"富有远见的传奇教育家"，朱九思高瞻远瞩，在文革期间做出了常人不敢想的惊人之举，广纳贤才，从全国各地调入了600多名学养深厚的"臭老九"，并且对这些教师十分尊重，时常嘘寒问暖。改革开放后，他们便成为华科腾飞的主要发动机。同时，朱九思非常重视人才培养，狠抓学风建设、狠抓科研和教学，大力提倡人文素质教育，这些独具慧眼的举措使华科后劲十足，已经成为一所国内一流的高水平名校。

与其他杰出校长一样，张楚廷同样具有非凡的洞察力和魄力。他执掌该校18年，将名不见经传的地方师范院校"点化"成全国211工程重点大学。在上个世纪九十年代初期，他力排阻力，用特别优惠条件引进了一批学有所成、潜力巨大的中青年博士。他鼓励教师大胆创新，并采取切实可行的措施，使每个能干事、愿干事的人获得充分的自由发展。在某种意义上，湖南师范大学从"灰姑娘"变成"白雪公主"的过程正是张楚廷教育思想的一次严密实践。他公务繁忙，却坚持思考、笔耕不辍，共出版著作90多部，其中《张楚廷教育文集》（共20卷）更是其教育思想的集中体现。

在上述四位杰出大学校长中，除了朱九思罕有争议外，其他三位校长无论在任期内还是卸任后、校内还是校外，其行事风格各有轩轾、校内外评价褒贬不一。然而，他们品格高尚、公道正派、胸怀宽广，对学校的杰出贡献却被一致认可，对整个中国高等教育也产生了"一石激起千层浪"的巨大影响。

在中国高校呈"千校一面"的今日，社会声望和品牌形象较弱的地方特色大学更加需要特色校长这一灵魂去带动和影响，走出自己的特色之路。诚然，基于特定的环境因素，地方特色大学校长的学术声望和影响力无法与名校校长同日而语，但是，如果能够筚路蓝缕，突破"千校一面"之藩篱，引领学校走向独具特色的办学之道，那么，他们完全可以位列杰出大学校长的高文典册中。作为地方特色大学的开创者，在肇初时期，运筹擘画，去发凡起例创建制度，将会遇到校内外各个层面的巨大压力和风险。因为特色之路的本质便是创新和改革，是考验特色校长的关键。只要秉承"一切为了学校、为了学校一切"的理念，自己不凌越于制度之上，公正地处理相关事务，就不会窒碍难行，绝大多数教师和学生依然能够理解并支持。那些习于苟安、不思进取的校长表面上左右逢源、相安无事，非但不能在激烈的竞争中提升学校的竞争力，最终既无法追赶名校，也在与自己相匹学校的竞争中处于下风，缺乏生机和日益边缘化。

此外，教师必须做到"立地化"。地方特色大学遵奉"学生为中心"，需要更加突显教师的特色和作用。那么，特色教师应该具备哪些要素呢？一是熟悉并热心服务当地社会经济发展。地方特色大学主要是以培养适合地方社会经济发展的复合型、应用型人才。作为教师，只有融入当地社会经济环境中，才能真正领会学校的特色和培养目标；二是主动承担当地政府部门或企业需要解决的重大课题，通过承担课题，带动学生积极参与社会实践和专业实践，并培养服务地方的真情挚感；三是接受并消化地方特色文化，为挖掘和传播地方特色文化作贡献；四是在教书育人中全心全意落实"学生为中心"的思想，始终保持一种忧患意识：不能培养高质量的学生既无法使学校保持可持续发展，也将极大地危及教师自身的职业安全。提高人才培养质量是教师职业的应然性要求，更是教师事业稳步发展的基石。

第 四 章

地方特色大学的横向与纵向比较

我国目前的地方大学既无法与发达的欧美（尤其是美国）相提并论；即使是与既往的民国时代、甚至上个世纪 80 年代相比，地方大学大多未能达到"地方特色大学"的办学要求。

第一节 欧洲地方特色大学的起源

一 欧洲大学发展历程及启示

欧洲是现代大学的发祥地。认真梳理其发展变化历史，能够"拿来"其精华，祛除其糟粕，可以更好地提高我国大学的办学水平。尤其重要的是，地方大学从欧洲许多大学主动"地方化"的过程中，提高自己立地的勇气和创建地方特色大学的信心。

现代大学在欧洲发展已经近千年（公认的世界第一所现代大学是 1088 年的博洛尼亚大学）。早期欧洲大学更多的是神学、宗教、文学、哲学等方面学术联合体。即使是久负盛名的牛津、剑桥，在创办之初也非常偏重于这些内容。神创论不但统治着大学，也统治着整个社会。例如，公元 4 世纪的大神学家圣·奥古斯丁的基督教神学理论不但是大学神学院教授诠释《圣经》的主要理论来源，也是欧洲中世纪思想界的理论指导，甚至在近代也依然具有相当的影响力。中世纪的"神学界之王"、自然神学的创始人托马斯·阿奎那更是神学思想、经院哲学的集大成者，其《神学大全》是欧洲封建社会基督教神学思想和神权政治理论的最高权威。所以，文学、艺术、哲学等，无一不是遵奉《圣经》教义。否则，就会受到宗教裁判所或宗教法庭的审判。

作为中世纪与近代的分水岭，是持续数百年的文艺复兴（13—17 世纪）。这是一个欧洲百家争鸣的时代，是一个思想碰撞、火花四射、创意频出的时代，从意大利扩展到整个欧洲，包括人文社会科学领域和自然科学领域在内各类巨匠辈出。一大批哲学家、思想家、政治学家的思想闪耀于天空，照亮了中世纪黑暗的欧洲大地，为资本主义思想打开了启蒙之门。意大利文艺复兴"前三杰"——但丁、彼特拉克、薄伽丘和"后三杰"达·芬奇、米开朗基罗、拉斐尔更是贡献卓著，成为冲破中世纪黑暗、迎接资本主义曙光的巨人。在巨人们高擎的思想火把的照耀下，各个领域都以自由的想像探索社会和自然的奥秘，尽情释放思想中的的无限潜能。

与敢于质疑宗教权威而受到宗教法庭迫害的哥白尼、布鲁诺和伽利略这些前辈不同，生于文艺复兴晚期的艾萨克·牛顿提出的所有开创性思想都得到了推广和敬重。牛顿成了母校剑桥大学的骄傲。

"牛顿现象"是英国创新理念和科学发展领先其他国家的一个缩影。非但如此，英国在其他许多领域都涌现出足以引领欧洲甚至整个世界的大师级人物，如威廉·莎士比亚、亚当·斯密、大卫·李嘉图、弗朗西斯·培根、詹姆斯·瓦特等。从此，英国成为拉动世界发展的头号引擎，而以牛津、剑桥为代表的英国大学成为推动英国快速走向全球的"永动机"。"工业革命"的完成则是英国统领世界、反过来推动大学发展的高妙之举。

二　欧洲地方特色大学的勃兴

初始的欧洲大学是私立与公立并存，但以私立为主。早在中世纪，各国政府认识到大学的重要性，开始创办公立性质的大学。例如，西班牙的公立大学就有萨拉曼卡大学（1218 年）、瓦伦西亚大学、阿尔卡拉大学（均于 1499 年成立）、康斯普顿大学（1508 年），匈牙利的佩奇大学（1367 年）德国的海德堡大学（1368 年）等都有着悠久的历史。从总体上看，英国的私立大学的水平要比公立大学高出一筹。然而，在欧洲大陆地区，私立大学却并无压倒性优势，一些国家的公立大学的教育质量并不逊色，甚至水平更高。法国和德国的公立大学有十分突出。从数量上看，迄今为止，法国拥有90余所公立大学，在校学生超过大学生总量的70%。无论是科学研究成果、还是教育质量都让私立大学难望项背。而德国的公立大学中，除了海德堡大学外，闻名世界还有法兰克福大学、哥廷根大学、慕尼黑大学、柏林工业大学、波鸿大学等，这些公立大学的成就与德国私大学交相辉映，共同奏出德国高等教育的最强音。

欧洲大学的发展过程也是不断适应社会发展的过程。许多大学主动积极地融入所在地的经济社会发展。源自英国的地方大学运动也被之为"新大学运动"，它带动了一大批新型大学的建立，如曼彻斯特大学（1851）、利兹大学（1880）、诺丁汉大学（1888）、雷丁大学（1894）等，这些大学设置满足地方工业发展需求，培养应用型人才为主要特征。"这些大学的目标与剑桥、牛津显然不同，它们的办学资金大多来源于地方工业家，带有强烈的地方色彩。"① 在欧洲大陆，则以德国应用技术大学最具代表性。自近代以来，一些大学就高瞻远瞩地为自己的"地方性"和"有限范围"进行精准定位：着力服务周边200公里以内的企业和地方经济发展。这样的定位看似低调，却并非甘于平庸、低水平办学。

以柏林工业大学为例，这所办学历史可追溯到1770年、腓特烈二世时代的采矿专科学校，现已成为德国最大的应用技术大学。作为国际一流大学，其科技转化水平让世人震惊。自1970年以来，已经"孵化"出330多个高科技公司，平均每个公司的营业额达9亿欧元。再以位于萨克森－安哈特州的马哥德堡应用技术大学为例：其所在地是德国机械制造中心，尤其以制造汽车发动机闻名。该大学全力服务这些名牌企业并通过自身的技术水平，赢得了所服务和合作企业，如宝马、奔驰、保时捷、三菱等的盛赞。在服务过程和企业的严格要求中，该大学在汽车材料革新和轻型铸造等方面逐步成为整个世界的领导者。

"地方"这一标签并未阻断其成为高水平大学的路径，相反，它们目标更明确、工作更务实、步伐更坚定。它们年复一年的努力和孜孜不倦地追求，成就了德国版的"地方特色大学"。

---

① 许杰明：《近代英国高教发展史中的两种价值取向评析》，《史学月刊》1997年1期

　　从欧洲大学的发展历程看，大学发展从务虚日益趋向于务实，其中走出象牙塔、主动"接地气"既是社会发展之需，也是大学自我认知的结果。同时，伴随着近代各国工业发展和地方经济发展对应用型人才的渴望，欧洲许多大学逐步改变自己的角度，从知识和理论的输出者演变成为服务者，并以提供高质量人才、高技术服务作为办学的首要目的。

　　随着服务意识的彰显，与社会区隔的贵族习气便日益退化。没有围墙的大学，无论是走出去还是请进来，都少了各种有形或无形的障碍，也能够更加清晰地认清自己的服务意识、服务能力。同样重要的是，欧洲许多大学走出这一步，不再纠结于大学排行榜上的"名份"和横竖比较，它们将全部精力毫无保留地用于内涵式发展，从无名大学成长为具有区域性影响、甚至世界一流、顶尖的"地方特色大学"。

第二节　美国地方特色大学的兴盛

一　群雄并起的美国地方特色大学

　　相比于欧洲，美国则后来居上，成为现代高等教育优势最显著的国家。作为英国海外最重要的殖民地，美国的高等教育长期师从母国和欧洲。从第一所大学——哈佛大学创办开始，一批常春藤名校都是以牛津、剑桥等名校为师。然而，美国大学之所以后来居上，绝非仅仅靠"孔步亦步"式的学习和模仿，而是在这一过程中酝酿了超越母国和欧陆大学的自强基因和执着精神。初生牛犊式的美国大学除了敬重之外，就是用美国特有的方式成功站立在欧洲古老名校的肩膀之上，并成功站立在世界高等教育之巅，傲视全球。

　　可以说，17 和 18 世纪的美国，基本上是私立大学独大。而美国国会于 1862 年颁布的《莫雷尔法案》（史称"赠地法案"），成为美国高等教育史上最早也是最重要的法案，对美国甚至对世界高等教育发展都产生了巨大而恒久的影响。这是联帮政府对高等教育最大规模的干预。法案明确规定：①根据 1860 年参众议员人数的分配，每个参议员或众议员可分得三万英亩土地或等额土地证券；②各州用土地或土地证券出售后所得的收入资助至少一所学院发展农业和机械工艺课程；③利用拨授土地所建立起来的基金，创造了最初阶段用其中 10% 的利息购买校园基地外，要用不少于 5% 的利息设立一项捐助基金；④如果该项基金没有应用于教育，将在 5 年内退还给联帮政府。用此项基金资助的学院通常称为"土地学院"或"赠地学院"。① 1890 年，国会又颁布了第二次《赠地法案》，继续向各州赠地学院提供帮助。到 1896 年，赠地大学已经发展 69 所，后来它们大多成为各州的州立大学，成为美国高等教育腾飞的重要支柱，也为美国经济发展提供了强大动力。可以说，"赠地法案"是跑道，而赠地学院则成了依靠跑道助跑的飞机。

其实，早在《莫雷尔法案》颁布之前，国会议员帕垂之就在 1841 年提出议案，要求联帮政府划拨土地给各州，兴办科学、农业、机械和商业学校。1853 年，伊利诺伊大学教授特纳与同该州农民、企业主一起，希望国会要求联帮政府拨给各州 50 万英亩土地，兴办农业和工业大学，造就农业和工业人才。可见，《莫雷尔法案》是顺应美国社会发展需要的"及时雨"。

地广人稀的美国用土地换资金的方式解决了大学的燃眉之急。这种方式基于美国特定国情和特殊的历史条件，并非其他国家可以随意效仿。但是，联帮政府在财政极其困难的情况，全力支持大学的行为和举措却值得他国学习。

大批州立的地方大学按照政府的要求，以培养本州急需的工农业人才和服务本州范围为出发点，逐步契合了所在州的地域、文化和环境因素，形成了特色鲜明的大学风貌。虽然创办之初，一些贵族并不看好甚至嘲笑它们为"牧牛娃大学"（Cow College）。对此，美国高等教育学家克拉克·克尔指出："为人民服务的赠地理想——'校园的边界就是州的边界'——已经凋谢，而且在有些地方甚至成为嘲笑的来源。但是，长远的现实是，具有对高等教育资源、自由和自治的裁判权的是公众。现实也是，在历史上，大学生存下来甚至兴旺发达，它并没有自我毁灭，

---

① 夏之莲主编：《外国教育发展史料选粹（上）》，北京师范大学出版社 1999 年版，第 488 页。

它已经适应现实。"① 这些具有平民气息的大学顽强地成长为完全可以与任何私立大学分庭抗礼的公立名校。声名显赫的康乃尔大学、麻省理工学院、加州大学、密歇根大学、德克萨斯大学、伊利诺伊大学、明尼苏达大学、威斯康星大学都是典型的赠地学院或得益于"赠地法案"。其中，威斯康星大学和圣荷西州立大学的办学理念最值得我国地方大学借鉴。

二　美国地方特色大学的典型案例

威斯康星大学无愧于翘楚。著名的威斯康星大学自 1848 年成立之日起，就高擎"大学必须为地方经济服务"的大旗，便形成了著名的"威斯康星思想"（Wisconsin Idea）：大学应该向公众开放，并为区域经济与社会发展服务。尤其是 1904 年范海斯接过校长大印后，在这一理念基础上，提出了著名的"威斯康星计划"。范海斯强调："州立大学的生命力在于她和州的紧密关系中。州需要大学来服务，大学对于州负有特殊的责任。教育全州男女公民是州立大学的任务，州立大学还应促成对本州发展有密切关系的知识的迅速成长。州立大学教师应用其学识专长为州做出贡献，并把知识普及于全州人民。"② 因此，"威斯康星计划"被描述成"把整个州交给大学"，"大学对本州人民的作用就如同人的头脑对人的手、脚和眼的作用"，即"大学要给人民以信息、光明和指示。"③ 这种并非"顶天"的定位并不影响其成为世界顶尖大学。相反，威斯康星大学以其服务地方、为该州培养各类人才而受到州政府的大力支持。其旗舰分校——麦迪逊大学更是有 18 人获得诺贝尔奖。

圣荷西州立大学（San Jose State University）创办于 1857 年，是全美西岸第一所公立大学。虽然名为加州公立大学之"长子"，后来并没有贵为公立大学之至尊，甚至于在相当长的时期内默默无闻。与许多声名显

①　［美］克拉克·克尔著，王承绪译：《高等教育不能回避历史——21 世纪的问题》，浙江教育出版社 2001 年版，第 161 页。

②　陈学飞著：《当代美国高等教育思想研究》，辽宁师范大学出版社 1996 年版，第 31 页。

③　王英杰：《规律与启示——关于建设世界一流大学的若干思考》，《比较教育研究》2001 年第 7 期。

赫的大学相比，圣荷西州立大学并未自甘沉沦，而是根据自身的发展状况和独特的区位优势，走上一条以特色推动学校内涵式发展的兴盛之道。该校占地154英亩（约934亩），是一所以本科教育为主，硕士研究生教育为辅、学生总数约32,000余人的地方性州立大学。因此，该校始终以教学作为自身生存和发展的生命线，也是其引以为荣的办学底气和资本，其科研目标和任务始终围绕人才培养方案和教学目标而开展，因此极具针对性和实用性。

长期高度重视本科教育和学生质量，为该校赢得了广泛的声誉。与此同时，该校利用自身的地域优势和计算机教育的科学优势，最大限度地彰显办学特色、发挥办学潜能。由于该地处硅谷腹地，因此，它以计算机科学、工程教育作为其主要办学特色。这些最具特色的学科能够很好地与硅谷各种高科技公司接轨，在教学上实现了外引内联，与公司建立了长期高效的合作模式，即从这些高科技公司中延聘实践经验丰富的工程师作为兼职教师参与和指导教学，同时及时将学生派往这些公司实习，理论与实践有机结合起来。例如，在美国加州高校的本科教育中，该校的计算机科学教育排名第5位；工程教育位列前20强。

由于本科教学水平高、教学质量优异、办学特色鲜明，因此，这所非著名的地方教学型大学的毕业生，在计算机网络公司和高科技公司云集的硅谷（Silicon Valley）就业时，表现出极强的竞争力。总面积超过三千平方公里的硅谷拥有6,600家公司，雇员达240,000。最近几年该校进入硅谷著名的高科技公司如苹果、谷歌、思科（CISCO，全球网络设备市场的霸主）、摩托罗拉、脸谱（Facebook）、甲骨文（ORACLE）、IBM、惠普、eBay（全球最大的国际贸易电子商务平台）、日立电气（Hitachi）和赛灵思（Xilinx，全球领先的可编程逻辑完整解决方案的供应商）的毕业生名列全美高校前茅。其中CISCO、IBM、eBay、Hitachi和Xilinx这五大公司更是该校毕业生的主要雇主。

由于优质的毕业生源源不断进入这些著名公司，使学校的美誉度大大提高，反过来这些公司又将各种技术和管理方面的培训工作和部分科研项目放心地交给圣荷西州立大学，双方的合作力度进一步增强。圣荷西州立大学已经成为硅谷各大公司培训工作的主要大学之一，这不能不说是对该办学水平的充分肯定，借助这些享誉全球的顶尖公司的传播力和影响力，圣荷西州立大学不但在美国国内的知名度显著提高，而且在全球的影响力也在逐步提升。①

第三节　中国地方特色大学的发展轨迹

在与高等教育发达欧洲、美国进行比较横向比较、向它们取经的同时，与早期大学（尤其是新中国成立后的地方大学）进行纵向比较，也能够发现当下的地方大学在推进过程中存在的不足，需要反思和纠偏。

一　早期中国地方特色大学的成就

中国的现代大学源于西学东渐。现代大学最长不过一百余年。古代的太学、书院均非完全现代意义上的大学。应该说，包括北洋大学（即现在的天津大学）、北京大学、清华大学在内的一系列民国时期的大学，其掌舵人均是学贯中西，对西方大学的办学理念、办学方式了如指掌，他们吸引西方大学思想，又能够结合国情，所以，无论是私立大学还是国立大学，都是成就斐然。此期的大学成就已经成为中国现代大学史上最辉煌的一页，其流风遗韵也最让后人缅想和怀念。

这一特定历史时期的大学已经定格，后世不可能复制。然而，彼时各类大学在不违背教育规律的前提下，各行其道、极具特色。尤其是"不拘一格降人才"的选材之道，确实有独到之处。其中，北大蔡元培时代所确立的"兼容并包，思想自由"理念影响极大。

彼时，大学延聘教师以学问、水平为准绳。于是，刘半农、梁漱溟等一干没有大学文凭的青年才俊被北大相中；留学西洋、获得多个博士学位、着长袍马褂、留着长辫且乐于宣传一夫多妻（一个茶壶配多个茶杯）的辜鸿铭，同样能够在北大如鱼得水。在清华园，留学西洋却未能获得任何博士学位、正规学历只有吴淞复旦公学毕业的陈寅恪能够成为

---

① 胡解旺：《美国地方普通大学的特色之路——以圣荷西州立大学等高校为例》，《当代教育论坛》2013 年第 1 期。

清华四大导师之一，初中毕业的华罗庚因一篇高水平论文被熊庆来相中，成功进入清华教师行业，终成一代国际数学大师；此外，清华还聘用了中学肄业的钱穆等一批低学历、高水平的人才。

在遴选考生时，同样不拘一格。钱钟书、吴晗都是清华的高材生，却不是"全面发展"的偏才。两人在文史方面天赋异禀，但数学成绩却可怜可叹，吴晗零分，钱钟书15分。当然，大学如此遴选的前提是真正以爱才、识才为本，绝非权力作祟或关系网使然。

在这样无规无格、只重水平的选人用人机制作用下，北大、清华大师云集，其他大学同样无遑多让。彼时，各个大学学生的自我发展意识和求知欲极强。例如，"特招生"钱钟书在清华读书时期，以"横扫图书馆"的决心沉迷书山学海之中。海量的阅读和敏捷的思维相结合，包容的校风和严格的要求相统一，乃是钱钟书走向大师之路的起点。

民国名校是高等教育研究者的主要关注点，导致其他专科型、实用型大学在名校的星光照耀下失色。当下的研究者只要谈民国大学，言必称北大、清华，鲜有论及散布于各地的专科大学。其实，它们所培养的人才充实于当时各个行业的第一线，成为中国实业发展的主要人才输送地。退一步说，如果仅有北大、清华、北洋、复旦、南开、武大、中大这些私立或国立名校，而没有众多默默无闻的地方专科大学，中国的人才会出现长期的断档，各行各业不可能保持持续发展。

新中国成立后，大学全部公立化并以苏联的大学模式为蓝本。五十年代，大学的院系调整可谓利弊共存。批评者指责政府罔顾大学自身实际而盲目调整，赞同者则认为这是国家在经济困难、财力不足时集中力量办大事的应然之举。其实，无论批评还是赞同，都有其充分理由。我们认为：当时的大学调整是特定时期经济建设和人才培养之需，但调整过程中存在操之过急和处之不当的现象，导致大学多年形成的固有结构受到影响。

然而，政府重视对专科学校、中专学校的投入，确实在人才培养过程中起到了其他老牌名校无法比拟的巨大作用。这些为工农业生产源源不断输送人才的专门学校，是五十年代到九十年代我国社会主义建设的人才培养基地，其作用十分明显。但是，上个世纪九十年代的大学合并潮，并没有取得预期成效，反而加快了去特色化的步伐。

二 合并潮加速地方特色大学的衰落

应该说，从民国时期（清朝则称"实业学校"）的各类地方专科大学到新中国成立后的专科、中专学校，虽然地位和影响远不及名校，却为社会发展培养出众多应用型人才。五十年代的大学院系调整并不波及专科和中专学校，而上个世纪 90 年代大学的合并潮波及甚广，几乎所有大学都受到影响。从北大、清华到最低层次的中专学校，都或多或少受到影响。这是中国百年高等教育史上最大规模的"震荡"。

关于 90 年代的合并潮，目前许多学者依然讳莫如深。只有少数专家敢于公开质疑和批判。前武汉大学校长刘道玉教授是其中"敢言"的代表。"历史经验表明，凡是一次高速大发展或大破坏之后，一般需要进行一段时间的调整，这符合事物螺旋式发展的规律。可是，近 20 年的高等教育一直以火箭的速度上升，从没有进行过调整或整顿，根本谈不上巩固和提高。"①

中国大学历经五十年代"院系调整"后，无论涉及与否，大学都害怕"伤筋动骨"，因此，对于 90 年代的合并，许多大学并不积极甚至强烈反对，尤其是"被吞并"的名牌大学（如医科大学），它们的办学历史悠久，在海内外具有强大的影响力。一旦合并，其名其份俱无，大量校友将被迫更换"娘家"、无法"归宁"。但是，行政主导下的合并用强力进行了整合，其结果是：大量老牌、顶尖的医科大学不复存在。与它们同样消失的还有在各行业独占鳌头的特色大学。

在这过程中，许多没有合并条件的大学则纷纷进行外延式扩展，各类专业迅速上马。农业、牧业、矿业、林业、石油、化工之类的特色大学极力抹去"底色"，妆点成综合性的"五颜六色"。新闻与传播、主持与播音、法学、会计学、金融工程、艺术与设计等，或先或后地成为它们招生新的"增长点"和"亮点"。

在抹去特色的进程中，地方的各型大学也不甘人后地行动起来。与

---

① 刘道玉著：《中国高校之殇》，湖北人民出版社 2010 年版，第 261 页。

名校消积应对合并形成鲜明对比的是：地方大学对合并非常踊跃。这批以专科和中专学校为主的大学，可以通过合并实现办学层次的"升格"，即从专科、中专分别升格为本科和专科。按照规定，单一学校不可能升格。因此，1999年之后所有新升格的本科院校，或是同一城市几所同为专科合并，或是一所专科学科兼并当地的一所或几所更低层次的学校组合而成。与名校一样，合并后地方大学确实升本了，然而，有棱有角的特色却在日益退化和抹平。

正是在这一波的合并潮中，许多名校随着校园面积（或有多个校区）、师生人数、博士硕士点剧增，学科门类齐全，普遍出现了"跳跃式"、超常规的发展念头。一些已经是国内一流的大学，急切地想成为世界一流；而一些刚刚升格的"菜鸟"级本科大学，同样底气十足，不再安于"燕雀"之路，它们不切实际地胸怀"鸿鹄之志"，企望短期内"一飞冲天"。中国高等教育当下存在的问题可用两句话进行概括：以综合性之名"去色"；以非常规发展掩饰"急躁"。

三　地方特色大学消失的后果

地方大学丢失特色的后果无论如何高估都不为过。其后果绝非是阶段性和局部性的，它将深刻地影响这些大学的美誉度。

（一）竞争力加速度下降。作为错位竞争和错位人才培养的载体，地方大学虽然不能象名校那样在高速公路一骑绝尘，却有自己的独特通道，它们是众多考生的另一种选择。而且因为以培养应用型人才为主，在就业市场依然有强劲的竞争力。

然而，主动放弃自己的"轨道"，硬要开着拖拉机挤进名校的"高速公路"，则根本无法与名校竞速，只能被"超车"。时下，一些地方大学并没有清醒地认识到丢失特色的危害，仍然自得其乐地跟随在名校之后。它们的课程设置是名校的翻版或压缩版，但生源质量、师资水平、科研实力完全不在同一档次。这种"学术型"而非应用型的教育，导致毕业生既达不到名校的水准，也难与更低层次、操作能力更强的高职院校竞争。当然，它们的就业统计率年年都高达九成以上。在"就业难"这一公认的社会信息符号连年凸显时，这些数据的"注水率"也一再被社会各界质疑。

在质疑中，地方大学可信度被进一步贬低。毕竟，大学四年，永远不可逆转的青春岁月是任何人不可能轻易浪费的，而不菲的学费对于许多家庭来说，又是一个沉重的负担。如果因为学校自身存在的问题，学生通过刻苦努力没有学到降龙伏虎的本领，许多人成了毕业即失业的"毕剩客"，那么，一届又一届的"毕剩客"将成为学校毁誉的最佳推手。学校所有的宣传和广告都无力改变自身尴尬的"囧态"。若干年后，这样的大学将不再是考生的首选甚至是次要选择，社会对它们曾经保持的尊重也随着时间的推移而逐步消失。

（二）蜕变为高等教育的"蝙蝠"。丧失特色的地方大学，将变得不伦不类。它如同一只蝙蝠，进入有翅膀的飞禽群体，被当成兽类；而进入兽群，则又被看成鸟类。在各类大学的排斥中，它们日益走向边缘化，成为高等教育版块中可多可少、甚至可有可无的"边角料"。缺乏它们，高等教育依然完整无缺；有了它们，高等教育亦未增色。

"蝙蝠"式的地方大学主要有两类：一类是完全没有自知之明或没有完全自知之明。它们对自身的综合实力缺乏确切的认知，对自身的不足同样知之甚少，从而导致定位过高（通常不会过低）、方向模糊、不知特色所在，更缺乏扬长避短的机制和措施。于是常常出现"归因错误"，即选择"外部归因"。它们将自身办学过程中存在的问题统统归因于外部环境，却极少从自身失误中去寻找原因。而且，这种"萧规曹随"的思维惯性往往带有连续性，如同社会心理学中的"毛毛虫效应"——固守原有的本能、习惯、先例和经验，而无法破除尾随习惯而转向觅食。上届出现的问题，会在下一届或下几届同样出现。连续几届领导都不愿意改变原有的办学思路，而且都声称严格遵循高等教育规律，领导从未"越轨"、缺位、失职。在这样宴安耽乐的环境中，从校级领导到中层干部，再到普通教职员工，都在不断强化"不求有功，但求无过"的"阿混"心态。

另一类是有了自知之明却没有付诸行动。这类地方大学往往更多、更普遍。各种规章、制度、计划一应俱全，三天一小会，五天一中会，一月一大会，书记、校长强调、重申，中层干部传达，各色人等详细记录。乍一看，文件归档、会场有序、宣传有声，但通通止步于"最后一公里"，所以，基本上是留在嘴上、挂在墙上、存在档案，变成空想。

再好的设计、再完整的计划，都必须依靠坚定不移的行动去落实。没有行动的坚决性和对行动本身的科学评判，事实上也是缺乏危机感和紧迫感的集中体现。因为，许多地方大学觉得，自己已经是本科最低层次了，不可能再降格，往上努力也不是一时之功能见效的，倒不如得过且过、做一天和尚撞一天钟。至于会议、文件、宣传，不过是为了应付检查和评估之需。

因此，这两类"蝙蝠"式大学既有区别，又有明显的共性——危机意识不足、安逸思想充盈、进取动力退化。它们将在未来高等教育的激烈竞争中，成为"温水煮青蛙"的悲剧式经典案例。

（三）或将成为大学中的"倒闭国企"。丧失特色的地方大学具有完全的可替代性。也就是说，任何一所新办的大学都有取代它们的能力和条件。而具有替代能力的大学在民办大学领域中至少有数百所。此外，高职院校也有相当部分可以取而代之。

与公办的地方大学相比，同层次或更低层次的民办大学具有强烈的紧迫感和危机感。它们没有国家的任何投入，完全靠自力更生。上至举办者、下至普通教职员工，都将自身的饭碗和荣誉系于学校发展，谁也不敢小视自己的工作和职责。而且基于中国公有制的强大基因和压倒性影响，民办大学长期面临招生难、资金不足的困局。但是，它们已经"久病成医"，懂得用最简洁、最高效的方式化解危机——全力提振教育教学质量，以优质毕业生换取社会的赞誉，赢得考生的青睐。

相对于若干年前的公办大学对它们的极度睥睨，近年来，民办大学发展空间有所改善。如一些民办本科大学（独立学院）可以与公办二本大学同一批次招生，为它们解决生源问题打开了一扇方便之门和上升通道。但是，不论如何，民办大学目前和在今后相当时期内难以与公办大学平起平坐。正是在这样的竞争格局中，民办大学必须激发全部的潜能求生存、谋发展。它的机制、体制更加灵活，聘用制度更加完善。闲人、懒汉、庸才毫无立足之地。它们以完备的制度为平台，最大限度地减少浪费、提高效率，从而缓解了各方面的困难和压力。

与民办大学这种"泥饭碗"心态相比，公办大学普遍存在"铁饭碗"心理。虽然公办大学也实现聘用制，但其形式更胜于内容，实际上就是一只摔不碎、砸不烂的"铁饭碗"。而且具有"生是学校的人，死是学校的鬼"思想的人越来越多。

在短期内，地方大学还能够因为头戴"红顶"而享受着既有的"公办"红利。但是，红利不可能永不干涸。如果民办大学的崛起还不能警醒沉睡中的地方大学，"鲶鱼效应"无法起到应有的刺激作用，那么，若干年以后，将会有一批办学水平和办学效率低下的地方大学列入"倒闭大学"的黑名单。

这绝非危言耸听！就在上个世纪80年代，当国企工人们还痴迷于铁饭碗而安闲自得、对个体户和民营、私营企业不屑一顾时，在"温水煮青蛙"的麻痹状态中，他们慢慢失去纵身一跳的逃生机会和能力。仅仅过了几年时间，便有大批低效国企进入倒闭潮，大量国企职工变成了最弱势、最困难的"4050族"。这一惨痛教训值得地方大学深思和警醒。

第五章

地方特色大学的路径选择与发展目标

地方特色大学如何选择路径？有何短期目标、中期目标、远期目标？尤其是如何凝聚大学内外的力量，形成强大的"统一阵线"，以怎样的信心、耐心和决心，几代人不断努力，去实现办学理想？

第一节　地方特色大学的自主定位

地方特色大学没有固定的模式和范例。正如世界上没有两片相同的树叶一样，世界上也不可能有两所完全相同的地方特色大学。作为中国高等教育一种新的办学理想，一种新生事物，必须勇于探索、寻找最适合自身情况的路径。

地方特色大学的初期阶段，因为各方面都并不成熟或成型，所以，只能在内部寻找最强点或最热点，先行先试。即以重点突破为主。无论哪个方面，只要不违背大学办学宗旨和高等教育规律，就可以充分发挥积极性和主动性，大胆地试、大胆地闯、大胆地设立"特区"！绝不能被陈规陋俗所掣肘。试和闯既要胆大，更要心细。在这一过程中，或许不少人甚至大多数人持怀疑和反对态度，以防范"瞎指挥"、"瞎折腾"为名进行回击。这是任何改革者都应当预判并准备足够应对措施的情况。

由于历史文化、地理环境、区域情况各不相同，因此，地方特色大学的发展路径必须紧紧围绕自身情况进行选择，不能左顾右盼、犹豫不决。尤其是，绝不能抛弃自己之长。从路径选择看，将提高人才培养质量作为永远的中心是所有大学的首要任务，地方特色大学更应如此。在此基础上，地方特色大学在初期可以选择某一项为发展重点（其他方面以兼顾为主）以此来更好地突显人才培养质量。绝不能采用面面俱到的发展范式。如果一开始就想四面出击，各个方面都想办出特色，非但不能成为"全能型"特色大学，若干年后，它没有样样精通，而是退化为"样样稀松"，被彻底打回原形，暗然失色。

那么，在强化应用型、优化人才培养质量的前提下，选择哪一项为彰显特色的突破口？是科学研究？服务社会？文化传承与创新？还是将几项职能相结合？我们认为：选择任何一项都是重若千钧。以地方特色大学较弱的实力，实在难以承担。因此，可以选择某一项中的一小部分，集中最强的师资力量进行突破。

例如，服务社会方面。地方特色大学责无旁贷，更是获得地方政府支持、当地社会和民众直接受益、为学校持续增色的"主战场"。那么，是否学校就应该四面撒网？任何大学绝非万能，只能选择自身最具优势的专业和团队与地方重要产业对接，从而带动其他专业和人员服务地方。

最具优势的专业和团队首先要有一个重量级带头人，熟悉本专业与地方重要产业的结合点、双方的互补性等专业特点，自身在该行业具有较高的影响力，愿意并带动本专业师生积极参与。同时，本专业师资力量雄厚、在校内处于领先水平。

这样的模范团队与地方相关产业的合作是长期、双赢的。一方面，该专业的科研成果可以通过产业平台进行成果转化，企业从中获得丰厚的利润，进而反哺大学；该专业教师还可从解决企业的生产问题着手，获得相关课题，取得与生产实际紧密相关的科技成果和专利技术；在与企业合作过程中，该专业学生可以直接就近参与实习、实践，将企业作为大型实验平台，提高专业实践能力和科研能力。另一方面，企业借助于这一"东风"不断壮大和发展，借学校这一平台不断提高自身在当地影响力。

所以，最具优势的专业和团队不仅源于自身努力，更需要学校鼎力支持。学校应该将其上升为服务地方的"A计划"，从人力、物力、财力等诸多方面提供全方位服务。如果学校担心这样厚此薄彼的做法会影响其他专业或团队，从而隔岸观火或口惠而实不至，那么，该专业和团队服务地方的热情会很快降为冰点，其服务质量必然大打折扣，且迅速与相关产业分道扬镳。这是一场于产业和学校均无赢者的"双输"结局。在过去的若干年中，如此"无言的结局"在地方大学时常出现，导致地方重点产业对地方大学"敬而远之"，甚至于"睥而远之"，他们即使需要合作、服务，也认定"远来的和尚会念经"，"本地的和尚想念也不给念"。

　　当下，地方大学并非没有服务地方的项目和人员，但许多大学基本上处于"单兵行动"而非集团作战，取得的战果也都是星星点点，没有连成一片。学校常常被个人的荣光所遮蔽和取代。换言之，这样的"点对点"而非"面对面"的服务并没有从根本上增强学校的影响力。即使某些地方推行"科技特派员"制度，也是以个人为主，没有形成体系严密的专业团队。而且由于制度不完善、考核不严格、绩效无标准，导致这一制度名存实亡。一些科技特派员因此自我松懈，甚至"三天打鱼，两天晒网"，没有为企业提供实质性指导和帮助。在一定程度上，它反而对科技特派员个人和所在大学产生了负面影响。

第二节　地方特色大学的目标设定

　　地方特色大学的目标可分解为短期目标、中期目标和远期目标。这是一个从低到高的渐进式过程，也是一个从低目标向高目标递进的过程。

一　短期目标

　　着重达到"点的突破"。地方特色大学在短期内需要在某一个或某几个（不宜过多）点进行突破。即首先认真、谨慎地研究论证和遴选"强点"。需要说明的是："强点"并非学科类别，甚至也并非专业。而是某专业或者是跨专业下面的一个点或专题。促"强"就是要"小眼着手"、"小题大做"，将这一"强点"做到极致，也就无可争辩地成为炫目的亮点和特色。

　　要区分其在本校中所处位置："很强"、"强"，然后根据分档进行可行性分析、提出突破要求。同时，进行相关人员组合与协同创新、在资金、实验条件和研究平台等各种保障方面落实到位。对于"很强"点，其短期目标必须达到国内地方大学一流水平；"强"点必须达到国内周边区域地方大学一流水平。其余的"次强"、"弱强"点应该具首先立足于"自强"，尤其是"弱"点更应该"知耻而后勇"，致力于自身的"脱贫解困"，学校不宜以"手掌手背都是肉"来进行安抚并出台扶持措施。

"点的突破"是地方特色大学短期目标最具显示度的标志，也是学校彰显特色的基础。唯有如此，才能为后面更加广泛的突破提供可借鉴的经验，积累更加雄厚的实力，从而顺利迈向中期目标。

二　中期目标

着重达到"线的突破"。通过这一突破，具有显著特色的"点"会成为相关专业、学科的"箭头"，引领它们成为特色专业和特色学科。相对于"点的突破"，"线的突破"水平更高、难度更大。它不仅需要更多的突破点，而且这些突破点要连成一线。这就需要发挥"很强"点、"强"点的带动效应和作用，推动和促进周边的关联点"走强"，为连成一线打下坚实的基础。

中期目标相当于人体的"脊梁"，连贯上下。通过中期目标，地方特色大学开始步入良性轨道。此期，地方特色大学不再有短期目标阶段的犹豫和徘徊，也不再"青春期"的冲动和狂躁，逐步变得成熟和理智。在这一过程中，即使遇到困难和挫折，甚至出现短暂的倒退，也能够从容面对，并寻找最佳办法予以解决。尤其重要的是，它能够修正坐标，矫正航向，实现办学效益最大化。

中期目标同时也是"坡度"和难度最大的阶段。惰性滋生、执行力下降、自我期望和社会期望过高、竞争加剧等因素都将成为爬坡的强大阻力和负荷。

此期，地方特色大学经过初期的强力冲刺，体力消耗较大，部分教师便产生了稍息心理，少数人甚至有了"刀枪入库"、"马放南山"的念头。而这种隋性思想往往最具感染力，一旦在某些名师身上出现，便迅速感染周边教师和学生群体。大家相互观望、裹足不前。与此孪生的是，学校的整体执行力下降。"拖"字诀成为校内办事拖拉、效率低下的主要

症状。没有强大的执行力作保障，再清晰的目标都不过成为美仑美奂的
"画饼"。

　　不过，在低靡的状态下，还有人一叶障目、产生不切实际的期望。
社会也对其寄予过高期望。俗话说："期望越高，失望越大"。当这种期
望没有强劲的动力支撑时，不可避免地被失望所代替。而在自己原地转
圈、踟蹰不前时，其他大学却在不断提速。竞争加剧常常形成社会心理
学上的"马太效应"——强者越强、弱者越弱。

　　从世界各国大学的发展历程看，大学的强弱、声望和走势均在中期
一见分晓。或趁势而上，更上一层楼，不但成为区域性、全国性名校，
许多大学甚至成为世界顶尖名校；或丧失机遇，一退再退，甚至走向衰
败，消失于公众的视野中。所以，地方特色大学的中期目标一旦不能如
期实现，如同"脊梁"断裂，将面临无法站立、永久"瘫痪"的危险。
早期所确立的特色和优势也会逐步淹没。兹事体大，绝不可等闲视之。

三　远期目标

　　地方特色大学的远期目标是在短期和中期目标的点、线突破基础上，
实现"面"的突破，并达到全方位"特色化"。即它不再是点和线的特
色，而是全校上至领导、下至普通教师、广大学生都是特色的承载者和
践行者，每个人都具有区别于其他大学的特殊"基因"。全校从理念、思
路、政策、科研指向、人才培养等各个方面都已经完全"特色化"。所
以，它又被称为"地方特色大学"。

　　远期目标虽然不象中期目标所遇到的高难度、大"坡度"，却面临漫
长的"缓坡"，稍有不慎，就会"晚节不保"、前功尽弃。这样案例在高
等教育领域并不鲜见。

　　这一阶段需要解决的主要问题是：如何将某一专业和学科特色与其
他专业和学科特色相互渗透和融合，实现资源和成果全面共享，并全面
应用于人才培养、科学研究、服务社会、文化传承与创新这四大职能。
尤其重要的是，如何将地方特色大学的创建过程、经验上升到理论高度，
形成高等教育领域一项新的理论成果——地方特色大学理论。

　　既然是远期目标，就不能幻想一夜见效，就必须有足够的信心、耐

心和决心。缺少"三心"，不仅无法实现远期目标，此前的短期目标和中期目标也照样不能实现。

第三节　以"三心"实现地方特色大学的宏伟目标

信心、耐心和决心是确保地方特色大学目标实现的软实力，是一种永不言弃的精神财富。

一　信心是地方特色大学的钙质

信心是任何个人、群体、社会克服困难、战胜挫折的内功。地方特色大学也不例外，必须具有足够的信心。

在同等情况下，有无信心所产生的结果完全不同甚至相反。信心十足可以正视已经出现或潜在的困难，从而寻找到最有效的解决办法，产生预期的良好效果；而没有信心，则必然放大困难、也无法预知潜在的困难。一旦困难出现，哪怕是微不足道的困难，也能够导致行动者束缚手脚，甚至知难而退。

地方特色大学在创建过程中，一定会遇到难以想象的困难。尤其是许多地方大学基础设施较差，师资较弱，生源质量不高。与985、211工程名校和各地重点建设的大学相比，差距不小。在这种比较过程中，更是相形见绌。然而，要建立信心必须直面现实，绝不可能逃避。

地方特色大学基于自身的地方性和独特的分层轨道，不可能与名校同台竞争。它们的竞争区域主要是同层次大学。即使如此，它们的强弱差别也是不可否认的。所以，就算如此，部分大学也有可能在与同层次大学的比较中失去信心，从而制约自己的发展。

事实上，创建地方特色大学都是一个漫长的探索过程，各有所长，也各有所短。而建立足够的信心方能真正扬长避短。

二　耐心是地方特色大学的氧气

地方特色大学的创建是一个马拉松式的长跑，而非百米冲刺。需要几代人不懈努力。没有耐心和耐力，只能半途而废、被迫离场。耐心也是对大学领导者和教师综合素质的全面考验。

在相当长的时期内，社会上一阵风、大跃进等盲目冒进现象此起彼伏，导致许多行业"热浪"、"高烧"不退，对相关行业留下了巨大的隐患。随着"退烧"，这些行业的"疲态"已经和正在逐步显现。这种现象和风气对大学也产生了巨大的影响。为此，许多大学不再淡定和客观，更缺乏耐心，滋长出"一万年太久，只争朝夕"的豪迈气魄。缺乏耐心，即使是好心也会办坏事。时下，有的地方政府的巨额投入让一些地方大学增添了"人有多大胆，地有多少产"的奢望。大学不是叠积木、垒沙丘，不只是引进多少学科带头人、建立多少实习基地、购置多少设备所能全部解决问题。如果没有高水平的软件，硬件越好，相互抵牾和磨擦的现象就越明显。实践证明：一些大学在巨额投入中确实日益豪华、也造就了一批腰包渐鼓的富人教授、老板学者，但文人相轻和内耗所造成的教育质量下降，需要大学深刻反思。

西谚说："罗马不是一夜建成的。"地方特色大学是一种具有独特风格的高等教育机构，同样不可能在短期内建成。一夜建成的地方特色大学，不过校园面积增量、豪华建筑拔地而起，加之一堆华丽数字，而这些不足以掩饰其短板。所以，这样"速成"的地方特色大学不过是徒有其表、自欺欺人而已。

缺乏耐心，地方大学将无法真正成为地方特色大学，它很可能成为"地方脱色大学"。不仅了无特色，而且因为违背高等教育规律的加速度，而只是失魂状态下的躯壳在飞奔。保持足够耐心，不只是重回大学之道，也需要等一等它白发苍苍的老教授和广大莘莘学子。因此，它需要"慢"下来。"慢"既是节省能量，也是进行自我保护、防止受伤和"猝死"的绝招。慢一点，大学才能通过不断"蓄能"永葆自己的崇高本色，成为国家和民族的希望所在！

慢一点，是为了更好地辨明方向，不走弯路和岔道，牢记初心，永远不能遗忘大学的精神和灵魂。

可见，耐心永远是地方特色大学创建过程中不可缺少的氧气。缺少它，大学就会将复杂问题简单化，越是"猴急"，就越气短，越不可能达到理想的彼岸。

三　决心是地方特色大学的真气

在中医理论中，真元之气乃先天之气与后天之气相结合的产物。人之有生，全赖此气。地方特色大学的创建，决心永远不可缺位。一方面，它是克服和治疗多疑病、犹豫病、胆怯病的良方；另一方面，它又是提振精神、凝聚力量的不二法门。

"亚圣"孟子云："天将降大任于斯人也，必先苦其心志，劳其筋骨，饿其体肤，空乏其身，行拂乱其所为，所以动心忍性，增益其所不能。"对于个体如此，对于地方特色大学何尝不是如此？创建地方特色大学是一项巨大的创新、创业工程。可以预知和不可预知的困难不可估量，如何战而胜之，在不断克服困难中奋力前行？需要永远保持坚强的决心。企望绕过困难、搁置困难的想法不但无助于解决问题，反而导致问题成堆。最后，不但寸步难行，更可能倒退。

与困难进行博弈，既要有实力做后盾，也要有勇气和决心。再强的实力，如果没有必胜的决心，再小的困难也会"倍增"，成为前行道路上的拦路虎；再弱的实力，如果拥有战胜困难的决心，也能够将困难程度降低，从而增加博弈的胜率。

地方特色大学的创建并非在社会的掌声和期望中进行的。相反，它是在质疑、暗嘲甚至反对声中，在特立独行、敢于先行先试的大学帅才统领下，坚持探索的大学范式。稍有犹豫和退缩，好不容易建立起来的舆论和思想"阵地"就将得而复失。随之失去的还有一批赞同者和众多瞻前顾后的中间派。

因此，已经正式"上路"、步入正轨的地方特色大学永远都需要坚定的决心，时刻需要补充真气，让自己精神饱满地迎接新的、更大的挑战！

"筚路蓝缕，以启山林"！地方特色大学在艰难的创新、创业中必将"突出重围"，闯出高等教育的一片新天地！成为一种"回头率"极高的大学群体样本！

第二篇

地方特色大学的人才培养

第 六 章

地方特色大学人才培养的理论
与特色追求

第一节　地方特色大学人才培养的教育理念

教育理念是哲学上"理念"的移植和发展，是人们在教育实践过程中形成的对教育发展指向性的理性认识。大学教育理念则是教育理念在大学中的应用，"是人们对大学自身的价值、目的、使命等的认识与追求，是一所学校的灵魂所在，是一所大学办学特色形成的基石，"只有正确的富有远见的教育理念，才能指导、办出具有特色的高等学校。通俗的讲，就是"关于把学校办成什么样子"的战略思考。[①]

一　大学教育理念对人才培养的影响

对于大学教育理念，不同的时代、中西方不同文化有不同的理解和认识，而一所大学的教育理念，隐含着人才培养的理念，或者可以说人才培养的教育理念是大学教育理念的最重要组成部分。一所大学，不论她具有怎样的教育理念，都会或多或少、或深或浅地对人才培养形成影响。为此，我们可以从大学教育理念的历史演变和发展中去感受人才培养的教育理念的变化，进而去理解地方特色大学人才培养的教育理念。

关于大学的教育理念，最早可以追溯到意大利的文艺复兴时期。在经历了教会学校到博罗尼亚大学、牛津大学、剑桥大学、巴黎大学等世

---

① 张韵君：《论民办高等学校办学特色的战略选择》，《高教探索》，2003 年第 4 期。

界上最早大学的创办，西方学者就不断地在探究大学的教育理念。19 世纪初，英国的纽曼明确提出了他的理想主义的大学理念：大学"是一个传授普遍知识的地方"，"大学应是教育场所（place of education）"，或是一个教化机构，大学教育的目标是培养集智慧、勇敢、宽容、修养等于一身的"绅士"，他们"具备有教养的才智，有灵敏的鉴赏力，有率直、公正、冷静的头脑，待人接物有高贵、谦恭的风度……它们都是大学的目标"。① 大学应该注重教学和学生品格的形成。纽曼的大学理念强调大学是"育人"的地方，强调大学对人的"育"的功能及对学生进行"精神启示"。

随着工业革命的兴起，新的科学技术发明在生产中广泛运用，大学体制逐渐由人文学科为主开始向文理结合的综合性大学发展。以德国的洪堡为代表，他在创建柏林大学时，提出大学不仅是教育机构，同时也应该是研究中心，强调教学和研究的统一，把科学研究作为大学的一项重要职能，同时第一次在大学提出了学术自由的概念。到 20 世纪初，美国成为最强大的工业化国家，以美国威斯康星大学为代表，提出大学还应该为社会提供服务，形成了与社会需求对接的大学教育理念。此后，世界很多著名大学都办了工商管理学院，培养经济管理人才。到了今天，人们强调人与自然的和谐、统一，强调可持续发展，强调科学精神与人文精神相交融，普遍接受了现代大学的理念理应包括上述三个方面，即：人才培养、科学研究和社会服务，同时还要承担引领和传承、创新社会文化的功能。

但是不管时代如何变迁，大学理念如何变化，最终都将落脚到人才培养上，诚如上文所述，人才培养的理念是大学教育理念的最重要组成部分，培养人才始终是大学最主要的任务。那么对于地方特色大学，该持有怎样的人才培养的教育理念呢？该怎样去培养人才呢？这需要结合高等教育发展的趋势、地方特色大学在我国高等教育生态体系中的位置、地方特色大学发展的社会动因等全面进行分析。

---

① ［英］约翰·亨利·纽曼著，徐辉、顾建新、何曙荣译：《大学的理想（节本）》，浙江教育出版社 2001 版第 40 页。

　　大学的首要任务就是为经济社会发展输送大批人才。社会所需要的人才多种多样，从大学培养的人才类型看，一般分为两类：学术型（研究型）人才和应用型人才。学术型人才即研究客观规律、发现科学原理的人才，从一般研究人员到中科院院士都属于这类人才；应用型人才即应用客观规律和科学原理为社会直接创造财富谋取利益的人才，从一般技术员工程师到工程院院士都属于这类人才。社会需要发现和研究客观规律的学术型人才，更需要运用客观规律为社会谋取直接利益的应用型人才。① 纵观世界经济发展史，一国经济发展水平、发展状况与其人才需求结构之间的关系极为密切。当一国的人均 GDP 在 300—1000 美元之间时，经济发展处于起步阶段，此时社会急需大量科学家、高级工程师、高级研究者等学术型人才作为社会发展的先导，引领各领域、各行业的前沿发展。当人均 GDP 在 3000—10000 美元的经济优化阶段，生产的高科技含量不断提高，在科学原理和技术方法转化为物质形态的过程中急需大批从事设计、运行、操作和服务的应用型人才。根据国家统计局数据显示，2013 年我国的人均 GDP 为 6767 美元，经济发展正处于优化阶段，这意味着社会对应用型人才的需求数量在增加，应用型人才已成为我国高等教育人才培养中的绝对多数。②

　　"高等教育大众化是 20 世纪人类在高等教育领域创造的最伟大成果之一。"根据马丁·特罗观点，在精英教育阶段，高等教育的主要功能是培养治国英才和学术英才。而进入大众化教育阶段，高等教育的主体不再是培养精英人才，而是着重培养应用型、职业型专门人才。因此，在高等教育大众化阶段，高等教育系统对这样的培养任务要有明确的分工，即名校与地方大学各自肩负着不同的历史使命。自上世纪 90 年代末随着我国高等教育快速发展，我国普通高等学校由 1997 年的 1020 所增加到 2015 年的 2553 所，其中，除 116 所 985、211 工程大学之外，地方特色大学（含地方重点建设和一般高校）所占比例高达 95.5%。由于学术型人才的社会需求量相对较少，且对师资队伍、科研设备、资金投入、学

---

① 潘懋元、石慧霞：《应用型人才培养的历史探源》，《江苏高教》2009 年第 1 期。

② 张德江：《应用型人才培养的定位问题及模式探析》，《中国高等教育》2011 年第 18 期。

术氛围、生源质量等有较高要求，因而应由 985、211 工程大学培养；而应用型人才的社会需求量较大，其培养的主要任务是在一定理论的指导下，将新理论、新知识应用于实践，因而，应由数量占多数的、以教学为主的地方大学（尤其是非重点建设的地方大学）培养。

二　地方特色大学的教育理念

从根本上说，地方特色大学人才培养的内在诉求就是基于大学如何更好地满足地方社会经济发展需求，从而更好地体现其独特的办学思路和水平。在世界教育史上，19 世纪欧美国家就掀起了一场新兴工作发展需求相响应的地方大学建设运动。被喻为"新大学运动"首先在英国出现，随后在德国和美国展开，出现了大批地方大学，服务地方新兴工业的发展。我国地方大学的兴起也与我国的社会经济发展密切联系，走了一条与欧美国家"新大学运动"相似的道路。改革开放后，随着我国社会经济的发展，人才短缺的问题日益凸显，并成为地方政府与十分关注的问题，尤其是在改革开放的前沿阵地，如广东、江苏、辽宁等一些经济较为发达的省份。这使得"远水不解近渴，还是自己培养靠得住"成为地方政府的共识，兴办地方大学也就成为这种需求与认识的必然。于是广东、江苏、辽宁等省市地方政府在上世纪 80 年代开始举办大学，到 90 年代中期，广东省、江苏省及辽宁省分别兴建了 11 所、14 所及 23 所地方大学，并在全国引领了一股"新兴大学运动"，在很大程度上满足了地方社会经济发展对专门人才的需求。①

可见，不论是国内还是国外，地方大学自诞生之日起其人才培养就是以满足地方社会经济发展需要为使命。当下，随着我国社会经济的全面深入发展，众多地方对于各类资源的需求更为迫切，其中最为缺乏还是高层次人才资源。可以说，在我国的大部分地区，包括广大中西部欠发达地区、东部经济发达省份中的一些较为落后地市，高层次人才的短缺是制约其社会经济发展的主要障碍。正因为如此，目前我国的地方大学均不约而同地提出了"面向地方，服务地方"的办学方针，虽然具体

①　刘晖：《地方大学办学特色研究》，暨南大学出版社 2008 年版，第 13—14 页。

表述存在差异。

"山不在高，有仙则名；水不在深，有龙则灵。"现代世界高等教育发展的经验表明，一所大学能够生存与发展，并享有较高的知名度，主要靠特色，而非大而全，因为大不等于强。办学特色是大学质量、水平、竞争力的重要体现和标志，其基本方面体现为学科特色、人才培养特色和大学文化特色。其中，人才培养特色既是学科特色和大学文化特色的集中体现，又是大学教育质量、水平、竞争力的集中体现，是大学办学特色的核心和关键。[①]

相较于北大、清华等名校以培养国家高尖端的学术型人才需要为任务，地方特色大学的人才培养追求的是符合地方需求的应用型人才，这就是其特色的显现。由于历史文化积淀、综合实力、区域经济、产业结构等内外环境和条件存在较大差异，尽管各地方大学同为地方培养应用型人才，但在具体方法和路径方面却应有差异。[②] 如，广东省的深圳大学、五邑大学、嘉应学院、惠州学院等地方大学构成了颇具特色的广东地方大学人才培养方式，它们区既有别于共同的、区别于北大、清华等名校的人才培养特色，也有在各自所在区域经济社会基础上形成的人才培养特色。正如加州理工学院前校长戴卫·巴尔的摩博士所言："就像生物多样性一样，大学应该有多种多样的类型，不同类型的大学各有特点，互有长短。一流大学往往在自己所处的类型中保持特色，出类拔萃。"可见，特色是力量之源，是发展的强大生命力。[③] 地方特色大学的人才培养同样必须体现特色。

综上所述，地方特色大学的人才培养须秉承"突出应用，服务地方，彰显特色"的教育理念。

---

① 杜林：《抓三大特性塑应用型人才培养特色》，《中国高等教育》2008 年第 10 期。

② 陈国锋、杨金田、潘国祥：《地方普通高校应用型人才培养特色及培育策略》，《湖北社会科学》2011 年第 12 期。

③ 黄伯云：《特色发展：大学办学之理念》，《现代大学教育》2003 年第 1 期。

第二节　地方特色大学人才培养的战略构想

一　科学定位：构建合理的地方特色大学人才培养战略

人才培养定位是办学主体对究竟培养什么样的人的理想设计，是合目的性与合规律性的辩证统一办学理念的具体呈现。不同的大学都有其不同的发展和形成背景，"期望大学适应一种单一的模式是很荒谬的"。[①]因此，大学的人才培养应当具有自身的目标和方向，不同的大学其定位是不一样的。地方特色大学具有特殊的人才培养要求，因而其在人才培养应有科学的定位。地方特色大学人才培养的科学定位，一是要明确自身的基础、优势和不足，创新人才培养理念，树立科学的人才培养目标，以利于扬长避短，形成鲜明的人才培养特色；二是为全面了解国内外同一类别高等学校的发展趋势，找准自己在同类学校中发展的位置，明确自身的任务，确定人才培养的重点和突破口，形成人才培养的优势，提高核心竞争力；三是更好地适应外部环境的变化，通过主动满足国家、社会和公众对人才培养的多样化需求而确定人才培养规划。

（一）目标定位

地方特色大学是为地方培养高水平的应用型人才，因此其目标定位应包括以下三个方面：

一是以社会需求为导向。随着我国现代化进程的发展，产业改造与升级，职业岗位与专业和职业结合日益紧密，社会对人才需求的类型发生了很大的变化，"实用、适用、实践能力、应用知识和理论为社会谋取直接利益能力"等已成为选择人才的共识。社会的现实需求决定地方特色大学的应用型人才培养必须定位于社会的实际需求，承担起把发现、发明、创造转化应用、实际生产和创造实际价值的任务，直接为社会经济发展服务。

二是服务于区域经济建设。地方特色大学人才培养最终落脚点在于

---

① ［美］亚伯罕·弗莱克斯纳著，徐辉、陈晓菲译：《现代大学论——美英德大学研究》，浙江教育出版社 2001 年版第 2 页。

应用，而应用是具体、实践的，而非空泛、抽象的。我国地域辽阔，区域间社会经济发展差异巨大。显然，地方特色大学人才培养不可能满足所有区域社会经济发展的需求。因此，地方特色大学须明确自身的服务区域，而准确定位方能以鲜明的特色培养能够满足地方经济发展需求的应用型人才，从而使之能够更快捷、更直接地进入生产服务领域，促进区域社会经济的发展。

三是面向基层服务岗位就业。大学生就业难，是高等教育规模扩张以来高校不得不正视的一个重要问题。而导致大学生就业难的一个重要原因在于结构性失衡，大学生就业的"新三到"（到发达地区、到好单位、到高薪岗位）现象非常突出①，基层岗位则就业不足。为此，中共中央办公厅、国务院办公厅印发《关于引导和鼓励高校毕业生面向基层就业的意见》，号召大学生到基层岗位就业。因此，地方特色大学人才培养定位基层，既是满足社会人才需求的具体体现，也是解决当前大学生就业困境的现实途径。具体而言，就是主要面向地方基层企事业单位的生产、工程、管理和服务第一线的技术岗位。

（二）分阶段定位

地方特色大学大多数是一所或几所专科院校升格或合并而成由"专升本"发展而来，从专科到本科，其人才培养的转型难免需要一段时间，应当体现一种渐进式的变化。

虽然地方特色大学由于自身传统与积淀及所在区域的社会经济发展状况各异，但从普遍发展的阶段看，地方特色大学人才培养定位都会经历"合格人才"、"特色人才"、"品牌人才"三个阶段。因此，地方特色大学的人才培养在不同的阶段应有不同的定位。

一是实现人才培养合格阶段。地方特色大学在新建（或是"专升本"）之初，只有专科人才培养经验，必然面临如何培养合格本科人才的任务，真正实现人才培养从专科层次向本科层次的转型。在这一阶段，人才培养的定位应是以培养合格的本科人才为目标。

二是形成培养人才特色阶段。在实现培养合格人才的定位后，还要

---

① 刘刚：《本科应用型人才的定位与培养策略》，《职业技术教育》2009年第4期。

在此基础上更进一步培养特色人才，形成比较优势。通过人才培养的特色去赢得自身生存和发展的空间，去实现有限的局部赶超。当然，不论培养什么样的人才都必须以质量作保证。人才培养质量，是大学的生命线。无质量保证，任何特色都会失去意义、最终只能是"脱色"。

三是创建人才培养品牌阶段。"品牌建设"原是现代企业的一种发展战略。品牌一般是指产品的形象、品质、声誉、知名度和在消费者心目中所占的地位，它反映产品与消费者之间的关系，即产品必须是根据市场的需求生产，从而满足消费者的需要。大学的品牌是一所学校在长期的教育实践过程中逐步形成并为公众认可、具有特定文化底蕴和识别符号的一种无形资产。

高校的人才培养需要根据高等教育市场细分，寻找符合自身实际的市场定位，树立品牌。因此，地方特色大学在实现培养人才合格、形成人才培养特色的阶段性定位后，不能仅仅停留于"合格"，也不应满足于形成一些局部特色，而应在"合格"的基础上，将已有的特色进行有机整合，进而形成人才培养的品牌，以整体的、稳定的形象面向公众并获得社会认可。

总之，从逻辑上看，培养"合格人才"、"培特色人才"、"品牌人才"，是地方特色转型发展必经的三个前后相继的阶段，这三个阶段又是相互交错、相互依存。虽然，地方特色大学的人才培养会有一个总体定位，但是在不同的阶段，应根据高等教育及自身的内外环境分段定位。

（三）优势定位

优势是相对劣势而言。优势定位指的是组织依据自身有利条件在实现其功能时进行的方向或内容的选择。名校有其自身优势，地方特色大学也有自身优势。因此，地方特色大学应当进行优势定位。

为地方培养高水平应用型人才是地方特色大学的根本任务。为完成这一任务，在长期为地方培养人才的过程中，地方特色大学会形成其特有的资源，即人才培养的独特理念、师资队伍、教学资源、经验，这些都是名校所不具备的优势。而正是因为具有了这些优势，地方特色大学校也被深深地打上"地方性"的烙印。人才培养是一个周期较长的活动，不论其成功还是失败，都要经历几个周期，才能作出科学判断。地方特色大学对地方人才需求情况的了解和分析，地方社会经济发展对人才培养提出的要求和熟悉程度，并非其它大学所能代替，特别是地方特色大学对地方人才培养的经验，更不是一朝一夕所能形成的。因此，地方特色大学最大的优势就是其"地方性"，也就是如何掌握为地方培养人才的"金钥匙"，即长期为地方培养人才形成的经验、规律及教学资源。地方特色大学强化其人才培养形成的优势，将自身长期形成和积累的资源充分利用好、利用足，最大限度地发挥地方特色大学为地方经济建设和人才培养服务的功能和目的。

二　差异化竞争：地方特色大学人才培养的竞争策略

虽然有独特的地方优势，但从整个高等教育的格局来看，地方特色大学在高等教育场域中竞争依然处于弱势地位。如何突出重围？选择何种发展战略？地方特色大学需要作出果断的抉择。在自然界，处于同一生态位的各物种为争夺有限的资源而相互竞争，生态位重叠程度越严重，竞争越激烈，优胜劣汰越明显。此时，为减缓竞争压力，处于同生态位的物种会选择生态位分离或移动的方式对群落的时间、空间和资源的利用以及相互关系方面，倾向于用相互补充来代替直接竞争，即实施差异化竞争策略。于是，多个物种组成的生物群落能够更有效地利用环境资源。

在社会领域，差异化竞争已是经济学、管理学各学派研究的重点内容。这主要源于西方经济学理论提出的伯川德悖论（Bertrand – Paradox）。该理论认为：两个以上的生产同质产品的厂商，以不变的规模收益生产同类产品，以边际成本销售，会失去获利空间。回避伯川德悖论的最现实和最常见的做法是实现产品差别化。作为企业竞争战略的差异化竞争理论，同样可以应用于教育组织的研究，用来分析大学的发展。地方特色大学的人才培养是为一定社会的经济、政治、文化的发展服务，又受其制约，而社会发展又是相当复杂，其人才需求也是不断变化的，再加之我国的区域、城乡之间在社会发展上存在较大的差异，因此，地方特色大学的人才培养只有多样化、差异化，才能灵活应对这一多样化的外部环境。

　　另外，从受教育者的角度而言，学生的个人智力水平、学习能力、价值取向、社会观念等亦是多样性的，地方特色大学的人才培养也应差异化，以满足社会个体的多样化需求。伯顿·克拉克曾经断言："实施高等教育的最差的办法就是把所有的鸡蛋都往一个篮子里装——高等教育最忌讳单一的模式"①。也正因如此，走差异化竞争道路，已成为当下世界高等教育办学的共识。从本质上讲差异化竞争就是追求独到之处，以特色求发展。② 潘懋元先生也说过："每所大学能够生存，能够发展，能够出名，依靠的主要是特色，而不是大，因为大不等于强。"③ 潘老还盛赞了许多特色鲜明的大学，如民办四川标榜学院。"标榜学院是做发型的，在世界有名，是因为它有特色。"这所规模很小的民办高校曾组织一次 18 个国家参加的国际会议。④ 虽然当下对何谓办学特色有不同的理解，但可简单地概括为"人无我有，人有我优，人优我特"。这应该是对差异化竞争的最好诠释。

　　对于地方特色大学而言，由于在高等教育场域竞争中的弱势地位，其人才培养更需讲求差异化竞争策略，应根据自身的优势和特色来寻求合适的人才培养模式，强化自身在人才培养方面的独特性、稀有性，走出发展初期模仿北大、清华的泥淖，避免同质化竞争劣势，形成不同于其他学校的比较优势，提高自身人才培养的核心竞争力，树立高质量的品牌，从而构建独特的优势竞争平台。

第三节　地方特色大学人才培养的显示度

　　人才培养特色就是一所大学在长期的办学实践中形成的、符合学校定位和社会需求、为社会所公认、区别于其他类型人才培养的风格、特点与个性风貌。它既是一所大学学科特色和文化特色的集中体现，又是

----

① 　[美]伯顿·R·克拉克著，王承绪等译：《高等教育系统》，杭州大学出版社 1994 年版第 307 页。

② 　刘新荣：《差异化战略与大学竞争优势》，《教育发展研究》2007 年第 Z1 期。

③ 　潘懋元：《中国高等教育的定位、特色和质量》，《中国大学教学》2005 年第 12 期。

④ 　同上。

教育质量、管理水平、综合竞争力的核心要素。大学之间的品牌之争、人才之争、荣誉之争、资源之争、就业之争，归根结底是教学特色与人才特色之争。① 纵观国外办学特色鲜明的大学，其成功的主要标志是它们培养出了大量高质量、有特色的优秀人才。当然，由于各大学的办学历史、文化积淀、综合实力、区域经济、产业结构等内外环境和条件的不同，所以各校培养应用型人才的具体方法和经验也有差异。就地方特色大学而言，其应用型人才培养的"特色彰显"要体现两点：地方性与独特性。"地方性"指的是面向地方，立足区域。为地方经济和社会发展服务即为其使命，脱离了这一点，地方特色大学则为无源之水、无本之木，失去生存和发展之基础。不同区域在文化积淀、经济发展重点及社会发展战略上的差异，为地方特色大学形成自身特色创造了有利条件。地方特色大学正可根据自身发展条件，结合区域发展现状，确立服务重点，进而突出特色，最终形成服务地方的特色优势，为地方社会经济发展提供人才保障和智力支持。"独特性"指的是地方特色大学人才培养要和研究型大学、高职等其他类型院校有所区别。具体而言，主要包括以下几个方面：

一　以区域社会发展需求为基点打造特色新专业

社会需求是推动大学发展的强大动力，大学专业的设置主要取决于社会的需求。地方大学的专业设置只有密切联系地方社会经济发展，符合地方社会需求方能创出特色。我国的社会经济发展存在较大的区域差异，各地区产业结构、经济基础大相径庭，各有特色，这对地方大学的专业设置自然会有不同的要求。尤其是一些区域的重要产业往往是该区域的特色产业，需要特殊的技术、人才。因此，地方特色大学应充分利用其区域的优势，积极主动搜集区域社会经济发展信息，根据区域经济发展和产业结构设置和做大做强特色专业。如福建龙岩学院根据当地煤炭资源丰富，需要大量研究、开采煤炭的高级专业人才的现状，果断地

---

① 陈翠荣：《反思与构建——大学办学特色问题研究》华中师范大学 2007 年博士论文，第57 页。

增设了采矿工程、地质工程、测绘工程本科专业，并与福建省煤监局、省安监局合作办学。龙岩学院为煤炭企业培养定向人才，而企业则为签订定向培养协议的学生提供学费、专业奖学金，并分配工作。这种校企合作办学的模式，很快在社会上引起较大的反响，成为龙岩学院的办学特色和品牌专业。

二　面向区域社会经济发展设计特色应用型人才培养方案

为地方培养特色应用型人才是地方特色大学办学的主要目的，也是其核心竞争力。因此，在人才培养的过程中应做好以下两方面工作：

一是课程体系设计突出服务区域社会经济发展的特色。课程体系设计是根据人才培养规格确定的，必须符合培养目标的要求，进而满足社会需要。为体现人才培养特色，满足特色人才培养目标的要求及区域社会发展需要；课程体系在内容上应紧密围绕人才培养规格、目标设计，以区域社会经济发展对人才在知识、能力和素质方面的基本要求为框架，构建科学、协调、可操作的课程体系；在形式上应增加选修课的比例，加大学生自主选课权，以拓宽其视野，培养创新能力，体现一专多能的人才培养目标，扩大毕业生的就业面。

二是加强实践教学环节，构筑实践锻炼平台。重理论、轻实践是一段时间以来我国高校人才培养过程中存在的普遍现象。对于面向区域社会经济发展培养特色的应用型人才，需要加大实践教学的力度，积极寻求与地方政府、企业的合作，为开展实践教学环节构建实践合作平台，满足学生开展社会实践锻炼的需要。如嘉应学院通过建立定向人才培养基地与当地企业长乐烧酒业公司开设"长乐人才培训班"，中国移动通信集团广东有限公司梅州分公司开设"移动人才培训班"，整合学校和企业双方优势资源，契合学校、企业、学生三方的发展需求，打造实践和理论学习相结合的平台，为学生开展学习培训、营销实操、企业实践等项目，增强学生的综合素质，提升其就业能力。

三　以提高质量为核心，构建特色应用型人才培养质量保障体系

美国著名教育家科南特曾说过："大学的荣誉，不在它的校舍和人

数，而在于它一代又一代人的质量。"① 注重人才培养特色是地方特色大学提升综合竞争力、服务区域经济建设和社会发展的重要手段。然而，从长远看，地方特色大学人才培养不仅要体现特色，还要提高质量，通过质量凸显特色。这就需要地方特色大学以提高质量为核心，构建人才培养质量保障体系。一是更新人才理念。以培养应用型人才为目标的地方普通高校，在培养人才时应把追求特色化、个性化和应用性放在首位。对于一些学有专长的偏才、奇才、怪才，应不拘一格促其成才，不要求全责备，扼杀个性发展。二是建立健全质量监控组织机构，明确各自监控职责。应建立包括学校（学术委员会）、教学管理部门（教务处）、教学单位（院系）、教师（教学）、学生（自治）在内的多级质量监控组织，并明确各组织在人才培养各个环节中的职责。三是完善人才培养质量监控评价体系与评价机制。地方特色大学的人才培养质量评价体系既要反映在一定社会的时代背景，体现共性；也应与自己的人才培养理念相吻合，体现个性。人才质量评价要校内外相结合，既要重视传统的校内为考试、实验、实习以及毕业论文等环节进行评价，也要关注用人单位和学生进入社会之后对学校的评价，主要是就业率和就业质量。

四 分层次、分类别建设特色师资队伍

不管是特色办学目标的实现，还是特色专业的建设、特色课题的开展及特色应用型人才的培养，最后都有赖于师资队伍的质量，归结为师资队伍的建设。地方特色大学目前在这些方面普遍存在的突出问题是：一是特色学科、特色专业的人才紧缺，师资队伍结构和人才梯队对特色办学的可持续性和长久性是极大的考验；二是教师的实践性和动手能力有待加强，"双师双能型"教师紧缺。因此，为更好地实施特色办学，落实差异化竞争发展策略，地方特色大学更应紧紧围绕学科建设需要，以优化结构为目标，有针对性、有重点、分层次、分类别地建设师资队伍。对于前者，地方特色大学应做到：一是引进与培养并举。一方面，建立

---

① 李进才：《世界一流大学办学水平的启示》，《武汉大学学报（哲学社会科学版）》1997年第3期。

特色学科带头人引进的保障机制，确保特色学科建设投入的有效性；另一方面，内部培养与外部引进并举。毕竟现有的教师对于学校的特色办学有更为深刻的认识，有更多的积累与准备。二是重视青年教师队伍建设，强化重点学科、优势学科、特色学科的人才梯队建设，把大力培养青年学术骨干、青年学术带头人作为青年教师队伍建设的重中之重，为学校的长远规划做准备。三是高度重视教师的专业实践，将"送出去"与"请进来"相结合。对于学校发展所需要的人才不必苛求为我所有，但能为我所用即可。对于后者，地方特色大学可以将教师下放到企业进行挂职，特别是应用性和实践性较强的专业教师，加强"双师双能型"教师的培养；在引进人才时要加强对其应用性知识、技能和实践能力的考核，特别注意教师已有的实践性知识基础和动手能力是否适合相应专业、满足该专业的需求；既要"走出去"，也要"请进来"，可以与地方企业达成合作意向和协议，定期聘请企业具有丰富实践经验和动手操作能力的专业技术人员到学校进行讲学、示范，对本校教师进行指导和培训。

第七章

地方特色大学人才培养的实践

第一节　缺乏特色的大学有增长无发展

一　同质性加重了大学生就业难

随着高等教育的快速发展与大众化进程的推进，高等教育面临着剧烈转型与深刻变革，一些学者甚至将这场变革比喻为"重新洗牌"。大学定位与大学特色也日益引起学界的深度思考与社会的广泛重视。冷静地审视当前高等教育的整体发展现状、层次与水平，不可否认的一个客观事实是：在高等教育迅猛发展的今天，有些大学一方面盲目追求"做强、做大、追赶一流"，高校合并曾一时成为发展潮流，巨型大学、超级大学如雨后春笋涌现；另一方面，在强势的行政干预与导向下，盲目追求"规模型、综合型、研究型"，提出了大同小异的发展目标，这使得很多大学同质化趋势严重，办学模式相同，培养的人才层次不清、缺乏特色、竞争力不足，导致在人才市场上大学毕业生"千人一面"。高达七百多万的毕业生群体面临着就业难的格局。直面这一困境，大学在办学水平、特色与社会影响等方面如何发展，已引发了社会各界及众多关心高等教育工作者的诸多思考。

《国家中长期教育改革与发展规划纲要》中提出高等教育要"优化结构，办出特色"，"引导地方特色大学合理定位，克服同质化倾向，形成各自的办学理念和风格，在不同层次、不同领域办出特色，争创一流"。国家提出的建设高等教育强国的宏伟目标给高等教育提出了更高、更新的目标和高挑战、高难度的任务，为大学在办学实践中提升自身内涵，提高教育教学质量提出了明确的发展方向。因此，高等教育的全面推进和深入发展，势必要求大学需要培养具有鲜明个性特色、素质结构立体多面的人才。在此意义上，创建特色大学是当前我国深化高等教育改革的必然趋势，是实现大学跨越式发展、促进大学生素质全面提高、积淀和提升大学文化底蕴的内在超越之路。大学要有特色、大学生要有特长已成为目前大学追求的理想办学境界。

无庸置疑，当前大学之间的竞争呈现日趋激烈的态势，创建特色大学不仅是大学生存与发展的需要，更是进一步提高大学办学实力和核心竞争力的重要途径之一，这已成为大学发展的必然选择。近年来，随着社会主义市场经济体制及高等教育大众化的推进，地方大学得到了长足发展。然而，许多地方大学追求高大全，落入了千校一面的境地，这样就很难适应新的形势发展需要。

大学的办学特色是大学可持续发展的关键，也是一所大学有别于其他大学的独特品质和行为模式，是一所大学在高等教育系统中的价值体现，也是学校核心竞争力的重要组成部分。"大学的办学特色将成为学校的办学实力、品牌和社会声誉综合体现。"① 一所大学的建设与发展，如果没有自己的特色，就没有了竞争力和生命力。没有特色意识，不以特色求生存与发展，对于一所地方大学来说不仅生存压力较大，而且发展空间有限。

二　高等教育的发展趋势需要特色人才

追求和形成特色是当今大学办学的主要发展趋势，也是世界高等教育界普遍关注的一个重要研究课题。从一定意义上来讲，没有特色的地方大学等于失去了长远发展的活力，缺乏特色的建设和发展就不会获得更好的发展，或者说有增长无发展。每一所大学都有自己的历史，自己的办学特色。一所大学在长期办学过程中形成的比较持久、稳定的、显著区别于其他大学的风格和学科特色，就是这所学校的办学特色。而只有当这种特色成为广泛认同的优势，且达到其他大学短时期内难以企及

———————

① 彭少健：《高校特色的路径选择》，《中国高等教育》2008 年第 19 期。

的程度时，才构成一所大学的特色。鉴于特色大学的独特性、稳定性、发展性、优质性、科学性、整体性、校本性、长期性、可持续发展性等内在属性，如何发展特色大学就成为一个需要多学科综合研究的课题。在研究的过程中进行思维变革，在办学当中通过发展来彰显特色。

近十余年来，我国高等教育事业取得了巨大成就，实现了跨越式发展，但也必须清醒地认识到，与建设人力资源强国所需的人才培养的宏伟目标还有很大的差距。社会的发展不仅需要若干所高水平的综合性研究型大学，而且也需要一批地方特色大学。

地方特色大学，是党和人民在新时期对高等教育提出的新要求，也是当代中国高等教育的神圣使命。地方特色大学是国家经济社会发展的重要支撑，是一个国家高等教育发展水平的重要标志，也是国家综合实力的重要体现。地方特色大学作为国家高等教育体系的重要组成部分，发挥了不可替代的重要作用。地方特色大学的创建，是国家教育整体协调发展的重大战略选择，符合地方大学的发展规律。在我国高等教育大众化进程中，大学特别是地方大学的办学规模、学科专业结构、办学层次等都发生了巨大的变化。

地方特色大学的价值在于培养与众不同的高素质应用型人才。人才培养是大学的首要职能，也是特色大学体现或表现最直接的领域。世界上许多大学之所以著名，其中一个重要的支撑或原因就是培养的人才质量高、特色鲜明。人才培养无论采取什么方式、何种途径，只要学校的人才培养具有别人不可替代的优势，这种人才培养即富有特色。不过，有特色的人才不一定有优势，只有高质量的人才才是真正的特色。在此意义上，研究地方特色大学人才培养的实践，寻找地方特色大学人才培养的有效途径，解决地方特色大学人才培养的现实难题，对于我国高等教育多样化发展和建设教育强国，具有重要的理论价值与现实意义。

第二节　地方特色大学人才培养的实践探索

一　特色人才是地方特色大学最重要的名片

地方特色大学应该说在办学条件、培养目标等方面都明显地有别于其他学校，是具有特殊内涵的大学。鲜明的办学特色是其重要特征；相对稳定是其重要支撑；整体性是其重要指标。大众化背景下的多样化人才质量标准要求大学教育不能是千篇一律，一个模子，教育教学运行机制应体现以学生发展为旨趣，教育教学管理体系应有利于大学生个性发展、富有弹性和开放性。

人才培养，不同大学基于自身办学特色、办学定位、本身差异及生源质量进行人才培养的实践探索与创新。同一大学不同专业基于自身办学基础、办学条件、办学特色以及培养目标等进行人才培养改革与创新。同一大学同一专业针对不同潜质、不同能力与不同志向学生进行人才培养改革与创新。从改革与创新的范围和程度上看，也有两个层次，一是全局性的改革与创新，即对人才培养目标、课程体系、培养过程、教学方法、教学组织形式等各方面全面进行调整或改变，而非局限在其中的一个方面，是整体适应社会变革的表现。二是局部性的改革与创新，针对人才培养的某些要素进行局部性的调整或改变，是在局部范围适应社会的表现，更多表现为人才培养的选择。

地方特色大学人才培养是一项艰苦、复杂、长期的工程，"需要一个艰苦的过程，才能形成自己的特色，产生社会影响力。"[①] 一些地方特大学在人才培养过程中做了积极探索。如，燕山大学在长期的办学过程中，始终坚持走产学研相结合的办学之路，学校在迁移秦皇岛后，创办了国家级大学科技园，产学研三位一体，相互促进，在直接服务区域经济社会发展的同时，有力地推动了学校科技创新成果的产生和转化，更为学生实践能力培养提供了重要平台。多年的发展实践证明，走产学研紧密结合的办学道路从根本上解决了科研与教育的分离或脱离的状况，使学校初步形成了产学研有机结合、资源共享、互相促进、相辅相成的格局，实现了提升教学、科研、社会服务三大功能的目标。

产学研互动的办学特色提高了人才培养质量，形成了体现学校特色的人才培养模式。如，文科学生全部参加学校工程训练中心的"金工实

---

① 刘汉东：《高水平特色大学的建设策略》，《华北水利水电学院学报（社会科学版）》2010 年第 6 期。

习"，通过参加车、钳、刨等，增加对现代工业的直观了解。此外，文科学生还结合课程设置的需要增加了实践性训练环节，既增加了学生了解社会、检验学习理论，又锻炼了学生的实际工作能力。

北京联合大学，是北京市属综合性大学，近 60 个本科专业，文、法、理、工等 9 大学科门类，在校生超 2 万余人。近年来，根据北京地区社会经济发展需要，深入分析学校发展所面临的内外部环境以及教育教学过程中的发展问题，紧紧围绕"发展应用性教育，培养应用性人才，建设应用型大学"的办学宗旨，全面实施人才培养的改革，提出了分类指导、分层培养、因材施教、突出特色的人才培养理念，明确人才培养改革与创新的目标，即"探索创新应用性人才培养，建立适合不同学生特点和需求的分流培养体系，建立健全因材施教的个性化人才培养机制，培育优秀和特色人才，创建学校品牌"。

在此基础上，科学统筹考虑北京地区社会经济发展需求，以及不同学科专业及各学校历史背景与优势，确定了人才培养新思路。例如，学校以人才培养创新实验区为依托，以学校为主导，学院为主体，积极探索服务外包类、旅游类和国际商务等多样化应用性特色人才培养。面向国家和北京市服务外包产业需求，依托信息学院等专业，设立服务外包人才培养，实验区围绕人才培养目标，建立三三分流的人才培养，实验区充分利用深厚的行业背景和业界优势资源，以首都旅游产业需求为导向，以产学深度合作为途径，构建了"产学导向、学科支撑、能力核心"的"3344"应用性旅游专门人才培养，该人才培养根据学生能力倾向和职业偏好，按照咨询策划旅游、酒店管理、旅游管理三类人才，通过"博识基础、行业认知，分类培养，职场体验、职业定向，实战训练"四个平台，通过"综合能力拓展，国内外游学，名师讲学，学科交叉"四项计划，构建模块化课程体系，进行新型旅游应用性人才分类培养。

该人才培养以能力培养为主线，以课程改革为突破口，以人才生长环境创设和多元化"双师素质"师资队伍为保障，以"全程化、多层次、多环节、多模块、多系统"的实践教学体系为支撑，通过模块化专业教学方式和协作式课程组织方法探索"分类培养"，通过跨校课程选修，导师指导自主选题等方式进行"个性化教育"，实现"分类培养"和"个性化教育"有机结合。在多样化特色人才培养模式改革与创新的基础上，学校充分考虑了学生个性特点及个性化发展需求，积极推进学分制改革，实施分流培养，建设适合不同学生特点和需求的分流培养体系和因材施教的个性化人才培养机制。学校在探索特色人才培养改革与创新的同时，注重利用学科门类齐全、专业类别丰富的优势，探索以项目等形式，搭建各种平台，以政策为导向，鼓励学院根据社会经济发展需要、科技进步要求和学科专业发展特点，整合不同院系、不同专业优势资源，联合培养跨学科合作复合型人才。人才培养改革与创新是项综合性系统化工程。

再以新疆师范大学为代表的师范类人才培养为例，该校具有得天独厚的地域特色，这正是其发展的优势所在。首先，新疆师范大学拥有得天独厚的民族文化宝库。西部地区是汉民族传统文化的摇篮，数千年的中华文明可以在这里追根溯源，西部地区还是早期东方文明与西方文明交流的重要中介，北、南两条"丝绸之路"的起始点均在于此。因此，地域文化呈现着一定的独特性，新疆拥有较多语言种类的教育人口，有维吾尔、汉、哈萨克、回、柯尔克孜、蒙古等47个民族（其中主体民族13个）。

新疆师范大学作为一所省级师范类大学，与名校相比，师资水平相对较弱。民族学生就读于几乎所有学科门类，学生生源多样。在新疆师范大学中，民族学生占有很大的比例，并且在几乎所有的学科门类中均有民族学生学习。而在现实的高校招生类别中，民族学生来源大致有民语言，双语语言等。这是人才培养方案的制订时必须考虑的一个重要问题。新疆师范大学在近年的"双语"教学实践中，形成了"以提升教师'双语'教学水平为关键，以提高学生'双语'应用能力为核心，不断创新'双语'教师培养培训模式，努力拓宽'双语'教学研究领域"的指导思想。在教学能力上，通过加强管理提升少数民族教师"双语"教学能力，在教学方法上，强调因材施教，以提高学生"双语"应用能力。

湖南工业大学原隶属于中国包装总公司。2000年转为地方管理后，坚持长期形成的包装办学特色，积极探索人才培养的改革。首先，以课程体系改革为核心，构筑理论教学体系。学校坚持"依托行业，面向市场"为导向，定期组织同行业高校和相关知名企业共同研究人才培养，以课程体系改革为核心，加强理论与实践的结合、技术与艺术的结合、科学与人文的结合，使人才培养更具针对性和时代性。在课程目标指向上，强调以包装行业需求为主线，形成了以包装类优势学科专业为主干课的专业课程体系，并在教学实践环节中增加了单独设课的包装综合实验。在课程设计理念上，学校对理工类包装专业增加了包装造型等有关艺术素养的培养，对艺术类包装专业则增加了包装材料学和包装容器结构设计等工科课程。多年来，学校坚持"优势互补、互惠互利、共谋发展"的原则，与企业积极打造合作基地，在联合培养人才的基础上探索多元化产学研合作途径，为行业和地方社会发展提供强有力的智力支持。

二　特色人才深深打上地方特色大学的印痕

从上述几所地方特色大学的人才培养实践与探索中可以看出，人才培养实践既是社会经济发展的需要，也是高等教育大众化发展的必然要求，更是地方大学寻求自身发展的必然选择。一是随着社会经济的快速发展，社会对人才的需求日益呈现多样化且不断变化的态势，而且由于各地社会经济发展水平、产业结构、地理环境、发展战略等都存在较大的差异，导致各大学人才培养目标、规格以及培养途径等的多样化。多样化人才实践是地方特色大学对社会经济发展多样化人才需要的积极回应。二是随着高等教育的大众化，大学数量扩张，规模扩大，生源日益多样化，学生知识掌握程度和能力发展水平不一，求学意愿等呈现出明显的差异性和多样性。人才培养改革与创新，是高等教育大众化阶段生源多样化，学生个性特点及个性发展需求的必然要求。三是地方大学一方面面临生存与发展的严峻考验，另一方面，也存在着不利于自身发展的同质化倾向。不同大学由于其所处地缘、办学历史、办学基础、办学条件、办学特色等方面的差异，以及同一大学内部不同学科专业发展背景、发展环境、教学特点等的不同，充分挖掘利用自身优势，进行人才培养实践改革与创新，是地方特色大学同质化倾向寻求自身可持续发展的必然选择。

此外，从特色大学人才培养实践来看，特色大学具有多种类型与模式，某种程度上关乎规模大小，学科多少，关键在于办学质量是否过硬，办学特色是否鲜明。人才培养的一个重要指标，取决于它培养的学生在推动社会进步和发展中所取得的成就和做出的贡献。这就要求在人才培养实践中，必须把人才质量作为人才培养的生命线。诚然，地方特色大学的人才培养不是一蹴而就的，而是一所大学在办学过程中不懈奋斗、不断积累和充实并不断延续的过程。具体到人才培养，地方特色大学应有一个完整的人才培养体系，且是高层次人才培养基地。

第三节　地方特色大学人才培养的现实状况

一　特色人才推动地方特色大学的异质化

随着高等教育的迅速发展，地方大学一方面面临着生存与发展的严峻考验，另一方面，各地方大学却存在不利于自身发展的同质化倾向。地方大学人才培养途径不是单一的，更多的地方大学当以选择强化发展特色，以特色带动综合，统筹考虑学校历史发展背景和未来发展定位，分层次地进行多样化人才培养改革，走创建地方特色大学之路。

不能否认，经过不断的探索与实践，地方大学人才培养取得了一定的成效，一是改革成果得到广泛认同，发挥了良好的示范与带头作用。二是学生学习积极性和主动性提高，创新意识与实践能力有所提升。三是人才适应性显著提高，四是社会声誉不断提升。五是推动了学校学科专业结构优化，促进了学校办学特色的发展。这为国家经济建设、教育和科学研究等部门和机构输送了一批又一批高素质、高水平、求实创新的科学与技术人才。

由于我国地域辽阔，不同省份、不同地区的经济与社会发展有着很大的差异性。由于历史的原因，学校的办学层次、服务领域、学科专业结构和水平等都不尽相同，这就决定了不同的地方特色大学人才培养的形式、内容、途径都应该不同，而这正是办学特色形成的基础。现实中，我国地方大学存在着办学模式相同、培养的人才相似等客观状况，从表面上看，这是由于高校之间在办学模式、理念、内容、方法等方面盲目模仿造成的。但从根本上讲，可能是因为我国大学长期以来忽视对办学宗旨的思考和追求，从而造成办学定位上的主观性、随意性，办学行为上的盲目性、随机性，也就难以形成各自鲜明的办学宗旨。因此，在制定学校发展规划，确定办学定位的过程中，首先应该认真思考和明确办学宗旨，并用以指导办学实践。地方特色大学人才培养面临的路径选择是多样的，必须解决好自身的办学定位，在保持原有特色的基础上，坚持内涵发展，才能立不败之地。

二　特色人才匮乏将迟滞地方特色大学的发展步伐

地方特色大学始终需要确立以人才培养为核心的发展观，并且围绕以人才培养，打好特色这张牌，走具有自己特色的培养创新人才之路。任何一所地方大学是否具有鲜明的特色，直接关系到他们能否有效地实现其基本职能。地方特色大学要走上健康、持续、科学发展的道路，只有坚持以人才培养为中心，才能成为高教强国建设的重要生力军。

如果人才培养难以与社会接轨，严重滞后于市场发展趋势，缺少动态的发展思维，必须进行调整。同时，人才培养的目标定位与发展路径缺乏必要的反思与及时的调整，尤其是传统优势和特色不能适应区域经济建设和社会发展需求，不能有效地为服务地方经济与社会发展为宗旨，是不可能致力于为地方经济与社会发展服务，也无法提高对地方经济和社会发展的贡献度。可见，地方特色大学应该努力成为区域内可依赖的智力、技术资源中心，不断扩大学校的社会影响力，扩大服务辐射面。

如果人才培养不按人才发展规律来进行，尤其是不按人才成长规律来实施，而是按决策的主观性、领导的意志性、市场的表面性等来培养人才，是不可能培养出特色人才。例如，人才培养方案的主观性，缺少科学论证，只是简单地增减一些科目，而未能作结构性调整或根本性变革，那么，就不可能提高培养效率。目前一种怪象是：重量轻质。许多地方大学不断扩大招生规模，积极拓展专业覆盖面，延伸专业方向，却没有在提高人才培养质量上下功夫，其所培养的人才很难达到社会需求的准入门槛。

如果人才培养的评价标准未能改进，传统的评价导向依然主宰着整个评价体系，也不可能真正提高培养质量。当前既有的评价体系大多是对大学进行综合实力排名，评价标准相对单一，缺乏灵活性和针对性，评价体系不健全、不科学、不规范，不仅制约着大学人才培养的过程，而且导致人才培养结果的严重滞后。国家有关部门应在尽快建立大学分类标准基础上，配套设计科学灵活的高校评价体系，对不同类型大学制定和采用不同的评价标准，充分凸显各自优势与特色，尽力做到科学评价、正确引导、合理导向。

此外，还有诸多现实性问题依然存在，如，考试制度未能有效跟进；管理未能深度变革，尤其是很多大学行政化色彩较浓，行政主导甚至支配教学的局面依然未能实质性突破；教学内容陈旧；教学方式简单；相应的师资未能配套，专业水平较低；原有学科结构与专业设置发生了重大变化，优势特色专业招生呈现"去行业化"的趋势。重专业素质教育，轻非专业素质教育；重课堂、轻实践，学生的理论素质不高，学生动手能力每况愈下，尤其是创新能力、创新思维、创新精神普遍缺乏。就整体来看，依然缺乏后续的发展力、持续的生命力，更缺乏整体规划、科学进程。不同区域的大学在人才培养的路径选择中有何不同？为什么不同？所有这些事关大学生存和发展的重大问题，并没有得到真正解决。

问题背后反映的一个客观事实是：在人才培养的实践中，依然缺乏足够调研、缜密思考、充分研究、反复论证，在人才培养实践中更多地是处于一种被动性、主观性、滞后性、流变性、表面性，对基本的问题未作深入思考，认识不清。尤其是人才特色，或缺乏根本认识，或未能取得共识。例如，什么是特色？什么是特色人才？如何进行培养？如何与社会发展接轨？如何积极适应社会发展对人才的需求与分析与预测？在实践中，则通常是一种经验思维、固化思维、惯性思维作怪或沿袭，缺乏市场思维、发展的眼光与战略意识，直觉大于逻辑，经验高于科学，以至于对人才培养实践探索缺乏长期性，未能深层认识人才培养是一项神圣崇高的事业。这样的大学与真正的地方特色大学渺不相涉。

第四节　地方特色大学人才培养面临的问题与挑战

应该看到，当前地方特色大学在人才培养中还面临着一些深层次的内部和外部问题。其中，既有国家高等教育体制方面的问题，例如，怎样理顺政府与学校的关系，真正落实和扩大大学的办学自主权？如何加强分类管理，扭转千校一面的状况？如何坚持特色发展？如何处理通识教育与专业教育的关系？如何突出和强化高层次应用人才培养？如此等等，不一而足。而着力破解这些难题，不断推动地方特色大学建设发展步伐，需要有关部门和地方特色大学协同努力，共同推进。

一　面临的机遇

（一）人才培养与地方社会经济发展相适应

随着时代的变迁，大学发展的社会环境发生了急剧变化，高等教育对于经济建设和社会发展的重要性日益增强，大学对社会的贡献越来越重要。随着社会经济的快速发展，社会对人才的需求日益呈现出多样化且不断变化的态势，而且由于各地社会经济发展水平、产业结构、地理环境、发展战略等存在着很大差异，导致人才培养目标、培养质量以及培养途径等的多样化。培养质量无法满足行业发展需要，在激烈的竞争中必然处境艰难。由于原有的行业竞争优势被打破，面临着来自名校和其他类型大学的严峻挑战。

应根据不同层次、不同类别、不同专业对学校进行不同的发展定位，必须调整和改革原来的教学计划、教学大纲、实践环节、教材教法等方面，进而使地方大学走上健康、持续、科学发展的道路。只有坚持以人才培养为中心，确立以人才培养为中心的发展观，并且围绕人才培养、打好特色这张牌，才能走具有自己特色的培养创新人才之路，才能成为高等教育建设的重要生力军。

（二）政策层面的顶层设计缺少支撑

地方特色大学的人才培养是一项十分复杂的系统工程，它不仅要考虑到社会发展的需求和整个高等教育发展的趋势，遵循高等教育发展规律，大学办学规律和人才培养规律。地方特色大学人才培养不仅事关大学自身的事情，需要从国家、地方、政策、机制、资金等多个方面予以积极引导和有力支持。地方特色大学的发展允许其按照自身的成长规律适度自主发展，国家和地方政府予以宏观指导，给以资金等重点扶助，通过一定的政策引导不同定位、不同层次、不同类型的特色大学,按照市场需求、地方需要、人才供给等几方面的杠杆平衡机制配置资源、合理布局。

地方政府结合本地实际情况,应积极支持不同层次、不同类型特色大学的建设与发展,使地方特色大学成为区域创新的重要支持力量。对于国家有关部门而言,关键是要加强顶层设计,为大学办出特色,办出水平提供制度环境和政策导向。例如,针对当前我国大学分类不够明确、清晰的状况,国家有关部门应尽快提出科学合理的高校分类标准,并明确不同类型、不同层次学校在国家高等教育体系中的功能定位,有效避免无序竞争,盲目扩张造成的重复建设、资源浪费,从而引导各类各级大学合理定位,各展其长,充分满足国家和地方经济社会对不同类型、不同层次人才的需要。

二 应对挑战

反观实践,正视问题,惟有不断调整发展思路,才能完成认识、思维、观念的积极转型。惟有全面认识特色大学人才培养特点与进程,准确判断人才培养的诸多因素,科学决策,合理规划,积极变革,才能真正应对挑战。

(一)办学定位科学准确

大学是否有特色,集中体现为办学理念和办学方法是否有特色。从中外一些地方大学发展的历程来看,确立具有特色的办学理念与办学方法,必须把握一定时期经济社会发展和高等教育改革的趋势,准确分析学校生存和发展的历史条件和背景,抓住历史机遇、破除陈规,勇于创新,敢为天下先,在不断地探索中形成自己的特色。鲜明的地方特色大学必须遵循教育规律,从实际出发,在服务地方经济的基础上,创造出富有典型个性的办学理念,体现出独特的办学思想、办学定位和办学策略。

大学定位主要是指办学类型、学科特点和服务面向等方面的定位。地方特色大学在进行自我定位时应综合考虑地方社会经济发展的需求以及自身具备的优势等各方面的因素,使自身特色得到最大限度的发挥。

必须明确，特色是一种比较优势，很重要的一个方面就是在一定的比较范围或类别上确立特色，形成某种程度上的先发优势，通过确立特色，准确定位，在此基础上来发现特色、建设特色、强化特色。国外一些特色大学建设的实践经验告诉我们，紧跟时代的步伐与社会发展的需要，面向社会，服务社会，锐意进取，推陈出新，培养社会急需的人才的同时，学校自身获得迅速发展，并逐步形成自己的办学特色。

如，柏林大学关于"大学应当同时从事教学和科学研究工作"的办学思想，把大学由传统的单纯人才培养的一元职能变为人才培养与科学研究并重的二元职能，使柏林大学被公认是具有现代意义上的最早大学。而创建于1848年的威斯康星大学，把教学、科研与社会服务联在一起，突破了以往大学二元职能结构模式，把大学从社会的边缘推向社会的中心，由此，威斯康星大学成为大学直接为社会服务的典范。而华中科技大学在短短几十年中发展成为全国重点大学和其"发展优势、正视劣势"，"敢于竞争、敢于转化"的发展战略是密不可分的。同样在经济发展走在全国前列、媒体竞争相对激烈的浙江沃土，浙江传媒学院人才培养体系的特色定位提供了特定的地域背景，学院以植根浙江，面向全国，紧贴传媒，服务社会为目标，这既是从全国高等教育的大趋势来思考，也是从区域经济和区域高等教育的大格局来定位，着力把学校建设成为以艺术类专业为主干，具有学科优势和鲜明特色的国内知名多科性本科院校。

（二）人才培养要突出地方特色

地方特色大学人才培养靠的不是规模也不是层次，而是教育质量和办学特色。地方特色大学人才培养，需要制定人才培养发展战略，此乃地方特色大学建设的行动指南。因此，必须认真研究和探索大学办学规律与办学特色的形成规律，制定大学人才培养的长远、整体战略规划，并纳入大学整体发展战略规划中，在办学定位、学科与专业设置以及人才培养目标与模式等方面，结合校情与国情，合理定位，努力形成自己的优势与特色。为此，要做好人才培养目标的顶层设计，地方特色大学要在深入挖掘人才培养存在问题的基础上，以人才培养质量为指导，确定人才培养的总体目标要求和规格定位，做好人才培养的顶层设计。例如，美国的莱斯大学就是一所"小而精"、培养质量一流的世界特色名校。莱斯大学虽然规模很小，但拥有世界一流的商学院、建筑学院、工程学院、音乐学院等知名学院。莱斯大学本科教育质量一流。在本科教育方面，该校提供了大量供本科生参与的研究性学习项目。莱斯大学因人才培养独具特色，其国际声望日益提高。

（三）人才培养要彰显品牌特色

学科特色是大学特色发展中最主要、最鲜明的标志。地方特色大学要建立自己的学科专业品牌，这是特色大学赖以生存的前提与基础。地方特色大学根据自己的独特优势发展某些重点专业，使之成为品牌专业，并率先在自己的优势专业领域为社会发展做出较大成绩，是大学形成办学特色的重要切入点。许多名校已经为我们树立了良好的榜样。格廷根大学聘请到高斯到该校开设数学课，使该校在长达一个多世纪里有"数学的麦加"声誉；哈佛大学的商业管理学课程在世界各类大学中首屈一指；普林斯顿大学的物理学课举世闻名；北京大学开设的中国哲学史、美学、古代汉语等课程也成为具有全国声誉或世界声誉的品牌课程。厦门大学"面向南洋，面向海洋，面向亚热带"的科学定位，帮其东南亚和海洋研究所成为学校特色，独树一帜。

特色学科专业的打造是人才培养的生命线，是办学特色的具体化。规模、结构、质量、效益等都决定于学科专业结构和学科专业建设水平。特色大学要根据自己的发展目标和所处的地理位置、服务对象来建立特色学科专业体系。为此，做好学科专业发展的战略布局，地方特色大学应以自身优势为基础，结合学校发展规划和学科建设、创新人才培养的战略目标，根据市场人才结构变化，不断进行学科专业布局调整，把握人才培养方向，构建科学合理的学科专业发展体系。

（四）人才培养要推进师资特色

地方特色大学的创建，需要办学历史文化传统的积淀，需要长期建设。这是人才培养规律所决定的。从国内外一些地方特色大学人才培养实践来看，短时间建成特色大学是纸上谈兵。必须在科学分析、科学定位的基础上，集中力量进行人才培养，如何找准切入点和突破口，以特色带动综合，经综合促进特色，实现稳步发展。地方特色大学必须以人才培养为支撑，在人才培养带动下，使得整个学科体系朝着全面、开放方向发展，并以此为载体，形成若干颇具影响力的人才培养创新团队。

教师是地方特色大学人才培养的关键。在地方特色大学人才培养实践中，教师既是办学思想的实践者，是学校已有特色的传承者；又是特色的创造者。师资是大学的标志，学科与专业是否有特色，在一定程度上取决于师资队伍是否有特色。

地方特色大学人才培养首要条件是必须集聚和涵养起一批全国一流的师资人才。例如，浙江传媒学院近年来就紧紧围绕特色学科建设，合理设置学科岗位，进行学校梯队建设，通过一定的分配激励机制，实行兼职教师制度，吸引各类媒体从业人员中学有专长的人士来校长期或短期讲学、合作研究、学术交流，注重发扬学术上交流、互补、合作。可以说，师资队伍是任何大学持续发展的重要保障或前提。

（五）人才培养要在优秀校园文化中孕育特色

独特的校园文化是大学的象征。知名大学一般都重视培养学生追求高尚品行的人文精神。如，麻省理工学院虽是一所以理工为主的大学，但却设立了艺术委员会，以自己的奖励基金促进学生从事文学艺术的学习、扮演和创作活动，发展自己的艺术特长和培养高尚的审美情趣和人文精神。北京师范大学主办的北京大学生电影节在教育、文化和影视三界有着广泛深远的影响。虽不同的大学校园文化的表现不尽相同，但从总体上来看，特色大学的校园文化精神都具有追求完美和高尚的特质，并在塑造人的高尚理想、信念、人格和灵魂的影响力方面远远超出了其地域的限制，并为人高山仰止。从这个意义上说，地方特色大学的人才培养更需要将地方特色文化融入校园文化和整个教育教学环节。

（六）人才培养要不断创新实践教学环节

地方特色大学要经过一个长期建设发展过程，需要经过长时期、有目的、有计划、自觉地建设才会逐渐形成。人才培养是一个综合性系统化工程，需要在新的教育理念的指导下进行。新的教育理念会有新的培养实践的产生，而这涉及教学模式、课程体系、教学组织管理、师资队伍建设、学习方式等多个要素，每一个要素都要在教育理念指导下，在确定的人才培养规模和专业目标后，围绕这个目标进行构建。

人才培养目标和专业目标因学校发展历史、特色、未来发展战略定位而各不相同，但这一目标须符合社会经济对人才的要求，其实现过程需遵循人的发展规律，努力为社会培养理论基础扎实，专业知识面广，实践能力强，综合素质高，并有较强的科技应用、推广、转换能力的人才。为保障实施效果，需要多项措施。一是建立健全教育教学研究与改革的导向机制、激励机制、保障机制，加强教育教学研究与改革，为人才培养实践提供理论支撑与实践指导；二是加强对教师与教学管理人员的业务培训，更新教育教学观念，提高教育教学研究与实践能力，适应人才培养改革与创新的需要。三是建立完善教育教学管理制度体系，为人才培养提供制度保障。四是设立人才培养改革专项经费，为人才改革与创新提供经费保障。不断深化人才培养方案，形成人才培养特色。根据实际情况，共建一批适合本地需要的二级学院，实现真正意义上的结合，不断深化本科生人才培养方案。地方特色大学人才培养的难点与关键是培育过程的改革，尤其是实践教学的创新。在此基础上，建立机制政策，保证人才培养的可持续发展。通过不断完善激励机制和规章制度，推动人才培养的不断深化，促进学的自主性与教的创造性和谐发展。

地方特色大学特色的形成不仅体现在学校的定位上，也植根于实践性的教学理念和教学方法中。可以说，依据地域优势，不断创新实践教学环节，是人才培养的重要举措。不断创新和加强实践教学环节，才能真正实现人才培养的质的飞跃。一是不断完善实践教学的规章制度；二是不断就实践教学跟踪调研，及时发现和解决问题；三是循序渐进根据专业课程设置配套安排实践环节。

诚然，当前地方特色大学人才培养正处于一个关键的变革转型期，地方特色大学能否通过人才培养提升实现学校整体影响力与办学水平影响重大。地方特色大学人才培养期待变革，更期待变革后的突围。尽管人才培养是一个艰巨的过程，是一个长期、系统、全方位、立体式、诸多因素、条件参与的复杂工程，随着教育改革的深入，共识度将会越来越低，因为它涉及观念、体制，还涉及到诸方的现实困境。

此外，人才培养所面临的质量问题非由简单或单一因素所导致，也不会因某一因素的解决而质量会自动变革。因为，当下的大学发展"存在着对大学本质、大学精神、大学理念等基本理论的'知道'问题，甚至于存在着对什么是教育、什么是教师、什么是大学等教育常识的启蒙问题。"① 在此意义上，人才培养，既考验着大学管理者的魅力，也考验着大学教师的智慧。此外，地方特色大学人才培养的愿景还需诸多方面的条件支撑，其过程还是一个"艰难的日出"，其需要谋略、需要智慧、需要变革、需要聚焦、需要提升、需要创新，还需要相关方面的整体配套改革。无庸置疑，地方特色大学人才培养已无法回避也难以回避。这需要更多有责任、有使命的高等教育工作者的有益思考与持续研究。相信随着对地方特色大学人才培养认识与思考的逐步深入，地方特色大学人才培养的共识一定会不断成熟，进而推进地方特色大学人才培养的自觉自信之旅。尽管困难重重，但值得期待与相信，地方特色大学人才培养的"漫道苦旅"从思开始，行于路上。

---

① 王长乐：《大学"去行政化"争论的辨析》，《教育发展研究》2010 年第 9 期。

第 八 章

嘉应学院特色人才培养

第一节　党政干部战略后备人才培养的巨大影响

　　2003 年下半年以来，学校与中共梅州市委密切合作，根据中央人才工作会议精神，结合梅州市人才队伍现状和人才建设实际，充分发挥本地高校作为人才培养基地的作用，创新党政人才培养模式，联合实施"党政干部战略后备人才"培养工程，取得良好效果。李俊夫、邱国锋教授在研究这一模式后指出：大学生成为党政后备人才资源群体有其历史的合理性。面向在校大学生培养党政战略后备人才，是新时期党的干部队伍建设的形势要求，是实现党政人才队伍可持续发展的一个科学举措，是高校深化人才培养模式改革、服务地方社会经济建设的有益创新。[①] 李友文教授强调：它带动了教学和课程设置的变革，促进了学生专业和综合素质的提高，彰显了学生就业指导工作的针对性，有利于学生提早做好职业生涯规划，有助于打造学生隐性就业竞争力。[②] 而钟凯雄、刘奕涛则认为：嘉应学院通过战略后备人才培养模式，培养出各种优势学生群体，它们具有优势的特征和功能，是推动学风建设的重要力量。[③]

---

　　① 李俊夫、邱国锋：《大学培养党政战略后备人才的实践与思考》，《盐城师范学院学报（人文社会科学版）》2008 年第 3 期。

　　② 李友文：《提升地方特色大学大学生就业竞争力的新探索——以嘉应学院党政干部战略后备人才培养模式为例》，《嘉应学院学报（哲学社会科学版）》2008 年第 4 期。

　　③ 钟凯雄、刘奕涛：《优秀学生群体的培养：高校推进学风建设的新视——以嘉应学院战略后备人才培养模式为例》，《嘉应学院学报（哲学社会科学版）》2011 年第 10 期。

一　嘉应学院"党政干部战略后备人才"培养工程

(一) 总体情况

梅州市"党政干部战略后备人才"培养工程于 2003 下半年实施以来，在学校和地方各级党委和政府的共同努力下，取得良好的培训成效和社会效应。至目前为止，嘉应学院与梅州市委第一期联合培养选拔梅州市"党政干部战略后备人才"的工作 (2003 年—2008 年，简称第一期工程，选拔第一至第五批培养对象) 已经圆满完成，第二期联合培养选拔梅州市"党政干部战略后备人才"的工作 (2008—2011 年，简称第二期工程，选拔第六至第八批培养对象) 已实施过半。两期工程共选拔第一至第八批培养对象 491 名，经过系统培养，其中 251 人成为梅州市委组织部选调生。

(二) 主要做法

八年多时间，梅州市委市政府和嘉应学院分别拨出专项培养经费，建立了梅州市党政战略后备人才培养基地，并分别成立梅州市第一批至第八批"党政干部战略后备人才"培养对象培训班。专门配备了以市委组织部干部培训科科长为政治辅导员、嘉应学院党委组织部副部长为班主任，以嘉应学院党委组织部相关老师为指导老师的班级管理班子。同时还聘请了思想政治教育导师、管理学导师、心理学导师、演讲学导师、公文写作导师和法律导师共 10 名，他们都是嘉应学院相关领域的专家。政治辅导员和班主任直接参与到培训班的日常管理工作，指导老师和导师定期对培养对象进行各方面的指导。培训班还成立了临时党支部、临时团支部和班委，负责培训班日常工作的开展和各种集体活动的组织。

培养教育紧紧围绕党政干部的工作特点和毕业后将到梅州市基层乡镇工作锻炼的实际，主要采取理论培训、基础知识培训、实践锻炼、领导才能模拟训练和外出参观学习等方式。培养教育原则上不影响学校的正常教学，主要安排在周末和寒暑假进行，做到两不误、两促进。为使培养对象尽快熟悉梅州、了解梅州，提高实际工作能力，先后组织他们到梅州全市的 100 多个乡镇 (办事处) 开展调研和挂职锻炼，到梅州市各县 (市、区) 和市直有关单位参观学习，还组织他们到福建、江西、延安、西柏坡、丰顺马图等革命圣地参观考察，接受革命传统教育。

对培养对象的管理，一方面在校培养期间采取班级管理、建立档案、定期考核、期中调整、择优录用的动态管理办法。另一方面，为促使下派任职的"党政干部战略后备人才"尽快健康成长，出台《梅州市选调生培养管理暂行规定》，健全工作机制，对他们进行跟踪管理；从而形成人才开发、培养、使用的链条机制，达到党政后备人才培养的最佳效果。

二　"党政干部战略后备人才"培养工程的主要成效

（一）学员成长迅速，社会评价好

八年多时间，经过科学、严格的培训和公务员资格考试的遴选，培养了251名选调生下派基层乡镇工作。下派基层工作的选调生无悔当初的选择，安心工作，虚心学习，勇于实践，成长迅速。迄今为止，有1人为正处级，4人为副处级，24人为正科级，90多人为副科级。这与他们的工作表现是分不开的，从目前的情况看，一是能够调整心态，迅速定位。很快摆脱从大学、城市到社会、基层的心理落差，克服生活条件比较艰苦、工作待遇较低等困难，迅速熟悉环境，掌握各项工作的要领，成为相关部门的工作骨干。二是能够虚心学习，扎实工作。他们把谦虚作为选调生必备的基本素质，尊重当地干部群众，虚心学习、请教，在协调好各种关系的同时，很快与当地干部打成一片；他们还努力做"老实人"尽力尽心做好领导交办和同事委托的工作，遇到拆迁、计划生育的攻坚、大型会务的准备等，不怕苦不怕累、加班加点，绝不马虎做事。三是能够深入基层，做好调研。他们不仅做办公室的文案工作，还主动要求下乡，不少还当起了计育专干、驻村干部，常常到农村第一线去了解情况、做具体工作，他们在单位写的不少工作总结、汇报有理论、有实践、有思考、有价值，得到所在乡镇领导的肯定。

梅州市选调生的表现赢得了基层党委、政府和各级干部的充分认可，获得社会较高的评价，总体认为他们：一是政治素质高。信念坚定，能够扎根基层，特别是通过系统培养后，他们从心理上提前介入社会，适应期短，进入角色快。二是文化素质高。善于观察和思考问题，将他们补充进基层乡镇（办事处），大大优化了乡镇基层干部结构，特别是文化、年龄、性别等方面的组合。三是精神面貌好。尤其表现在虚心好学、吃苦耐劳、纪律严明、工作责任心强等方面，并在年轻干部中起到带头作用。四是工作能力强。工作主动，善于找准工作切入点，发挥自身优势，运用到基层实际工作中去。

（二）媒体各界关注，推广价值高

八年多时间里，梅州市"党政干部战略后备人才"培养工程为媒体和各界所关注。《南方日报》于2006年5月26日以《提前到高校"下单"梅州选调生模式锻造基层党政人才》为题进行了专题整版报道；《人民日报》于2008年07月15日以《广东省梅州市提前两年到高校"下订单"选拔优秀学生，作为党政干部后备人才培养——"梅州模式"的育才工程》为题进行专题报道；《南方》月刊于2008年8月21日以《"梅州模式"凸显新选才观》进行了专题报道。中央高层对这一做法给予了关注，省委组织部、省教育厅对这一做法给予了充分肯定，2006年12月教育部对我校进行本科教育工作水平评估的专家组认为这一模式是校市合作的成功范例和本校一大办学特色，有多个院校和地方政府来校取经学习。

梅州市"党政干部战略后备人才"培养工程这一做法，解决了经济欠发达地区如何在市场经济条件下培养人才、引进人才、留住人才的难题，也解决了地方院校（特别是经济欠发达区的地方院校）如何利用自身的优势和条件为地方经济社会发展服务，为地方培养"下得去、留得住、用得上、有发展"的高素质人才的难题，为全国经济欠发达地区党政人才培养及地方院校办学提供了成功的经验和借鉴，具有很高的推广价值。

（三）产生理论成果，教学效果佳

梅州市"党政干部战略后备人才"培养工程实施以来，嘉应学院和梅州市委组织部就以实践为基础，努力进行理论研究和探索，并形成了一系列的理论成果。八年多时间，共开展调研活动3次，通过调研，进一步总结党政人才培养工作的成效和改进培训工作，以推进培训工作向纵深方向发展。由于成效显著，目前该项目已获得校级以上课题4个，其中省级课题2个，市校级课题2个即：2004年校级人文社科课题"经济欠发达区党政战略后备人才培养模式研究"、2004 年广东省教育科学规划项目"面向在校生培养'党政战略后备人才'研究"、2009 年市校级人文课题"地方特色大学培养战略后备人才研究"、2010 年广东高校党建研究会资助课题"地方特色大学党建工作实用性研究——为地方培养党政干部战略后备人才的实践与探索"。除课题外，先后还有 10 多篇关于党政人才培养工程论文在全国各类学术刊物发表，产生良好反响。

梅州市"党政干部战略后备人才"培养工程实施以来，市委组织部和嘉应学院以"党政班"为平台，在人才培养、教学管理、党建工作、学生管理等多个方面进行示范性的探索和实践，取得良好的教学效果，由学院党委李俊夫书记主持的《创新人才培养模式，定向培养基层"党政战略后备人才"》教学改革项目，获学校 2008 年优秀教学成果一等奖和 2010 年第六届广东省高等教育教学成果二等奖。

（四）校市合作典范，双方受惠多

梅州市"党政干部战略后备人才"培养工程是嘉应学院与梅州市合作的典范，在双方的共努力下，取得了丰硕的成果，实现了校市合作的"双赢"局面，主要体现在：一是选拔立志扎根山区、干事创业的人才。梅州市委通过与嘉应学院合作，从大三本科生挑选优秀的学生进行培训，在培训中注重培养学员从事党政事业的兴趣，坚定学员扎根梅州山区基层，服务地方的信念，并选派优秀毕业生学员到基层任职，并给予他们发展成长的平台。二是直接解决了乡镇管理人才面临的困境。梅州为经济欠发达地区，乡镇基层面临着人才匮乏，年龄老化，队伍活力严重不足的困境。通过这一培养模式，培养优秀党政管理人才充实到基层，有效解决了乡镇管理人才所面临的困境。三是提升学校办学的质量和知名度。嘉应学院以推进"党政干部战略后备人才"培养工程的实施为契机，加快学校人才培养模式的改革和创新，加大应用型人才培养的力度，进一步提高了学校办学的质量和毕业生的质量；由于此模式培养的毕业学员的工作表现受到了各级政府高度认可和群众的广泛好评，这也进一步提升了学校办学的知名度。

三　"党政干部战略后备人才"培养工程的主要启示

近年来，公务员考试制度出现两极分化的现象：经济发达、待遇好地区的公务员职位让大学生趋之若鹜，而经济落后地区的公务员职位难于吸引高素质的大学毕业生，梅州的不少大学生就把回来考公务员当成是在珠三角等发达地区就业无门后的最坏打算。传统选调生制度也有不适应新形势变化的明显趋向。与上世纪80年代相比，面向经济落后地区基层选调生的岗位，不再得到优秀大学生的青睐，选调出来的干部素质参差不齐，不少难于适应基层的艰苦工作。

"党政干部战略后备人才"培养工程的做法，在大学三年级初选拔培养对象，提前介入高校参与人才争夺，为抢夺人才资源，做到早物色对象、早培养锻炼、早进行思想教育赢得了时间。在培养上又紧紧结合党政人才的特点，在提高政治素养和履行岗位能力上下功夫，将理论学习、校内学习与实践锻炼、校外挂职锻炼紧密结合，极具针对性。八年来培养工作的实践与探索，取得良好的效果，达到了预期的目标，也获得了以下启示。

（一）领导高度重视培养，充分体现战略性

八年多时间里，各级领导对"党政干部战略后备人才"培养工作高度重视。市委主要领导亲自参与了整个培养工程的全过程，从2003年6月工程开始之前的调研到工程的启动实施、乃至今日，倾注了大量的心血，多次听取战略后备人才培养工作进展情况汇报，并就如何做好这一工作多次作指示，数十次到嘉应学院培养基地指导工作，从培训内容、班级管理、考试录用到培养对象的思想动态等一一过问，并提出具体的意见和要求。培养对象从挑选到培养再到下派工作的整个过程都有周密的安排与计划，在选拔与培养的过程中对培养对象都提出了相当高的要求，灌输市委的战略意图，以确保选拔到最优秀的党政干部苗子，为梅州经济社会发展储备优秀的党政后备干部，充分体现了战略性。

（二）完善干部来源渠道，充分体现前瞻性

梅州市"党政干部战略后备人才"的培养在"素质高、下得去、留得住、用得上"等方面下功夫。把热爱梅州、有志于用自己的青春和热血建设梅州的高校人才挑选出来，既进行理论和技能培训，又进行挂职定岗锻炼，使之成为政治坚定，既有较高文化理论基础，又了解国情、市情、民情，能与百姓心贴心，能为梅州经济社会发展作贡献的后备干部，完善了干部来源的渠道。实践证明，选拔和使用既有较高文化素质，又经过基层磨练的党政干部，是提高我党执政力的重要举措和根本保障。十七大以后，大力使用和提拔有基层工作经验的年青干部已成为各级党委干部使用的根本任务，而梅州市早在 2003 年就开始着手这项工作，充分体现了前瞻性。

（三）遵循人才成长规律，充分体现科学性

根据人才成长的规律和国内外经验表明，22～30 岁是人才对行业选择的定格期，能把这一阶段优秀人才抓住，并适时培养，能使优秀人才献身这一行业。我们的做法正是抓住了这个入行定格期，从大学本科三年级学生骨干中选拔培养对象，按照党政干部人才的特点，高标准、严要求进行培养，让他们最大程度地实现对党政干部工作的模拟与初步实践，为他们更好地适应具体工作奠定了坚实的基础，充分体现了科学性。

（四）符合高校改革方向，充分体现创新性

高校办学与地方实际脱节的现象长期存在，高校毕业生就业形势的不容乐观与用人单位求贤若渴的尴尬现状，也很大程度上反映了高校教育模式改革的紧迫性。当下社会对人才的要求不仅是单一的学历高低，而是在趋于对人的道德水平与知识层次高要求的同时，要求人才的综合素质高、适应性强、实用对口。梅州市委与嘉应学院联合实施"党政干部战略人才"培养工程，是嘉应学院为梅州地方政治、经济和社会建设直接培养实践型人才的一个很好的切入点，也是对高校人才培养模式的完善、改革，充分体现了创新性。

第二节 "大学生村官"战略培养工程的成功与启迪

一 "大学生村官"战略培养工程简介

为切实加强当地农村基层组织建设，鼓励高校毕业生到农村基层经受锻炼、增长才干，嘉应学院与市委组织部联合实施大学生村官战略培养工程：从 2011 年上半年起，用 5 年时间，每年从嘉应学院本科三年级学生中严格选拔 150 人作为培养对象，利用业余时间对他们进行为期一年多的系统培训。村官班学员经过系统培训后，组织部门将根据培养期间的考核情况，选拔作为梅州市大学生村官，安排到全市各村委会工作。

二　具体措施

（一）提前介入，严格选拔对象

建立培养基地，从在校本科三年级学生中选拔优秀培养对象。选拔过程坚持公开公平、竞争择优、实用实效的原则，采取笔试、面试等竞争性手段，选拔德才兼备、品学兼优、真正愿意扎根基层、服务山区梅州的优秀大学生作为培养对象。

（二）创新模式，强化订单式培养

培训时间不影响学员正常专业课程的学习。利用周末和节假日的时间，按照适应新形势下大学生村官应具备的基本素质和能力要求，围绕农村政策理论、现代农村实用技术、新农村建设、农村事务处理能力等内容进行系统培养。一是强化理论培训。采取专题讲座形式，邀请各级领导、专家学者讲授农业农村政策理论等相关专题理论。二是强化经验传授。组织优秀村干部、致富能手，现身说法传授农村工作和增收致富经验，丰富农村工作所需的相关知识与技能。三是强化实践锻炼。利用寒暑假，组织培养对象到村委会挂职锻炼和开展调研，实地了解基层、认识农村，增强基层工作的适应性。四是强化考察观摩。组织培养对象到本市农村建设各类示范点实地参观，了解梅州经济社会发展情况及新农村建设情况，重点学习农村基层组织建设、特色农业、绿色产业、先进畜牧养殖、新农村建设等，更新观念，开拓视野。

（三）强化管理，择优下派任职

在培训期间，建立大学生村官培养对象培训班，由学校组织部和市委组织部共同管理，设 1 名班主任和 2 名辅导员，成立班委会和党团组织。为每位培养对象建立培训档案，详细记录培养对象在培训期间的学习、考核情况和评鉴意见。培训结束后，组织部门将根据培养期间的考核情况，选拔作为梅州市大学生村官，下派到农村任职。

三 创新特点

(一) 创新高校党建工作的实践与探索

学校积极探索高校党建工作的创新方法，努力实践"党管人才"的战略，探讨地方特色大学教育改革，组织部门积极参与人才培养，使培养的人才更有适应性和竞争性，能更好地适应社会发展的需要，为中国特色社会主义培养合格建设者和可靠接班人。

(二) 创新高校人才培养模式

高校积极主动为地方培养"大学生村官"，首先就凸显了高校人才培养的主动性。而在培养上又紧紧结合"大学生村官"的特点，在提高政治素养和履行岗位能力上下功夫，将理论学习、校内学习与实践锻炼、校外挂职锻炼紧密结合，极具创新性，凸显了高校为地方培养基层干部的针对性。

四 实施效果

(一) 社会评价好

从下派的 93 名大学生村官的情况看，他们的工作表现得到了当地干部、群众的好评：一是政治素质高，信念坚定，能够扎根基层；二是文化素质高，优化了当地村干部结构；三是精神面貌好，虚心好学、吃苦耐劳、纪律严明、工作责任心强，能与当地干部群众打成一片；四是适应期短，进入角色快，工作能力强。

(二) 研究成果佳

两年多来，学校组织部和市委组织部努力进行理论研究和探索，并形成了一系列的理论研究成果。开展省级课题研究 1 个，公开发表研究论文 4 篇。并将研究成果用于指导日常的培训管理工作。

(三) 校市受惠多

"大学生村官"培养工程是校市合作的典范，在双方的共同努力下，取得了丰硕的成果，实现了市校合作的"双赢"局面，既选拔立志扎根山区、干事创业的人才，也直接解决了基层管理人才面临的困境，同时也提升了学校办学的质量和知名度。

五　推动意义

（一）具有推广性

地方特色大学如何利用自身的优势和条件为地方经济社会发展服务，培养"下得去、留得住、用得上、有发展"地方高素质人才，是一个研究课题。嘉应学院大学生村官培养模式为全国经济欠发达地区大学生村官的培养及地方特色大学办学提供了成功的经验和借鉴，大学生村官培养模式作为一种"订单式"的人才培养模式，也为高校与地方政府、企业的合作办学提供了有益的借鉴。

（二）具有操作性

结合地方特色大学开展创先争优活动的实际开展大学生村官的培养，这本身就是地方特色大学加强党的先进性建设、加强党建工作的一种创新。嘉应学院在创先争优背景下开展大学生村官培养的做法，特别是对大学生村官培养中结合创先争优活动的要求，创新人才培养模式、加强党支部和团支部建设等基本做法的研究，对新时期高校特别是地方特色大学开展创先争优活动和高校党的先进性建设，创新党建工作的方式方法，具有很强的借鉴性和操作性。

第三节　"订单式"人才培养结硕果

嘉应学院的订单式人才培养模式是在认真总结党政干部战略后备人才定向培养基地建设经验的基础上，与企业共同创办企业经营管理战略后备人才培训班，以培养"认同感强、忠诚度高、专业理论知识扎实、职业技能过硬"的企业战略后备人才为培养目标，先后与相关企业共建企业人才培训班，按照企业的需要联合培养企业所需要的相关人才。

一　校企合作共建人企业才培训班基本情况

为了培养企业所需要的高素质人才，2004 年以来，嘉应学院按照订单式人才培养模式的特点先后与香港盛家商业机构、中国移动梅州城区分公司、中国联通梅江区分公司、梅州市市政建设集团公司、广东长乐烧酒业股份有限公司、广东鸿艺集团有限公司、深圳有信达物流集团、中国电信梅州分公司、义海德润集团、深圳市恒波商业连锁股份有限公司、深圳市宝恒通实业有限公司、中海科技集团控股公司等公司合作共建企业人才培训班，涵盖了通讯运营、商业服务、市政房地产、物流流通等领域，累计开设 44 期，培养了 2059 名学员。

二　企业人才培训班建设的基本做法

在不影响学校正常教学秩序的基础上，从在校生中选拔培养对象 40—60 人组成培训班，培养周期为两年或一年。充分利用双休日、法定假日及寒暑假等课余时间进行课程培训和岗位实习。培训班根据各企业的实际开设课程，主要开展企业文化认同、行业发展认知、基础理论与业务知识学习、专业技能操练和岗位实习、班级文化建设、团队素质拓展等活动。培训班采取班级管理（学校和企业双班主任制）、建立学员档案、定期考核、期中调整、择优录用的动态管理办法。

三　企业人才培训班建设成效

目前，12 个培训班累计开办了 44 期，共培训了 2059 名学员，不少学员在企业中快速成长，有些成为企业分公司老总，如成长为香港盛家商业机构深圳分公司总经理；有些成为部门负责人，如担任移动沟通 100 服务厅的店面经理，走上了重要的管理岗位；部分成为公司的业务骨干，如担任梅州市政建设集团分公司的副经理或经理助理等等。

经过几年的探索和实践，培训班规模越来越大，初见成效，引起了社会的广泛关注，不少用人单位前来洽谈合作共建培训班事宜；受到了省市有关部门的一致肯定，在 2006 全省就业工作会议（湛江会议）上作为就业指导工作的新经验在会上交流，并在 2006 年迎接国家教育部本科水平评估中受到专家组成员的一致肯定和好评。

企业人才培训班办班信息一览表

培训班名称	合作企业名称	参加培训人数		建班时间
移动人才培训班	中国移动梅州城区分公司	第一期	50	2004 年
		第二期	55	2005 年
		第三期	42	2006 年
		第四期	107	2007 年
		第五期	48	2008 年
		第六期	100	2009 年
		第七期	100	2010 年
		第八期	78	2011 年
		第九期	62	2012 年
盛家人才培训班	香港盛家商业机构	第一期	43	2005 年
		第二期	21	2006 年
		第三期	18	2007 年
		第四期	11	2007 年
		第五期	23	2008 年
		第六期	27	2009 年
		第七期	33	2010 年
		第八期	31	2011 年
		第九期	29	2012 年
联通人才培训班	中国联通梅江区分公司	第一期	50	2004 年
		第二期	52	2005 年
		第三期	65	2009 年
		第四期	50	2010 年
		第五期	46	2011 年
		第六期	65	2012 年
电信人才培训班	中国电信梅州分公司	第一期	80	2011 年
		第二期	40	2012 年
义海德润管理人才培训班	义海德润集团	第一期	46	2012 年
有信达物流人才培训班	深圳有信达物流集团	第一期	65	2011 年
		第二期	35	2012 年
		第三期	37	2013 年

续表

培训班名称	合作企业名称	参加培训人数		建班时间
市政人才培训班	梅州市市政建设集团公司	第一期	25	2007 年
		第二期	30	2008 年
		第三期	31	2009 年
		第四期	64	2010 年
		第五期	55	2011 年
鸿艺人才培训班	广东鸿艺集团有限公司	第一期	56	2009 年
长乐烧人才培训班	广东长乐烧酒业股份有限公司	第一期	12	2010 年
恒波人才培训班	深圳市恒波商业连锁股份有限公司	第一期	51	2005 年
		第二期	41	2006 年
		第三期	38	2007 年
宝恒通人才培训班	深圳市宝恒通实业有限公司	第一期	40	2005 年
中海人才培训班	中海科技集团控股公司	第一期	43	2006 年
		第二期	26	2007 年
		第三期	38	2008 年
合计：12 个班		44 期	2059	

第四节　卓越人才培养及启示

《国家中长期教育改革和发展纲要》中，提出"实施基础学科拔尖学生培养试验计划和卓越工程师、医师等人才教育培养计划"。嘉应学院按照教育部的要求积极实施系列卓越人才培养计划（卓越教师、卓越法律人才、卓越工程师），正是适应国家社会对高等教育的新要求，顺应人民对高等教育的新期待，体现高校办学功能，合乎人才成长规律，是学校贯彻落实国家战略部署、提升人才培养质量的重要举措，也是学校发挥办学优势、更好地服务区域经济社会发展的重要举措。

一　卓越教师培养

学校的"卓越教师培养计划"是为了深入贯彻《国家中长期教育改

革和发展规划纲要（2010—2020 年）》及《广东省中长期教育改革和发展纲要（2010—2020 年）》，落实教育部"卓越教师培养计划"，依据教师专业化理念，从本校在读的二年级师范本科生中，根据"少而精"原则，通过考核选拔出 60 名左右的优秀师范生，尽可能按照"精英化"和"个性化"模式培养造就师德高尚、理念先进、业务精湛、锐意创新的高素质专业化中小学教师；从而支持、服务、引领基础教育改革发展，提高师范生就业竞争力，同时进一步加强和改进学风建设，全面推进素质教育，不断提高教育教学质量和办学水平。卓越教师培养实验班的开设，不但有利于发挥学校办学优势，更好地服务区域经济社会发展，同时也有利于彰显学校的教师教育特色，为学校贯彻落实国家战略部署、提升人才培养质量的提供了重要保障。

（一）培养目标

通过"卓越教师培养计划"的实施，拟达到以下基本目标：

1. 以教学质量为核心，以社会需求为导向，通过学科专业课程和教师教育课程学习、教师技能训练以及通识课程学习，提高学生的综合素质，具体表现在以下几方面：

师德高尚。充满爱心、甘于奉献、志存高远、勇于创新，以高尚的情操引导学生全面发展。

专业过硬。比较系统地掌握本专业必需的基础理论知识、基本技能方法，具有提出问题、分析问题和解决问题的基本能力。

技能娴熟。具有现代化的教育理念，掌握基本的教育理论、教学技能、教育教学规律。具有学校、班级管理和对学生进行心理辅导的基本能力。要熟练掌握课件制作、文献检索方法，具有研制开发教学资源和开展教学研究的能力。

仪表儒雅。言谈举止温文尔雅、端庄大方，尽显谦谦君子风范，做到为人师表。

2. 形成一支学历、职称结构合理、教学水平高、科研能力较强、综合素质较高和实践经验丰富的"双师型"教师队伍。

3. 更新教育观念，进一步推进教师教育人才培养模式改革，构建具有特色的现代高等教师教育体系，充分发挥师范办学优势。

（二）实施方案

1. 培养模式

2 + X 模式。选拔出来的"卓越教师班"学生根据学科类别组成 1 个文科班和 1 个理科班。"卓越教师班"修业年限 2 年，原则上按照 2 + X 模式进行。其中，"2"代表在 3—4 年级共二学年的时间进行理论知识学习和实践技能培养，其中理论知识包括通识课程、专业课程和教师教育课程，实践技能培养包括教育见习、教育调查、教育实习、案例教学、小组讨论、课程论文和毕业论文等；"X"代表教师资格证书及相关专业资格证书。

"三导师"制。卓越教师班将采用校内学习与校外实践相结合的模式，实施"三导师"制，即为每个学生配备一个校内师范技能导师、一个教育理论导师和一个校外教学导师，导师组分别由来自各学院、师能中心、中小学一线教师组成。学生成立合作小组，卓越教师班学员以 6 个人为一个合作小组，男女生比例适当。由导师组每个月初确立讨论主题，组织学生进行探讨。

多样化教学方式。建立和形成能充分发挥学生主体性的多样化教学方式，鼓励模拟课堂、案例教学、微格教学、现场教学等。将基础教育专家请进课堂，对"学科教学论"、"教学技能训练"等与基础教育联系紧密的课程采取中学教育专家和大学教师联合授课方式，将理论教学与实践教学有机结合。

理论与实践相结合。每个学生每月至少一天到教学实践合作的中小学，在校外导师的指导下进行教学实践，深化专业知识，锻炼创新实践能力，以提高人际交往能力、组织协调能力、表达沟通能力、团队合作意识。

多元化考核方式。在考核评价方面，从考核"学习成绩"向评价"学习成效"转变，引导学生从注重"考试结果"向注重"学习过程"转变，增强学生学习主动性，提高学生学习能力、研究能力和教学实践能力。采取笔试、口试、论文、实验（调查）报告、实践测评等多样化评价方式，着重考核学生分析问题和解决问题的能力和基本素质。具体考核标准由校内导师制定，教务处进行监督和总体质量评估。

2. 课程设置

课程类别	课程名称	教学形式
教育学拓展课程	教学理论和教学工作、德育理论与班主任工作、教育测量、评价与研究方法、教师法、教师教育案例、教育法规常规	班级授课、现场教学、小组教学、个别教学、讲座等形式
心理学拓展课程	教与学心理学、心理健康教育	
学科教育学拓展课程	中学学科教材内容分析、中学学科教学方法和教学技能、中学综合活动课程研究、特长训练和素质教育专题	
教育技术学拓展课程	多媒体技术、网络技术、教育与心理咨询与辅导	
实践课程	教育实习、普通话训练、三笔字训练、课件制作、学生课外活动方案设计、特长训练和素质教育专题	

3. 组织管理

学校成立"卓越教师培养计划"实施领导小组。领导小组负责"卓越教师培养计划"的政策制定、职能部门关系的协调、人财物资源的分配和调配。

教务处对"卓越教师培养计划"的实施进行业务指导、实施监督和总体质量评估。学校教学督导组协助教务处对"卓越教师培养计划"的实施进行质量监控。

教育科学学院及教师职业技能教学部负责"卓越教师培养计划"理论和实践教学的实施管理及教师管理,各学院指导教师负责学生管理、指导等工作。

(三)就业服务与深造指导

进入试点班的学生通过考核后,可免修《教学艺术论》课程,同时享有就业或深造优先推荐权。

(四)保障机制

为确保卓越教师培养计划的有效实施,学校将在以下几个方面提供人才、资金和教学设施等基础保障:

1. 根据各专业发展需要，继续引进或内培高学历、高职称的专业教师。形成一支学历、职称结构合理、教学水平高、科研能力较强、综合素质较高和实践经验丰富的"双师型"教师队伍。

2. 增加实践教学的经费投入。学校设立专项经费，专门用于聘请校外专家的讲课费、实习基地建设费、校内实训基地建设费、学生见习、社会实践的交通费、专家指导费。

3. 完善校内实践教学基础设施。开辟多间活动桌椅小教室为专用教室，以便开展讨论式教学，从而提高学习效率。

4. 完善实践课教学质量监控制度体系。为保证实践课的教学过程和教学环节的质量和效果，保证实践课不流于形式。建立健全校院两级督导听课、监管和检查制度，尤其要完善督导对实践教学的监督检查制度。

第一期卓越教师培养班的工作在过去一年中取得了较好的成绩。卓越教师培养班的活动形式总的来说分为三个层面进行：第一个层面是由学校卓越教师领导小组统一组织的由全体学生集体参加的大型活动，如名师讲座、实地教学考察、说课大赛等。如为了更好地学习优秀教师的经验，到了大埔的湖寮镇实地观摩学习"2011 南方·华人慈善盛典"慈善人物奖、"美丽南粤广东年度贡献人物"、广东好人、山乡好人马来西亚华侨廖乐年的英语教学，到城北中学考察教改经验，成功举行了说课大赛。第二个层面是由各班主任组织的班级活动如读书报告、班级晚会等。第三个层面是各导师小组组织的活动如到各中小学听课、评课等。

具体来说，第一期卓越教师培养班全体学生参加的活动有二十三次，各班组织的班级活动有三十次，各导师组组织的小组活动有 147 次。既包括理论功底深厚的名家讲座、也有实践经验丰富的局长、校长和一线教师的报告，既有专门的微格教学训练，也有实地教学观摩和说课大赛。应该说完全可以用"内容丰富、形式多样、效果显著"十二个字来概括。在第一期培养过程中，有很多学生参加了省部级乃至全国的教学技能竞赛，也取得了优异的成绩。先后获得六十多项校级奖，20 项省厅级奖，12 项全国性大奖。第二期和第三期卓越教师培养班已于分别于 2013 年 5月和 2014 年 5月完成了选拔工作，第二、三期的基本工作思路仍然按第一期来实行，但是为保证选拔质量，选拔的标准比第一期更高。如在成绩方面，第一期规定要在班级中位居前 50% 之，第二、三期时提高要求，规定必须在班级中位居前 40% 之内。此外，为了使更多有特长的人加入进来，也特别规定在同等条件下，有一技之长的同学优先考虑。

因此，按照这一初选标准，全校共有一百三十多位同学分别通过各学院的初选。本着"少而精"原则，第二、三期卓越教师班经过严格的面试最后都只选拔了 60 位同学，比第一期少了 10 位，录取比率仅为 45%，同样组成文理两个班。此外，为了进一步提高培养质量，从 2014 年即第四期开始，考虑到第四学年学生由于实习、就业等方面的原因在校的时间较少，其学习时间很难得到保证，因此，适当调整培养计划，把卓越教师班的培养时间集中在第二和第三年，以确保培养质量。以后的培养方式将继续在吸收第一期经验和别的学校成功经验的基础上，力求更加完善和科学，以使卓越教师培养计划这一新事物取得更好的效果，为梅州、广东乃至全国培养更多更好的优秀教师。

二 卓越法律人才培养

为贯彻实施《教育部中央政法委员会关于实施卓越法律人才教育培养计划的若干意见》（教高〔2011〕10 号）的文件精神，创新法学专业人才培养模式，提高法律人才培养质量，结合学

根据法学专业的办学实际，学校 2012 年 9 月制定了《嘉应学院卓越法律人才教育培养计划》，以便相关教学单位贯彻执行。实施"卓越计划"就是要纠正我国传统法学教育重视理论课教学，忽视实践课教学；重视知识的传授，忽视能力的培养；重视法学的专业教育，忽视法律职业教育；重视专业理论和知识的教育，忽视通识和人文素质的教育；重视严谨的学科分类教学，忽视文理兼容相互渗透的教学；重视专精型人才的培养，忽视复合型人才的培养；重视研究型人才的培养，忽视应用型人才的培养；重视计划的培养，忽视以社会需求为导向的培养等弊端，转变培养模式，进行课程体系、教学内容的改革，进行教学方式和教学方法的改革，探索"卓越法律人才教育培养计划"全新的实现路径。

（一）指导思想

坚持以中国特色社会主义理论体系为指导，全面贯彻党的教育方针，

贯彻落实教育规划纲要，主动适应依法执政、科学立法、依法行政、公正司法、高效高质量法律服务的需求，以全面实施素质教育为主题，以提高法律人才培养质量为核心，深化高等法学教育改革，充分发挥法学教育的基础性、先导性作用，形成科学先进、具有中国特色的法学教育理念，形成开放多样、符合中国国情的法律人才培养体制，培养造就一批信念执著、品德优良、知识丰富、本领过硬的高素质法律人才，为加快建设社会主义法治国家提供强有力的人才保证和智力支撑。

（二）基本目标

通过《嘉应学院卓越法律人才教育培养计划》的实施，拟达到以下基本目标：

1. 以教学质量为核心，以社会需求为导向，培养知识、能力、素质、法律职业技能结构科学合理、具有创新意识和创新精神、适应能力较强的应用型、复合型法律人才；

2. 形成一支学历、职称结构合理、教学水平高、科研能力较强、法律职业素质较高和司法实践经验丰富的"双师型"教师队伍；

3. 法学专业的办学优势和办学特色突出，并得到学生、家长、社会和高校同行的广泛认可，明显提升法学专业的办学质量、办学实力和办学竞争力；

4. 探索出实用、可行、新型的法律人才培养模式，课程体系建设和教学内容的调整成效明确，教学方式和教学方法改革顺利进行，教学效果良好；

5. 积极申报各级教改研究立项，积极申请各级教研成果评奖，力争实现省级教学成果二等奖以上奖励的突破；

6. 法学专业学生报考司法资格考试、国家公务员、研究生的通过率提高明显，就业率和就业质量有相应提高；

7. 法学专业在全国的总排名和广东省的排名有所上升，个别学科在省内具有优势，个别研究成果在学界产生影响，个别专家学者在学界占有一定地位。

（三）培养标准和培养模式

1. 培养标准

适应多样化法律职业要求，坚持厚基础、宽口径，强化学生法律职业伦理教育、强化学生法律实务技能培养，提高学生运用法学与其他学科知识方法解决实际法律问题的实践应用能力，促进法学教育与法律职业的深度衔接，立足当地、面向广东、面向全国，把学生培养成为具有奉献精神、较强实践能力，能够"下得去、用得上、留得住"的应用型、复合型法律职业人才。具体要求包括：

树立社会主义法治理念，具有扎实的法学基本理论和基础知识；

掌握法学的基本分析方法和思维技术；

了解法学的理论前沿和法制建设的基本趋势；

熟悉我国法律和党的相关政策；

具有良好的思想品德、社会公德、职业道德，适应社会环境的良好心理素质，专业创新精神和创新能力；

具有较强的口头表达能力、文字写作能力、计算机应用能力、人际沟通能力、组织协调能力和外语应用能力；

具有运用法学知识去认识问题和处理问题的法律职业技能，能够适应国家机关、公检法司机关、律师事务所、公司法律事务的工作岗位要求，并为社会提供优质法律服务；

掌握文献检索、资料查询的基本方法，具有初步的科学研究能力。

2. 培养模式

"卓越法律人才教育培养计划"实行 3.5 + 0.5 + X 培养模式。其中，"3.5"代表用三学年半的时间学习理论知识，包括公共必修课、专业理论课和通识课，并择机进行校内实践教学环节，包括案例教学、模拟法庭、法律诊所、小组讨论、专业见习、社会调查、法律咨询、课程论文和毕业论文等；"0.5"代表在校外进行为期一学期的校外法律专业实习；"X"代表司法资格证书、法律顾问资格证书、教师资格证书、公务员资格等职业资格证书。

校内实践教学环节中的毕业论文在第 7 和第 8 学期内进行，专业实习于第 8 学期在校外专业实习基地集中进行，职业资格证书的培训和考取在课外完成。

（四）组织管理

1. 学校成立"卓越法律人才教育培养计划"实施领导小组。领导小组负责"卓越法律人才教育培养计划"的政策制定、职能部门关系的协调、人财物资源的分配和调配。

2. 教务处对"卓越法律人才教育培养计划"的实施进行业务指导、实施监督和总体质量评估。学校教学督导组协助教务处对"卓越法律人才教育培养计划"的实施进行质量监控。

3. 政法学院负责"卓越法律人才教育培养计划"的组织实施。为强化"卓越法律人才教育培养计划"的实践教学地位，由政法学院成立系级建制的"实践教学中心"，以具体负责实践教学的教师管理、学生管理、实践教学基地管理、实践教学的组织、指导和监控等工作。

（五）实施方案

1. 调整法学专业人才培养方案。调整课程门数，适度压缩专业理论课学时，增加实践教学环节占总学分的比重，争取达到15%的比例。

2. 建设一支"双师型"、专兼职相结合的教师队伍。具有律师资格或通过司法考试资格的教师，应当占到专业教师80%的比例，并支持专业教师以"挂职"或"兼职"方式参与司法实践工作，以丰富专业教师的法律职业经验。同时，从梅州市、区两级政法部门（公、检、法、司、政府法制等）及有关律师事务所聘请一批实践经验丰富、专业理论水平较高的法律专家进校兼任应用性强的法学专业课程。

3. 改革课堂教学方式和教学方法。推广多媒体＋网络资源应用教学。转变教学理念，强化法学理论与法学实践的密切联系。应用法学学科应当综合采用判例教学法、问题讨论式教学法、追问式教学法和诊所式教学法进行教学，突破传统的课堂填鸭式的教学方式和教学方法。

4. 积极开展校内实践教学。完善校内教学实践、实训基地，扩大学生对校内实践教学的参与面。以增加模拟法庭活动的次数和扩大法律诊所教学规模等形式，确保每位学生的参与机会。成立以专业教师为指导、以志愿学生为主体、面向社会服务的义务法律咨询中心，坚持不定期地对外进行法律咨询活动。

5. 增加学生的专业见习机会。根据教学课程的特点，适时组织学生到梅州城区的基层法院、中级法院、公安机关、检察机关、监狱、看守所、劳动教养所等法律实践部门进行观摩、见习活动。也可以由学生利用寒、暑假自行到前述法律实践部门进行见习。每学期的见习时数，不得少于一周。

6. 组织学生围绕社会法律问题开展社会调查。每位学生在四年的学习期间，至少应当提交两份不少于 2000 字的社会调查报告。

7. 拓展专业实习基地，确保专业实习质量。在现有梅州城区公、检、法、司、律师事务所等实习基地的基础上，进一步拓展校外专业专业实习基地。采用本地集中实习、外地分散实习结合的方式，通过巡回检查的方式确保实习质量。

8. 着力培养学生的口头表达和文字写作能力。在开设大学语文、公文写作等通识课的基础上，主要专业核心课程应当要求学生撰写课程论文，并不定期开展法律演讲、时势辩论赛、法律专题沙龙等课外文化活动。

9、选用优秀、实用的专业教材。选择使用权威出版社出版的优秀教材，并做到及时更新。引进或开发法律方法课程。必要时，组织本校教师有选择性地编写适应学生实际的教材、法律法规汇编、案例专辑等教材、教辅材料。

10、鼓励、支持教师积极参与国、内外学术交流和合作。鼓励法学骨干教师提高学历、职称层次，分期、分批地到国内著名的法律院校或海外进行业务进修，参与高层次的学术交流活动，定期邀请知名法律学者来校讲学；

11. 组织教师申报教改科研项目，并支持教师与校外实践部门开展横向联合的教改科研项目。

（六）保障机制

为确保卓越法律人才教育培养计划的有效实施，学校将在以下几个方面提供人才、资金和教学设施等基础保障：

1. 根据学科发展需要，继续引进或内培高学历、高职称的法学专业教师。由学校组织人事部门争取地方组织人事部门支持，选派若干名法学骨干教师到法律实务部门进行挂职或兼职锻炼。

2. 增加实践教学的经费投入。学校设立"卓越法律人才教育培养计划"专项经费,专门用于聘请校外专家的讲课费、实习基地建设费、校内实训基地建设费、学生见习、社会实践的交通费、专家指导费;

3. 完善校内实践教学基础设施。重新选址、建设规范化的模拟法庭1间(达到可容纳200名学生开展模拟法庭、法律辩论等活动的要求);扩建法律诊所教学空间和基础设施(达到可容纳60名学生进行专业实训的要求);

4. 完善实践课教学质量监控制度体系。为保证实践课的教学过程和教学环节的的教学质量和教学效果,保证实践课不流于形式。建立健全校院两级督导听课、监管和检查制度,尤其要完善督导对实践教学的监督检查制度。

三　卓越工程师培养

为全面提升人才培养质量,充分发挥学校办学优势,更好地服务地方区域经济社会发展,根据《国家中长期人才发展规划纲要(2010—2020年)》和《国家中长期教育改革和发展规划纲要(2010—2020年)》精神,按照《教育部关于实施卓越工程师教育培养计划的若干意见》(教高〔2011〕1号)及教育部、财政部《关于"十二五"期间实施"高等学校本科教学质量与教学改革工程"的意见》(〔教高2011〕6号)要求,结合学校发展实际,学校决定将于2013年9月起,在本科工科专业中实施"卓越工程师培养计划"试点工作。

(一)指导思想

深入贯彻《国家中长期教育改革和发展规划纲要(2010—2020年)》及《广东省中长期教育改革和发展纲要(2010—2020年)》,落实教育部"卓越工程师培养计划",把握新形势下应用型本科人才培养的特征和规律,结合专业规范和专业认证标准,树立全面发展和多样化的人才观念。改革和创新高等教育人才培养模式,提高高等教育质量。以我校若干工科专业为依托,坚持"服务地区、严谨严格、联系实际"的原则,加强与企业的联合培养,通过实施工程人才培养的综合改革试点,深入推进多方位、多层次、多模式的改革实践，积极探索适合梅州经济社会可持续发展的高素质工程创新人才培养之路，培养造就一批创新能力强的高质量各类型工程技术人才。

（二）培养目标

1. 目标定位

以社会需求为导向，以实际工程为背景，以工程技术为主线，着力提高学生的工程意识、工程素质和工程实践能力，培养基础理论扎实、专业口径宽、实践能力强、具有创新精神和创业能力的德智体美全面发展的本科层次应用型工程创新人才。

2. 人才培养要求

按照教育部"卓越计划"人才培养的要求，结合梅州地方社会经济发展需要及我校相关专业实际情况和专业特色，参照通用标准和行业标准，科学制定各专业本科层次的人才培养计划，明确本专业的人才培养基本要求。学生的专业知识、专业能力和综合素质要达到以下要求：

专业知识方面：要求具有从事本专业所需要的相关数学、自然科学、经济管理、法律法规及人文社会科学等知识；系统掌握扎实的工程基础知识和本专业的基本理论知识；熟悉和了解本专业领域的发展现状和趋势。

专业能力方面：要求具有基本的解决问题能力、初步的工程项目设计开发能力、终身学习能力、交流沟通能力、团队合作能力、组织协调能力、现代工具运用能力和应对突发事件的能力等。

综合素质方面：具有良好的工程职业道德意识、强烈的社会责任感、追求良好的人文科学素养。

（三）实施范围与规模

1. 实施范围

学校将以相关学院为基础整体规划、分步推进，要求各工科专业拟定本科层次卓越工程师教育培养实施方案。计划在个已获得学士学位授予权的工科专业中试行"卓越工程师培养计划"。

2. 学生规模

"卓越工程师培养计划"试点班采取学生自愿申请和试点专业考核相

结合方式面向专业所在学院选拔。对于与"卓越工程师培养计划"每个阶段不相适应的学生可以转到原专业班级或其他专业继续完成相应培养环节。每个试点班级招收 30 人左右。

（四）培养模式

采用"3 + 1"校企联合培养模式，"3"为本科三年基础学习阶段，以学校培养为主，"1"为累计一年在企业学习和做毕业设计阶段，以企业培养为主。

1. 学校培养阶段

对于进入"卓越工程师培养计划"的学生，在校内学习阶段主要学习本专业领域内应用型工程师的基础知识，为学生毕业后在行业企业成为具有工程创新能力的优秀人才奠定基础。学生也可以在校内阶段专业交叉形式学习，交叉可以培养社会急需的复合型应用工程师，为学生毕业后取得诸如国家注册工程师等职业资质奠定基础。

各学科专业要与企业一道共同建设课程体系和教学内容，要把企业的先进技术和先进企业文化引入学校课堂教学。着力推行基于问题的探究式学习、基于案例的讨论式学习、基于项目的参与式学习等多种学习方法，在学校学习阶段就要强调学生创新意识和创新精神的培养。建设一支学校和企业联合的高水平工程教师队伍，聘请企业兼职教师到学校担任课堂讲课任务。

2. 企业培养阶段

企业学习阶段重点强调学生工程实践能力的培养、训练和形成，以及工程创新意识的培养，把工程教育融入人才培养全过程。充分发挥企业在人才培养中指导性优势，学校教师要在企业教学环节中提炼工程教学内容和改革教学方式，创立与企业联合培养专业工程师的新机制。要对企业学习阶段的教学方案进行整体设计，形成企业培养方案。累计在企业 1 年时间的要求应根据专业性质、学校资源、教师队伍、企业条件等因素来设计并实现。学生可以分不同阶段到不同企业进行 1 周至 3 个月的中短期课程学习或工程实践，也可以在企业进行 3 个月至 1 年的专业学习和工程实践。卓越计划强调在企业阶段的工程学习，可以安排到企业完成的教学环节有：专业课教学、专业实验、部分专业基础课教学、认识实习、生产实习、毕业实习、毕业设计等。毕业设计要求结合企业实际项目来做。企业人才培养合作的主要内容包括：

企业参与共同制订培养目标、共同建设课程体系和教学内容、共同实施培养过程、共同评价培养质量；

企业为学生提供企业实践环节的场地、实践和实习以及岗位，企业为实习学生提供实习补贴；

企业为学生实践环节配备专门的指导老师，老师要必备丰富的实践经验和理论知识，原则上必须有副高以上职称；

招聘就业岗位时，"卓越计划"的学生拥有优先录用的机会，实践时间也计算在试用期内，学生在选择就业岗位时应优先选择所在实习企业；

各专业根据专业特点和需要，丰富和细化企业合作形式。

参与"卓越计划"各专业的企业培养方案应按照教育部的要求，制定学生在企业实践阶段的培养目标、培养标准、计划课程环节、工程实践内容和在企业完成的教学环节所取得学分等方面的规定细则。

（五）保障措施

为确保卓越工程师培养计划的有效实施，学校将在师资队伍、经费投入、教学设施和教学制度等四方面予以支持。

1. 师资队伍保障

根据相关专业发展需要，继续引进或内培高学历、高职称的具有较强的工程设计能力和工程研发能力的优秀教师。形成一支学历、职称结构合理、教学水平高、科研能力较强、综合素质较高和工程实践经验丰富的"工程型"教师队伍。并聘请一批具有较高学术水平的行业专家和具有丰富工程实践经验的优秀工程师担任学校兼职教师。

2. 经费投入保障

学校设立专项资金，用于卓越工程教育改革项目、聘请校外企业专家的讲课费、实习基地建设费、校内外实训实习基地建设费、青年教师培训费、学生见习和社会实践的交通费以及专家指导费。

3. 教学设施保障

完善校内实践教学基础设施。专门开辟多间活动桌椅小教室作为"卓越计划"试点研讨教学、工程案例教学、综合设计等专用教室。全校各类实验室对"卓越计划"试点学生开放。

4. 教学质量保障

学校已经建立校院两级督导听课、监管和检查的监督制度。将进一步建立立体化的教学质量保证体系，实行"实施—检查—反馈—整改—再检查"的评教、评学、评专业、评课程、评管理的运行机制。

四　若干启示

（一）学校高度重视

学校高度重视人才培养模式的改革与创新，并力求把它作为学校办学特色的重要内容之一。为了做好各类卓越人才的培养工作，学校从组织机构、经费、设备等各方面都予以优先保障。如在组织机构上，"卓越教师培养计划"的领导小组成员就包含了正、副校长在内的校领导以及相关职能部门的主要负责人；在经费使用上，学校为三个卓越人才培养计划的实施每年拨出至少十万元的专项经费，而且，对确因工作需要造成的经费缺口随时予以补充；在设备购置方面，对卓越人才培养所需的各种设备予以优先购置。

（二）广泛参与，协同育人

各类卓越人才培养计划地有效实施离不开各类人员的广泛参与和合作。从校内来说，上述三类卓越人才培养计划就包含了多个学院的强强联合。如卓越教师培养计划就把各学院的教学法老师都涵盖进来，充当各个专业学生的导师。从校外来说，上述三类卓越人才培养计划都体现了校政、校企、校校等不同单位和组织机构的合作。如卓越教师培养计划的领导小组成员既有学校领导也有梅州市教育局局长、副局长和各县区的教育局领导以及各中小学校长等。导师组成员也聘请了名中小学的教学名师。而卓越法律人才培养计划在实施过程中则从梅州市、区两级政法部门（公、检、法、司、政府法制等）及有关律师事务所聘请了一批实践经验丰富、专业理论水平较高的法律专家进校兼任应用性强的法学专业课程。

（三）培养计划得到改革创新

学校实施的三个卓越人才培养计划在人才培养模式上都有不同程度

的改革甚至创新。如"卓越教师培养计划"修业年限虽然只有 2 年，但原则上按照 2 + X 模式进行。其中，"2"代表在 3—4 年级共二学年的时间进行理论知识学习和实践技能培养，其中理论知识包括通识课程、专业课程和教师教育课程，实践技能培养包括教育见习、教育调查、教育实习、案例教学、小组讨论、课程论文和毕业论文等；"X"代表教师资格证书及相关专业资格证书。"卓越法律人才教育培养计划"实行 3.5 + 0.5 + X 培养模式。其中，"3.5"代表用三学年半的时间学习理论知识，包括公共必修课、专业理论课和通识课，并择机进行校内实践教学环节，包括案例教学、模拟法庭、法律诊所、小组讨论、专业见习、社会调查、法律咨询、课程论文和毕业论文等；"0.5"代表在校外进行为期一学期的校外法律专业实习；"X"代表司法资格证书、法律顾问资格证书、教师资格证书、公务员资格等职业资格证书。"卓越工程师培养计划"采用"3 + 1"校企联合培养模式，"3"为本科三年基础学习阶段，以学校培养为主，"1"为累计一年在企业学习和做毕业设计阶段，以企业培养为主。

第三篇

地方特色大学的科学研究

第九章

大学科研职能与核心竞争力

第一节 大学科研职能：兴起、拓展与趋势

"科学研究"是继"人才培养"基本职能后的大学"第二职能"。一般认为，人才培养和科学研究也是大学的两大基本职能，这两个最先出现的职能在所有职能中居于基本的、核心的地位，其中"人才培养"是大学存在的根本，而"科学研究"则成为大学发展和彰显其学术水平和价值的关键，其他职能是随大学和社会的发展变化而在此基础上派生繁衍的结果。据学界共识，大学科学研究职能的兴起有二个阶段，或者说二个标志。一个是18世纪末19世纪初德国威廉·冯·洪堡的"教学与科研合一"的大学教育思想的提出及其在柏林大学进行的改革；其二是19世纪末20世纪初美国约翰·霍普金斯大学研究生院的建立。从哲学的观点来看，任何事物的发展的发生和发展都是内外矛盾相互作用的结果，大学及其职能的产生也不例外，"大学是遗传和环境的产物"，大学科学研究职能的发展变化也经历了从内部"遗传"基因到外部"环境"生态、从内部"功能"到外部"职能"的演变。然而，很多大学、尤其是地方特色大学一直以"教学"为主，科研基础不厚、气氛不浓，对"科研"职能的历史演变、科研与"教学"等等因素的复杂关系及其发展趋势缺乏正确认识和清晰判断，从而使科研职能未能得到充分有效发挥，导致核心竞争力削弱和发展迟滞。因此，需要梳理大学"科学研究"职能兴起和发展的历史，阐明其内涵发展变化，并依此预测其未来趋势，以为正确认识"科研"职能的发展规律，充分有效发挥其作用，促进大学科

研水平和能力的发展提供参考。

一　德国柏林大学与"科学研究"职能的兴起

（一）科研职能兴起的背景：对政治体制与教育领域的反思

18、19 世纪之交，普鲁士有识之士受法国大革命的以及战败的影响，对政治思维方式和政治体制进行了思考和反省，积极谋求崛起和发展，改革的呼声不仅波及到政治体制，而且延伸到了教育领域。1806 年，拿破仑再次战胜普鲁士，并签订了蒂尔西特条约，从而激起了普鲁士举国上下要求变革的声浪。著名哲学家费希特发表《告德意志国民书》，认为法国的强大源于教育的成功，改革与振兴教育是政府的责任与义务。普鲁士国王威廉三世也意识到国家的失败根本上是"人脑"的问题，强国必先强民，人必须在精神上强大，因而采纳威廉·冯·洪堡的建议创建柏林大学，希望通过改革与发展教育而达至提升国民精神素质、振兴国家的目的。在其《论国家的作用》一书中，洪堡阐明了要求改革旧秩序的政治立场，他反对激进式的革命，同时也反对保守传统。他认为体制变革应采取渐进与沉稳的方式进行，即以个体精神意识的提高为基础和重心，首先使人在精神意识上得到解放和提升，而实现此任务的途径唯有教育，其用意是通过个体自身精神意识的完善，以人的素质提升形成的合力来达到改革政治的目的。[1] 因此，他非常重视建立一所新的大学，以在振兴民族国家中起重要作用，他认为："大学是一种最高手段，通过它，普鲁士才能为自己赢得在德意志世界以及全世界的尊重，从而取得真正的启蒙和精神教育上的世界领先地位。"[2]

（二）科研职能兴起期的内涵

1. 专注纯科学—哲学和基础科学研究

早期的大学，在科研职能的内容与对象上，专注纯科学—哲学和基础科学研究，反对应用科学研究。洪堡认为，科学是一个不可分割的整

---

① 张超：《大学职能的历史把握与辩证分析》，中央民族大学 2007 年硕士论文，第 9 页。

② 本书编委会：《中国大学人文启示录》（第一卷），华中理工大学出版社 1996 年版，第 51 页。

体，只涉及纯粹的知识，而无关乎实用，几乎与哲学等同。因此，大学是以纯知识为对象的学术研究机构，应具备一种精神贵族的气质和对纯学术的信念，而不应考虑社会、市场、职业等种种实际问题。陈洪捷教授《什么是洪堡的大学思想？》一文指出①：洪堡认为大学兼有双重任务，一是科学研究，一是道德与个性的修养。洪堡所说的科学即所谓的纯科学，纯科学建立在深邃的观念之上，不同于自然科学和历史这些"经验科学"，它统摄一切学科，是关于世界万象知识的最终归宿。也就是说，纯科学就是哲学。思辩的哲学是科学诸学科的升华和纯粹形式，是科学发展的极致。纯科学不以自身之外的万物为目标，而只以自身—纯知识、纯学理的探求为目的。大学所研究的便是这种纯科学。需要指出的是，洪堡所说的科研是纯学术性的，内容广泛，包括哲学、文学、物理学、化学、数学、医学等古典学科的研究。其中哲学被放在了首位。②

洪堡认为，大学完全是从事科学的机构，非狭义的教育机构，因而极其强调科学在大学中的核心地位，大学应"唯科学是重"。同时，洪堡的科学概念还包含着特定的对待科学的态度。他指出："大学应视科学为一尚未完全解答之问题，因而始终处于探索之中。"大学赖以存在的合法性依据在于："把科学看作为尚未穷尽、且永远无法穷尽的事物，并不舍地探求之"。这一点不仅适用于教师，同样也适用于学生。洪堡认为，大学教师已非严格意义上的教师，大学生也非真正的学生；大学生已在进行研究，教师不过是引导、帮助学生进行研究。从大学是从事纯科学的机构这一核心观念出发，洪堡认为大学的组织原则应建立在纯科学的观念之上。

2. 教学与科研相结合，由学问而达至修养

大学应具有科研与教学的双重职能。洪堡认为："如果规定大学的任务仅仅是教学和传播科学，科学院则是发展科学，这对大学显然是不公平的。由于大学中有大批生机勃勃、精力充沛的青年人在不断地探索科学，科学在此显得能够得到更迅速、更蓬勃的发展。如果对科学没有持

① 陈洪捷：《什么是洪堡的大学思想》，《中国大学教学》2003 年第 6 期。
② 朱国仁：《西方大学职能观演变之历史考察》，《国外社会科学》1995 年第 3 期。

续不断、独立的认识，也根本不可能真正地把科学作为科学来教授。"在教学和科研间的关系上，他认为二者非但不矛盾而且是统一的，科研也是教学的内容。他提出"由学问—科研达至修养"的观点，即通过科学研究来实现人才的培养，科学研究过程同时也是个体的自我培养和自育的过程，科研本身即是教育的一种形式，并以此来改变传统的"授—受"教学方式，克服其不足。① 他认为研究和教育并不矛盾，而是统一和相互促进的。他主张大学老师和学生不应再有严格意义上的划分，"在高等学术机构中，教师与学生的关系与在中学迥然不同，教师不是为学生而存在，两者都是为了科学而共处"。学生和老师都作为"独立的研究者"在探索学问过程中进行互补和合作，"体现在大学教育工作者身上，就是既是教师，又是科学研究工作者；体现在受教育者身上，就既是学生，又是研究者。他们都是为了科学、用比较系统的科学研究方法来填补知识空白的人。"

所谓修养，指的是新人文主义的一个核心概念，意为一种道德和人格上的境界。洪堡认为，修养，或者说通识性的修养，是个性全面发展的结果，是人作为人应该具备的基本素质，它与专门的技艺和能力无关。洪堡从其特有的科学观出发，认为，学生应当通过研究与主动的学习思考，来达至其自身的修养。这种修养是全面的，而非专业性和职业性的教育。大学的毕业生首先应当是有人文和科学修养的人，会用哲学的眼光看待世界的人，而不是专门的学者。相反，任何实用性、专业性学习会使人偏离通往修养的大道。唯有对纯科学的研究才是达至修养的不二法门。洪堡说，纯科学是用于"精神和道德修养，天然合适的材料"。科学研究有其本身的价值，并不从属于其他目标，正如洪堡所言，科学非为修养而刻意准备，而是天然适于修养的修炼。换句话说，学生只要专心科研，修养的目标就会随之而来，"科学，也可陶冶性格"。

洪堡的思想是对传统大学理念的创新，从此科学研究继人才培养之后成为大学的第二职能，他提出了科研和教学两个中心的思想，对大学

---

① ［德］威廉·冯·洪堡著，陈洪捷译：《论柏林高等学术机构的内部和外部组织》，《高等教育论坛》1987 年第 1 期。

的组织原则进行了重新定义和解释。他领导创建的柏林大学成为德国大学的典范，自此德国大学逐步成为世界科研的中心。可以说，德国的崛起和强大首先是得益于其在教育领域、尤其是大学的发展和成功。可以这样说，柏林大学具有里程碑式的意义，现代大学以洪堡所建立的柏林大学为蓝本。科研职能的提出无疑是对大学职能的创新也是对传统大学理念的挑战，起初受到了传统大学理念持有者的质疑，但最终导致美国研究型大学的出现和世界范围的高等教育革命。[①]

二　美国霍普金斯大学与"科学研究"职能的拓展

（一）科研职能拓展的背景：美国对科研理念的借鉴与改造

受洪堡科研理念的影响，19 世纪（尤其是 19 世纪中后期），欧美大学掀起了学习与模仿柏林大学模式的高潮。诸多教育家接受并发展了洪堡的理念，尤以美国为最。其时，不少留学德国的美国学者把洪堡科研理念和原则带回美国并付诸实践。其中最为著名的有吉尔曼、享利·塔潘、哈铂和怀特等，尤其以吉尔曼主持的约翰·霍普金斯大学最为典型。与柏林大学不同的是，吉尔曼的霍普金斯大学一开始就把科研集中在大学的较高层次，建立研究生院，开启了研究生教育之先河；并拓展科研的对象和内容，积极广泛地开展应用研究，而不局限于人文学科的"纯科学"范畴。

殖民地时期的美国学院是英国大学模式移植的产物，只是进行单一的教学活动。德国柏林大学新的办学理念、模式与成就吸引了欧美各国学生并成为各国大学竞相模仿的对象。其时美国经济发展迅速，对高级人才培养和科研也产生了新的需求。在如此环境之下，美国一些传统学院开展了小规模实验性的改革，开始尝试进行研究生教育。1860 年耶鲁学院按照柏林大学模式，设置哲学博士学位，拟订出美国第一个博士学位计划，制定了授予博士学位的标准，即取得学士学位后再经过两年学习，通过结业考试，并完成一篇证明已圆满掌握所学课程内容的学位论

---

① 张超：《大学职能的历史把握与辩证分析》，中央民族大学 2007 年硕士论文，第 9—10 页。

文。康奈尔大学取道耶鲁学院的做法，1868 年在其成立时就明确宣布培养研究生为该校的任务之一，其哲学博士学位于 1872 年开授。1872 年哈佛学院于建立研究生部，次年开始授予哲学和理学博士学位。不过，此一时期的美国研究生教育初具雏形，规模很小，在培养方式上一般是开设学士后课程，只是在本科课程基础上增加某些广度，其内容还根本谈不上专门化，学术研究极少，因此，研究生教育在传统学院还只处于一种次要的、陪衬的地位。由此可见在内战前，美国还没有名副其实的研究生教育，只是一种学士后课程教育，一种高级学位教育，是美国研究生教育的萌芽阶段。①

（二）科研职能内涵的拓展

1. 发展研究生教育

1876 年，在借鉴德国大学的经验并结合美国的实际基础上，霍普金斯大学成功创立研究生院，形成了一套比较完备的、成熟的研究生教育体系，使美国研究生教育走上规范化的道路。正式开启了研究生教育先河，研究型大学也自此创生。1873 年，美国马里兰州巴尔的摩市银行家、贵格会教徒约翰·霍普金斯去世时，留下了一笔价值700 万美元的巨额遗产（按购买力折算，相当于 2006 年的 16 亿美元）。在遗嘱中，他指定遗产分别捐赠给以他名字命名的约翰·霍普金斯医院和约翰·霍普金斯大学。这是当时的美国有史以来最大的一笔慈善捐赠。约翰·霍普金斯在 1868 年提出创建一所"冲破世俗、与众不同"的大学而不是学院的愿望，他尤其强调，大学要关注宗教的影响和作用，但同时希望学校管理不应受到宗教派别、清规戒律和一些约束的干扰。追求卓越和与众不同成为早期霍普金斯大学的办学理念。依据约翰·霍普金斯捐资办学的初衷，董事会认为新的霍普金斯大学的办学宗旨应该符合国家需要，一是大学应该向社会输送正直的、高尚的、有教养的年轻人；二是明确新型大学与众不同追求卓越的特点，并能在美国高等教育史上开创出新时代，要产生一批有学术能力的学者和教授，通过他们的研究，增添新的文学和

---

① 王英：《美国研究型大学早期发展研究——以约翰·霍普金斯大学的创建为中心》，河北大学 2006 年博士论文第 22 页。

科学的内容，推动人类文明的进程。在确定了这样的办学宗旨之后，董事会开始在全国遴选能贯彻这种办学思想的理想校长。① 1875 年，其财产托管人在巴尔的摩市中心的霍华德大街购买了第一块地皮，以此作为未来的大学校园。1876 年 1 月 22 日，约翰·霍普金斯大学正式创立。当年 2 月 22 日，首任校长丹尼尔·吉尔曼（Daniel Gilman）就职。

但是，美国第一所研究型大学—霍普金斯大学的第一任校长吉尔曼并没有照搬德国模式，而是在办校前就已形成十分成熟而清晰的理念：办一所采纳各国大学所长的、真正优秀的美国研究型大学。吉尔曼在任加利福尼亚大学校长的就职演说中，着重强调要创办一所大学，而不是一所学院，也不是一个科学研究所或一所工业学校。在霍普金斯大学，吉尔曼把"鼓励研究"和"最慷慨地促进一切有用知识的发展"作为大学最主要的目标。他在就职演说中，阐述了霍普金斯的办学思想："最慷慨地促进一切有用知识的发展，鼓励研究，促进青年人的成长，促进那些依靠其能力而献身科学进步的学者们的成长。"在谈到大学的培养目标时，他指出："科学最大的需要是观察，社会最大的需要是人，因此，大学的目标就是把学生在各自求学的科系中，尽可能的培养成出色的，但又诚实热情和真正智慧的人。"从这里走出的实用主义哲学的代表人物如约翰·杜威，美国总统伍德罗·威尔逊等，就是对他的办学思想和培养目标的最好诠释。吉尔曼深受柏林大学的影响，认为科学研究不仅是大学的一项基本任务，而且是大学的灵魂。他强调说："学术研究是每个教授的职能，而且教授应该是学生的指导者或激励者。"② 因此，他一开始就赋予该大学明确的职能内涵及其发展方向："研究生教育和高一级教育是大学最重要的使命"，"科学研究不仅是大学的任务，简直就是大学的灵魂"，③

---

① 王英：《美国研究型大学早期发展研究——以约翰·霍普金斯大学的创建为中心》，河北大学 2006 年博士论文，第 30—33 页。

② 百度百科：约翰·霍普金斯大学 ［EB/OL］. http：//baike. baidu. com/view/27336. htm? fr = aladdin

③ 贺国庆、王保星、朱文富：《外国高等教育史》，人民教育出版社 2003 年版，第 518 页。

2. 开展应用研究

在科研的内容与对象上，霍普金斯大学一开始就非常重视大学教学、科研职能的社会功用，主动把德国大学仅仅强调"纯科学"的基础研究职能拓展到与应用研究相结合，强调大学必须对解决国家和国际上的重要问题做出自己的贡献。大学的目标是将科学研究应用于日常的生活。在教学和培养人才职能方面，他强调把培养在现实社会中真正能起到领导作用的"学术领袖"作为办学目标。"该大学作为一所致力于基础研究和应用研究的机构，履行对社会的重要责任，其结果将减少贫困中的痛苦、学校中的无知、教堂中的偏狭、医院中的苦难、商业中的欺诈、政治中的愚蠢。"① 它的成功榜样激励美国建立了一所又一所具有明确的大学职能发展方向且特色优势各异的研究型大学，如被称为"科学和科学家摇篮"的加州理工学院（一直坚持"小而优"、进行最重要的科学研究的办学理念）、诺贝尔奖获得者人数雄踞美国第一的芝加哥大学（坚持立足社会现实的办学理念）和斯坦福大学（坚持学以致用的宗旨，培养能自我成功和在现实中有用的人才）等等。可见，美国研究型大学的成功之处首先在于：它们在创办或者转型之初，就确定了"科研为主"的职能基调和各具特色的具体职能内涵，此后再通过一代又一代校长的努力不断发扬光大。②

三　高等教育大众化时代与科学研究职能的趋势

（一）科学研究职能发展的现代背景：学习型研究型社会来临

当今时代，知识经济、计算机网络以及高等教育普及化成为主要时代特征，研究与创新成为时代主题和灵魂。计算机网络改变了信息的存在方式，从而导致人类生活方式的改变，信息因此成为重要的资源；知识是信息的沉淀、结晶和升华，知识经济就是以作为最重要的资源、由知识主导和驱动的经济，而研究和创新是知识生长的源泉和灵魂。随着

① Hugh Hawkins. Pioneer: A History of the Johns Hopkins University, 1874 – 1889. Baltimore and London: The Johns Hopkins UniversityPress. 2001.: 22.

② 余雪莲：《美国研究型大学职能发展演变的经验》，《比较教育研究》2007 年第 5 期。

中国等一大批发展中国家高等教育由精英化向大众化加速过渡迈进，高等教育大众化已成为不可逆转的时代浪潮，一个学习型的社会正在形成，一个研究型的社会也将是必然的趋势与结果。在一个知识经济和高等教育大众化的学习型和研究型社会，科研和创新将深入和弥散到社会的每个角落，也成为人类的一种全新的生活方式，在社会发展中处于主导地位。相应地，大学的科研和创新也会呈现出新的内涵和趋势。

（二）内涵变化及其趋势

1. 体制机制上，制度与资源相结合

科研职能的有效发挥和科研活动的可持续发展，需要良好的顶层设计及体制机制保障，也需要与之匹配的资源供给。具有良好可行性和前瞻性的科研保障与激励制度，是科研活动有序开展的依据；而相关资源的供给和调配提供有力的激励和保障，使相关制度落到实处。反之，就会导致制度虚置，实则沦为标语和口号。

2. 学科对象上，人文与理工相结合

在工业革命以前的非工业化时代，学科呈现出尚未分化的"哲学"形态，基本上是人文学科，如西方的"七艺"与中国的"六艺"等，大学课程以人文学科为主；工业革命之后理工及社会科学兴起，才逐步进入大学课程。自工业化时代以来，理工类自然学科日益显示出改造自然、提升物质文明的巨大力量，因而得到快速发展并居于强势地位，相形之下人文学科日见贬抑和衰落，因而导致现代化的"科技与物质的迷茫"和"价值与信仰的失落"。正如马斯洛所言："我们时代的根本疾患是价值的沦丧……这种危险比历史上任何时候都严重"。[①] 人类在科技上走得太远太快，需要等等自己的心灵，回望一下"出发之家"。重估人文学科价值，繁荣人文社会科学，让人文与科学齐头并进是时代要求与大学使命。

3. 文化理念上，过程与结果相结合

科研的主体和载体是人，人本身才是科研中处于核心地位和最具能

---

① ［美］亚伯拉罕·哈罗德·马斯洛：《人性能达到的境界》，北京燕山出版社 2013 年版（前言）第 1 页。

动性的特殊资源，同时也是科研意义和价值的最终承载者。人不是机器，科研过程也不同于机械的工业生产过程，所以，对人和科研过程的管理不能简单搬用企业管理的"生产"模式，人的学术成长更类似于生物群落的"生态"模式，最重要的是提供和营造适宜的学术成长环境，"蓬生麻中，不扶自直"，而非人为的"拔苗助长"。影片《美丽心灵》中诺贝尔奖经济学奖获得者、精神病患者约翰·福布斯·纳什（John Forbes Nash）的故事给我们的启示不应只是一个"美丽童话"。"刳胎杀夭，则麒麟不至其郊；竭泽而渔，则蛟龙不处其渊；覆巢破卵，则凤凰不翔其邑。"① 那种只重视结果和产出，不重视培育和孵化过程的"企业化"科研管理方式已危及和损害科研"生态"，从而在根本上制约和危害了科研本身。

4. 成果评价上，定性与定量相结合

在科研成果的质量评价上，"质量"本身具有"质"与"量"两种属性，质与量理应共同成为评量其价值的重要指标。目前，我们主要依赖成果发表刊物级别来评价其质量，以"篇数"来论其数量。然而，姑且不论每篇的长短不一，事实上，刊物级别的确定，文章的入选等存在诸多不一定"科学"和"客观"的因素。这种评量制度虽然保证了一定程度的"公平"，但也造成了只重数量的"学术泡沫"、"学术垃圾"的"虚假繁荣"，"有知识无学术"、"有学术无思想"困境已成为当代学术发展的悖论。

5. 类型结构上，基础研究与开发研究相结合

在国际上常用"研究与开发"（"R&D"）来表示科学研究活动。科学研究工作可按其性质、目的和过程进行分类，一般按过程分为基础研究、应用研究和开发研究。基础研究是对新知识、新理论、新原理的探索，其成果不但能扩大科学理论领域，提高应用研究的基础水平，而且对于技术科学、应用科学和生产的发展具有不可估量的作用。应用研究是把基础研究发现的新知识、新理论用于特定目标的研究。它是基础研究与开发研究之间的桥梁。开发研究又称技术开发，是把应用研究的成

---

① 罗兰等著：《圣哲四传》，团结出版社1996年版，第744页。

果直接用于生产实践的研究。近年来，一些发达国家把开发研究融合到产品的设计、生产、流通研究、销售研究、使用研究和回收研究等 7 个方面。这是当代科学研究发展的一个值得重视的新趋势。三大研究类型既相互区别又相互联系，共同构成科学研究的完整结构体系。

6. 主体层次上，研究型大学与普通大学相结合

大学分为研究型、教学研究型、教学型、教学服务型等不同的层次类型。一个常识性的误区是，似乎教学型、教学服务型大学只能搞教学和服务，否则就是"盲目攀比"、"不自量力"；研究只是研究型大学的事情。问题在于：第一，各类大学是先定的还是生成的？冯向东教授在《高等学校定位：竞争中的抉择》一文中指出："分类标准是一种归纳的结果而不是演绎的体系，更不是指导或限定各个学校发展的'办学原则'。我们常常希望通过'指定'，并要求被指定的学校各安其位，来推动高等教育的多样化，这在事实上是很难办到的。"① 第二，教学型大学以教学为主，但"教学"与"科研"是不相干可分离的吗？我们怎么理解洪堡的"教学与研究合一"、"由研究而达至修养"的教学原则？第三，知识经济时代，社会已成为学习型社会，必将也正在向研究型社会迈进，高等教育普及化进程加速，在一个研究和创新已成为时代灵魂，万众创新、大众创业已成为当今时代主题的时代，我们无权剥夺占大学绝大多数的教学型、教学服务型大学的研究和创新权利，更无权贬抑剥夺占教师绝大多达数的教学型、教学服务型大学的学术研究和创新权利。更何况，大学不是纯粹的"职业训练所"，肩负着培养学生完整独立人格的重要使命，研究、创新、反思既是完整独立人格的重要组分，同时也是形塑完整独立人格的重要手段。因此，普通大学不光应该开展科研和创新，而且，由于其基础薄弱和氛围不浓，更应该大力倡导和强力推荐科研和创新。非如此，何谈实现李克强总理政府工作报告中倡导的掀起"大众创业"、"草根创业"新浪潮，形成"人人创新"、"万众创新"新局面？②

① 冯向东：《高等学校定位：竞争中的抉择》，《北京大学教育评论》2004 年第 4 期。
② 李克强：《2015 年政府工作报告》人民网 2015 年 03 月 05 日。

第二节　大学核心竞争力:研究与进展

"以服务求支持，以贡献谋发展"已成为大学发展共识。显然，大学的受尊重度源于其贡献度，而其服务能力的大小和贡献度的高低取决于其办学水平和办学实力。办学实力和水平的提升是大学的核心追求。然而，颇费思量的是，大学办学的水平和实力如何衡量？如何提升？这个看似简单的问题，因现代大学的重要性与日俱增，其职能和角色的高度多样化、以及构成要素和影响因素的高度复杂化而显得似是而非、莫衷一是。学界认为，大学的办学水平和实力基于或外显为核心竞争力。那么，如何定义大学的核心竞争力？如何衡量和测评？其构成要素和影响因素有哪些？通过怎样的途径和举措来提升？大学办学特色和核心竞争力之间是什么关系？如何实现大学特色和核心竞争力的有效结合和全面提升？对这些问题的回答就成为摆在每个大学的领导者和研究者面前的首要问题。

在内外部矛盾错综交织作用下，现代大学既是一个环境依赖型组织，同时更是一个内生发展型组织。学校的发展会受制于一些学校难以完全左右的外部环境。随着全球经济一体化进程的加速，大学发展的外部环境在许多重要方面正在迅速发生变化。环境的不确定性将影响战略规划的长期可行性。因此，制定学校中长期发展规划是以提升学校的核心竞争力为主要着眼点。培育核心竞争力，使学校熟练应对环境的变化，从而实现自己的战略目标。[①]

一　核心竞争力

(一) 核心竞争力的定义及其研究阶段

究其流，必知其源。要准确理解大学核心竞争力的概念及其体系，有必要对其来源——产业界企业核心竞争力概念及其研究进行一番梳理。

---

① 关于印发《嘉应学院"十二五"教育事业发展规划》,《嘉应学院总体发展战略规划纲要 (2011—2020 年)》的通知 (嘉院〔2011〕76 号), 2011 年, 第 5 页。

朱小娟（2004）在其博士学位论文《产业竞争力研究的理论、方法和应用》中认为，国际竞争力是各国同类产业或企业之间相互比较、通过国际市场销售其产品所反映出的生产力。从一国特定产业参与国际市场竞争的角度看，特定产业的国际竞争力就是该产业相对于国外竞争对手的生产率的高低。国际竞争力最终表现为产品在国际市场上的占有份额。从经济学的角度来看，国际竞争力是指在不存在贸易障碍的自由贸易条件下，一国以相对于他国更高的生产力向国际市场提供符合市场需求的产品或服务（并持续地获得盈利）的能力。它包括三个层次，即宏观层次—国家竞争力，中观层次—行业竞争力，微观层次—企业竞争力。[①]

李雪飞（2008）认为竞争力理论的发展经历了以下三阶段：[②]

1. 战略管理基础理论。从环境寻找竞争力从 20 世纪 60 年代起，对竞争力的关注点开始向战略转移，其共同特点为：通过对企业所处内外部环境的综合分析来为企业制定战略提供依据，以战略为企业赢得竞争力。如钱德勒认为由于企业是存在于特定环境之下的，因此企业必须在环境分析的基础上进行战略选择，使企业的组织结构适应环境变化要求。安索夫则在钱德勒的基础上进一步提出了竞争力发展的三个观点：环境服务组织、战略追随结构、战略管理过程。安德鲁斯则认为企业应通过 SWOT 分析来为企业制定适合自己发展的战略，以赢得竞争力。事实上，战略管理理论已开始关注企业与环境之间的关系来考虑企业竞争力选择的问题。

2. 市场结构基础理论。从产业寻找竞争力市场结构中心理论的代表人物为哈佛大学的迈克尔·波特（MichaelPorter）教授，波特教授从"为什么特定国家会成为特定产业中具有较强国际竞争力企业的母国基地"出发，提出了"国家竞争优势四因素模型"。认为一国的国内环境对企业开发其竞争优势有很大影响，在一个国家的众多行业中，最有可能在国

---

① 朱小娟：《产业竞争力研究的理论、方法和应用》，首都经济贸易大学 2004 年博士论文，第 14 页。

② 李雪飞：《美国研究型大学竞争力发展策略研究》，华东师范大学 2008 博士论文，第 24—26 页。

际竞争中取胜的是国内在以下四大因素中都具有特定优势的行业，即：生产要素。包括自然资源、人力资源、资金资源、知识资源及基础设施等。同时，波特还进一步指出，这些要素可分为低级和高级，其中，现代化的基础设施、高质量的人力资源、高新技术等是竞争力的主要决定因素。需求状况。波特认为国内需求状况的不同会导致各国竞争优势的差异。相关产业和支持产业。拥有一定相关产业革命和支持产业的会容易获得竞争优势。企业战略组织和竞争。波特认为建立适合一国环境的管理方式有益于提升竞争优势，同时市场竞争的激烈程度也会对之产生影响，而机遇和政府行为也是竞争优势产生的重要影响。此外，波特还提出了"五力模型"来分析一国产业竞争力的强弱。"五力模型"确定了竞争的五种主要来源，即供应商和购买者的讨价还价能力，潜在进入者的威胁、替代品的威胁以及来自目前在同一行业的公司间的竞争。

为了分析企业竞争优势的来源，波特提出了著名的价值链理论，他把企业的活动看作一个由两部分价值活动组成的价值链：下部是企业的基本活动，即一般意义上的"生产经营环节"，即包括内部后勤、生产作业、外部后勤、市场营销、服务，这一部分的活动为企业创造价值；上部是企业的辅助活动，包括采购、技术开发、人力资源管理、企业基础设施，这一部分为辅助活动，保证基本活动的运行，它对企业同样具有重要价值" 同时，波特还指出竞争者在价值链活动中所处地位的差别是企业竞争优势不同的关键所在。波特的竞争战略理论强调企业应在对所处产业结构、竞争对手分析的基础上，针对竞争对手制定出具有优势地位的全局性和长远性谋划，即结构—行为—绩效。① 在竞争优势的形成上，波特主张根据外部环境因素来选择企业的发展，忽视了企业制度、企业核心能力等企业内部因素对国际竞争力的重要作用。

3. 核心竞争力理论）从内部寻找竞争力．自 20 世纪 80 年代以来，波特以产业为研究对象而提出的竞争战略理论成为了战略理论的主流，但波特把行业的环境因素作为竞争中的核心要素，这就造成他的研究虽

---

① 童利忠、丁胜利、马继征：《企业核心竞争力新论：理论与案例》，人民邮电出版社 2006 年版，第 5 页。

然打开了一个新的研究领域，但又仅仅把它局限在产业这个特定的范围中，因此，竞争力本身又一次重新回到了一个除产业选择外不可研究的黑箱" 直至核心竞争力理论的提出才又回到对竞争力是什么问题的研究上。

核心竞争力理论始于 1959 年彭罗斯"企业成长理论"，他将企业定义为"被一个行政管理框架协调并限定边界的资源集合"。并认为企业成长的源泉是企业的内部资源。史蒂芬．里普曼和理查德．罗曼尔提出如果企业无法有效仿制或复制出优势企业产生特殊能力的源泉，各企业之间的效率差异状态就会永远持续下去，揭示了企业保持竞争优势的秘密。伯格·沃纳菲尔特也在彭罗斯的"企业成长理论"的基础上提出企业之间存在资源落差，如果仿制者无法消除这些落差，企业就将保持其竞争优势。资源基础论的特点在于从企业内在成长来讨论竞争力的形成，其核心观点是：企业建立强有力的资源优势远胜于拥有突出的市场定位，企业的成长是和企业可能拓展生产领域的知识和能力的积累密切相关的。

传统的经济学家把企业竞争力视为企业占有基本生产要素—劳动力、资金和自然资源方面所拥有的相对优势。传统经济学家对企业竞争力的定义，代表以自然资源为基础的工业经济形态下企业竞争力的特点—传统要素的相对优势。随着工业经济形态向知识经济形态的逐步转变，人们意识到知识、创新、环境对企业竞争力的意义。企业竞争力不再只是生产要素上的相对优势，信息、知识、创新能力等潜在因素决定了企业竞争力的强弱，企业持续发展成为企业竞争力的核心。

自 1990 年美国管理学家哈默尔和普拉哈拉德在《哈佛商业评论》上发表"企业的核心竞争力"以来，关于企业竞争力的研究就更加关注核心竞争力问题了。核心竞争力是企业在特定经营环境中的竞争能力和竞争优势的合力。核心竞争力的大小不仅在于拥有多少资金、人才、设备和原材料等资源，更加重要的是这些资源是否集中在关键的环节或领域；核心竞争力不仅仅是表现为关键技术、关键设备或者企业的运行机制，而更为重要的是它们之间的有机融合，是各种能力的提升；核心竞争力主要不是来自有形的资源，而是来自无形的资源；核心竞争力不是来自一种产品或者技术的拥有，而是来自多种知识与技能的综合，具有很高的可保持性。①

（二）知识经济时代背景下核心竞争力的新特点

进入 21 世纪，国际竞争出现了新的趋势和特点：（1）"竞争"程度日益加深，在国际关系中的重要性日渐突出。各国政府的经济政策围绕着提升本国企业、产业和国家整体竞争力来设计，竞争力已经成为国际经济关系中居于支配地位的信条。（2）知识性产业成为全球产业体系中的主导产业，是各国竞争的焦点。只有掌握了产业发展的最先进技术和产业技术创新的方向，才能在该产业的国际竞争中占据更有利的竞争地位。（3）知识经济导致了新的国际产业分工体系的形成。发达国家利用在知识经济方面的优势重点发展知识密集型产业，而把知识密集度相对较低的生产和装配转移到发展中国家。（4）产业结构调整升级，传统比较成本优势意义削减。主要发达国家在产业结构变动中，绝大多数已完成从"劳动密集型"向"资本密集型"，再向"技术密集型"和"信息密集型"产业发展的进程。传统国际竞争的利益来自于以劳动、资源、资本为基础的比较成本优势上，当代国际竞争中这种优势意义正在逐渐消退。（5）跨国公司成为国际竞争的主角，发达国家和发展中国家产业竞争力的差距拉大。跨国公司的发展对国际竞争的游戏规则和竞争格局都产生了重大影响。发展中国家在国际分工体系中始终处在不利的边缘地位。在新兴的高技术产业领域，发达国家的竞争优势更为突出，特别是随着知识经济的发展，发达国家在信息化和网络化方面与发展中国家的差距有进一步拉大的趋势。（6）竞争的辅助要素中，政府的作用加强。发达国家政府把国际竞争作为宏观经济目标，如支持跨国公司的设立与扩展，以其国际影响力、技术和管理等方面的优势，提高本国竞争力。同时，各国政府在国际经济合作中也扮演着企业所不能的角色。②

在知识经济时代，竞争力又呈现出新的特点。知识经济时代经济增长的决定性要素转向知识和技术及人力资本。在知识经济条件下，知识

---

① 朱小娟：《产业竞争力研究的理论、方法和应用》，首都经济贸易大学 2004 年博士论文，第 18 页。

② 同上，第 47—49 页。

资本和人力资本对经济增长起支配作用，这样，作为知识资本和人力资本人格化，"知本家"将替代资本家成为财富创造的中心。知识经济时代最重要、核心的力量是创新。因此站在全球的视角，全面把握国际竞争的新动态，有利于加深理解国际竞争力和深化国际竞争力研究。

　　企业是产业竞争的基本实体，产品是产业竞争的最终比较物。在产业竞争力研究中，"产业"的概念不能定义得过于宽泛，而必须将其界定为易于进行同类比较的对象。产业是同类企业或产品的总和。竞争关系既体现在相互具有替代性的主体或产品之间，也体现在不同产业之间。

　　（三）决定产业竞争力的两类因素—比较优势和竞争优势

　　在现实经济中，一国产业竞争力受到许多因素的影响，而从经济学理论看，所有这些因素可以归结为两类，即比较优势和竞争优势。比较优势涉及的是各国间不同产业（或产品）之间的关系，而竞争优势涉及的是各国间的同一产业的关系。比较优势最终归结为一国的资源禀赋，或产业发展的有利条件，而竞争优势更加强调产业内企业的策略行为，有利的条件未必能使一国的某产业形成国际竞争优势，相反，一国的逆境往往成为刺激一国特定产业增强国际竞争力的重要因素之一。比较优势理论的实践意义是论证国家间产业分工与产业互补的合理性，而竞争优势理论则论证了国家间产业冲突或产业替代的因果关系。

　　对产业竞争力的分析和评价，要站在产业内企业整体的角度来进行，既要对产业竞争力的显示性指标进行分析，也要对产业竞争力的决定和影响因素进行研究。因此，给国际竞争力研究确定一个经济分析的范式，是一个重要的研究内容。[①]

二　大学核心竞争力

　　对大学竞争力的讨论是一个新近的话题。与企业相比，大学在很长一段时间以来都被看作是一个非竞争的组织。但发展到今天，尽管大学与企业的竞争在目的等方面仍有不同，但大学之间的竞争却也已成为一

---

　　①　朱小娟：《产业竞争力研究的理论、方法和应用》，首都经济贸易大学2004年博士论文，第63页。

个不争的事实。大学的竞争是随着大学的发展而不断伴生的，中世纪大学还是一个世界性的组织，但发展到后来，大学成为各国自己的机构，大学的国际性减弱，国家性和区域性增强。很长时期内，英国都只有牛津和剑桥两所大学可以拥有大学的地位。事实上，竞争也还是存在的，这就造成了后来英国大学的不断升级与新大学的出现。而美国大学更是由于激烈的竞争与升级造成的混乱导致了 20 世纪 60 年代美国加州高等教育规划的出台。总体而言，大学之间竞争的特点并不明显，所以，过去相当长的时期，大学中关于竞争的讨论并不多。

但是，发展到 20 世纪 70 年代，由于西方发达国家高等教育大众化带来的大学大扩张的结果，以及大学面临来自外部的一系列变革，如资金紧张、生源争夺、高等教育国际化以及新公共管理运动等，导致竞争的话语进入大学。为了应对竞争，各国大学都开始讨论如何提升大学竞争优势的问题，美国大学于 20 世纪 70 年代开始引入战略规划来提升大学的竞争力，而后很多国家的大学都开始使用这种来自企业界的工具以提升自己的竞争力。此外，各国不断出台各种大学排行榜等来对大学进行层次划分，与此同时，知识经济时代国家竞争力发展的要求也把大学竞争力推向了前台，从而给大学的发展带来了巨大的竞争压力。由此，关于大学竞争力的问题也开始进入人们的视野。

（一）大学核心竞争力的国外研究

1990 年 C. K. 普拉海拉德和 G·Hamel 在著名的《哈佛商业评论》发表了一篇具有标志性的文章，引入"核心竞争力"这个概念。他们把"核心竞争力"定义为技能和竞争力的组合，认为组织要在竞争中保持长期主动性，就必须培育自己的核心能力。[①]

1. 能力学派。以罗斯比和克里斯蒂森为代表，侧重于从组织能力分工角度来考察组织的竞争问题。该学派认为组织的竞争力是一个能力体系；积累、保持和运用能力开拓产品和市场是组织长期竞争优势的决定

---

① C. K. Parahalad, G·Hamel. The Core Competencies of the Corporation. Harvard Business Review. 1990.

因素；组织能力差异是组织持久竞争优势的源泉。[1] 组织能力理论强调主要从组织的资源出发而不是从市场优势出发来理解组织的竞争优势。组织核心竞争力的研究是从对组织能力或竞争力的研究开始的。最初把竞争力等同于能力，竞争力或技能是所有成功行为的核心。能力是一个组织比其他组织做得更加出色的一系列活动。能力可出现在既定的业务职能中。后来的研究又进一步提出了"独特竞争力"和"核心能力"，并强调组织的竞争力来自于其独特竞争力或比其他组织做得更好的地方。组织的战略目标是通过独特竞争获取机会，并由此取得竞争优势。[2]

2. 环境学派。以迈克尔·波特为代表，其重要理论包括五种力量行业结果竞争模型（同业者、替代业者、潜在业者、购买者与供应者）基本战略理论（成本优势战略、差异化优势战略和集中优势战略）、国家行业竞争模型。环境学派将竞争分析的注意力重点放在组织的外部环境上，认为市场结构对组织竞争优势的建立起重要作用；行业吸引力是组织是否赢利的主要决定因素；进入障碍决定组织是否拥有持久竞争优势；市场结构分析是组织制定竞争战略的主要依据。因此，这一阶段的竞争理论又被称为以市场结构为中心的理论。这一学派开发了一系列针对业务层次和组织战略层次的分析框架和方法，如帮助经理人员理解外部机会和竞争威胁的五种力量分析方法，战略专家运用这种方法分析产业吸引力和市场机会，在此分析的基础上形成战略，然后根据组织必须的技能来实施选定的战略。在组织层次上，该学派开发了资产组合规划法，帮助组织按竞争地位和产业吸引力分析资产组合中不同的业务。

3. 资源学派。资源学派又称资源依赖学派，是核心竞争力研究的主流学派。这一学派的理论家们认为环境学派把竞争战略制定的立足点过分地偏向外部分析，而环境的波动越来越大，这样会导致决策的波动性

---

① Hank A Post. Building a Strategy on Competencies. Elservier Science. 1997 （30）：733 - 735.

② 王春玲：《大学核心竞争力的研究》，辽宁工程技术大学 2006 年硕士论文，第 13—14 页。

和战略的不稳定性①。资源学派的学者强调把竞争力分析的注意力集中到组织自身上来，以培育组织的核心竞争性的竞争能力为主要方向，以创造组织可持续性的竞争力优势为战略目标，不断提高组织自身素质。这一学派的理论家们从资源、能力和市场结合的角度，提出广义的资源观点，把内部特征和能力看成是比反复无常的市场上的可变需求更稳定的靠山。他们把资源定义为组织的资产、知识、信息、能力、特点和组织程序，强调竞争力的基石——学习，识别了竞争力管理中的五个关键过程（竞争力的开发过程、扩散过程、集中过程、发挥过程、更新过程)②。美国的杰伊·巴尼是资源学派最著名的代表，他的《从内部寻找竞争优势》探究了资源依赖学派的理论性概念以帮助管理者理解组织战略层次的问题。他把资源定义为组织的资产、知识、信息、能力、特点和组织程序。③ 它们可以方便的分为财务、实物、人力和组织资源几种类型。

4. 组织与系统学派。组织与系统观的持有者则从一种更为整合与系统的观点来看待核心竞争力，把核心竞争力看作是组织各种竞争力、各种资源及各种制度的有机融合形成的一种独特的、其它组织难以模仿的竞争力。这种竞争力能使企业在特定经营中以竞争能力和竞争优势为基础的多方面技能、互补性资产和运行机制实现有机融合。体现在这种组织中的核心内涵是企业所专有的知识体系。这种核心竞争力的观点建立在企业战略和结构之上，以具备特殊技术的人为载体，涉及到众多层次的人员和组织的全部职能，因而，核心竞争力必须有沟通，有参与和跨越组织边界的共同视野和认同。库姆斯（CombeS）认为企业核心竞争力包括企业的技术能力以及将技术能力予以有效结合的组织能力。因此，企业核心竞争力是技术专长（包括产品和工艺在内）和有效配置这些专长的组织能力。亨德森（Henderson）和科克伯恩（Cockburn）认为核心

---

① R. Sanchez , A. Heene H. Thomas. Dynamics of Competence – based Competition. Theory and Practice. New Strategic Management. 1996（7）：256 – 281.

② J. Barney. Firm Resources and Sustained Competitive Advantage. . Journal ofManagement. 1991（17）：99 – 120.

③ Mansour Javidan. Core Competence：What Does it Mean in Practice. Elservier. 1998（31）：60 – 71.

能力有两个维度：元件能力与构架能力，二者紧密结合为企业的竞争优势提供强大的支撑。①

5. 文化学派。拉法和佐罗认为企业核心竞争力既存在于企业的操作子系统中，也存在于企业的文化子系统中，它处于人与人、以及人与环境的复杂关系中，而企业的核心竞争力则是企业技术核心竞争力、组织核心竞争力和文化核心竞争力的有机结合。核心竞争力的积累蕴藏在企业的文化中，渗透到整个组织中，而恰恰是依靠组织的共识为形成一个综合的、不可模仿的核心竞争力提供了坚实的基础。②

从以上讨论可以看到，对于竞争力的讨论各种各样，有强调技术因素的，有强调组织因素的，在强调知识因素的，有强调文化因素的。对于核心竞争力，林善浪的解释是，当前的研究已使核心竞争力进入了一个盲人摸象的阶段，核心竞争力到底是一种资源、一种能力、一种技术还是一种文化、一种制度，不同的学者理解相距甚远，以至于对核心竞争力到了说不清、道不明的阶段，同时，对竞争力的讨论是一种事后"诸葛亮"，即通过简单描述某个企业成功与失败来判定核心竞争力，从而无助于对竞争力的真正把握。

事实上，"企业是在一定制度下运用自身拥有的资源、能力为顾客创造有价值的产品或服务并从中获得回报的组织，资源、能力、制度对企业而言都是必不可少的要素，资源、能力和制度的有机结合，决定了企业的整体实力。"③ 其中资源包括物质性资源和非物质性资源等，是企业生存和发展的基础；能力是决定资源利用效率的基本因素，企业能力包括技术创新能力、生产制造能力、服务能力和管理能力等，企业能力是决定资源利用效率的基本因素，是以一定的资源为基础的。制度的本质是指人与人之间结成的社会关系的总和，制度规定了人们应该做什么或

----

① 李雪飞：《美国研究型大学竞争力发展策略研究》，华东师范大学 2008 年博士论文，第 27 页。

② 童利忠、丁胜利、马继征：《企业核心竞争力新论—理论与案例》，人民邮，电出版社 2006 年版，第 10—12 页。

③ 林善浪：《中国核心竞争力问题报告：问题·现状·挑战》，中国发展出版社 2005 年版，第 4—5 页。

不应该做什么，必须做什么或必须不做什么，制度决定了资源配置的方式，也影响企业能力发挥的程度。企业要参与市场竞争，都离不开资源、能力和制度这些要素，但要在激烈的市场竞争中胜出，并能够持续保持优势的企业，肯定在某些要素上比其他企业具有优势。[①]

所以，林善浪指出竞争力是由资源、能力和制度三方面综合作用的结果，竞争力的形成必须围绕着资源、能力和制度来进行企业竞争优势的提升，其中，竞争力是指企业的竞争优势，是指影响企业的各个要素的总体情况及其相互关系，而核心竞争力是指企业能够保持持续竞争优势的主要因素是什么。这一种观点是对竞争力从一个整体的层面加以把握并使竞争力及其形成机制逐渐清晰起来的一种重要的理论基础。核心竞争力理论与以往关于竞争力理论的超越在于核心竞争力理论在关注环境的同时，更为关注如何从内部能力的提升来达至竞争力提升的目的，核心竞争力理论突破了竞争战略理论对行业的过分关注，转而强调自身的核心能力，同时，核心竞争力理论引导人们从对企业内部的资源、能力等维度来考虑竞争力问题。

（二）大学核心竞争力的国内研究

大学肩负着传承文明、培养人才、创新科技和社会服务的重要职能，是我国实施"科教兴国"和"人才强国"战略的基础和先导，是国家综合实力和发展水平的重要标志。大学有没有核心竞争力，能否办出特色和水平，在国际竞争中是走强还是趋弱，对贯彻落实科技发展观，促进我国经济、社会全面、协调和可持续发展，并最终实现中华民族的伟大复兴剧有至关重要的作用。开展大学核心竞争力研究，提升大学整体竞争实力，是国家发展战略决定的，也是大学参与竞争，自主办学、自主发展、自我约束的需要。但是，与企业核心竞争力的研究相比，大学核心竞争力的研究还不够成熟，不仅体现在大学核心竞争力的管理、决策、应用等方面研究的不足，乃至于在大学核心竞争力本身是什么、由哪些基本要素构成以及怎样对大学核心竞争力进行科学客观的评价等问题上

---

①　林善浪：《中国核心竞争力问题报告：问题·现状·挑战》，中国发展出版社 2005 年版，第 5 页。

都未能形成比较一致的观点。

地方特色大学大多是由多所学校整合而成的，很自然地就"继承"了整合前各个学校的全部利弊，加之整合之后形成的院校散、全、杂、大的特性，使新建地方特色大学的发展面临着诸多的困境。比如，办学思想存在误区、专业设置不尽合理、办学条件不容乐观、师资队伍建设滞后、同质化现象比较严重、收入结构不合理、负债发展等等。一些具有前瞻性的学校领导对此有了非常清醒的认识。"本人作为新建地方特色大学——嘉应学院的一名办学者、领导者和管理者，在高等学校管理实践中，深感新建地方特色大学的发展环境欠佳、发展思路不明、发展前景堪忧。这种强烈的忧患意识和危机意识使我一直都在关注、思考、探索和研究新建地方特色大学的改革、建设与发展。"[①]

由于大学作为一个整体本身存在多样性和复杂性；由于不同的研究人员对大学不同的把握和理解，因而研究者所给出的大学核心竞争力定义也很不一样。归纳起来大致可分为：[②]

1. 技术观。认为高校核心竞争力是"以技术能力为核心，通过对战略决策、科学研究及其成果产业化、课程设置与讲授、人力资源开发、组织管理等的整合或通过其中某一要素效用凸现，而使学校获得持续竞争优势的能力。"北京师范大学经济学院赖得胜教授为主要代表人。[③]

2. 知识观。认为高校核心竞争力"是识别和提供优势的知识体系"，它"以大学基础设施为依托，以大学精神为共同愿望"，在"办学理念、组织管理、学术梯队、校园文化以及外部资源等竞争力诸要素协同作用"下形成，"是大学内部一系列互补的知识和技能的组合，它具有使高校达到国内甚至世界一流水平的能力"。[④] 基于知识共享的高等学校竞争战略系统的整合知识共享程度与知识的价值增值是成正比的。加大高等院校的知识共享程度对于增强高等学校竞争战略系统整合程度，有效推动人

① 邱国锋：《新建地方特色大学竞争战略选择研究——基于波特竞争理论的视角》，华中科技大学 2013 年博士论文，第 3 页。

② 王丽君：《大学核心竞争力及其评价研究》，青岛大学 2008 年硕士论文，第 5 页。

③ 赖德胜：《论大学核心竞争力》，《教育研究》2002 年第 7 期。

④ 林莉、刘云芳：《知识管理与大学核心竞争力》，《科技导报》2003 年第 5 期。

才培养，加强科学研究，推广社会服务职能都具有重大意义。并且也有助于将具有学校特色的隐性知识要素（例如校园文化、办学理念、管理风格等）渗透并作用于其他各项要素，从而形成核心竞争力更强、更不易被竞争对手模仿、更具独特性和持久性的高等学校竞争优势。①

3. 资源观。认为高校核心竞争力是高校的"优势资源"，是主体对高校资源有效运作而产生的，其表现为"深植于竞争主体的各种资源之中，以自身独有的核心能力为支撑点，在履行教学、科研、社会服务三大职能中运作自身资源所形成的整体。"②

4. 能力论。如北京师范大学的赖德胜、武向荣将大学核心竞争力定义为："大学以技术能力为核心，通过战略决策、科学研究及其成果产业化、课程设置与讲授、人力资源开发、组织管理等的整合或通过其中某一要素的效用凸现而使学校获得持续竞争优势的能力。"③

孟丽菊认为大学核心竞争力"主要是指大学在竞争和发展过程中与其他大学相比较所具有的吸引、争夺、拥有的控制、转化资源以及创造社会价值收益并为其社会提供知识和人才的能力"。④

5. 人力因素论。马士斌指出"在竞争条件下，影响高校竞争力的因素很多，人的因素是高校的核心竞争力，它体现在一所高校员工的数量、素质、结构、培植、激情、合作和竞争等七个方面"。⑤

6. 要素协同论。厦门大学教授别敦荣、田恩舜强调"大学和心竞争力是大学竞争力诸要素协同、整合的结果，客观存在的形成与发展是一个动态的过程，是以大学基础设施为依托、以大学精神为共同远景，办学理念、组织管理、学术梯队、校园文化以及校园外部资源等竞争力诸

---

①　邱国锋：《新建地方特色大学竞争战略选择研究——基于波特竞争理论的视角》，华中科技大学 2013 年博士论文，第 95 页。

②　别敦荣、田恩舜：《论大学和心竞争力及其实现途径》，《复旦教育论坛》2004 年第 1 期。

③　赖德胜、武向荣：《论大学核心竞争力》，《教育研究》2002 年第 7 期。

④　孟丽菊：《大学核心竞争力的含义及概念塑型》，《教育科学》2002 年第 3 期。

⑤　马士斌：《"战国时代"：高校核心竞争力的提升》，《学海》2000 年第 5 期。

要素协同作用的结果，具有动态型的特征"。① 李雪飞（2008）认为，资源、文化与能力是研究型大学竞争力的构成要素。而美国研究型大学也主要是通过获取优质办学资源，建设现代大学文化以及发展"人才培养、科学研究和社会服务"创新能力的路径来提升竞争力的。

　　资源是大学竞争力的基础。美国研究型大学通过多种策略为自己获取了大量的优质资源。美国研究型大学在资源获取上主要表现为：通过引、留、发展一体化等策略为大学赢得了大量的优秀教师资源；通过多渠道引资策略为大学获得了丰富的资金资源；通过灵活的招生政策、提供奖学金和面向世界招收优秀学生等举措为大学获得了优秀的学生资源。文化是大学竞争力的支柱。以大学理念为核心的精神文化和以现代大学制度为标志的制度文化等大学文化，是美国研究型大学文化建设中的着力点。美国研究型大学正是通过"从人才培养机构到社会动力站"的大学认识观、"个人发展、知识拓展和服务社会"三者有机融合的大学使命观、"特色与卓越"并驾齐驱的发展观为美国研究型大学的竞争力发展提供了良好的理念指导。通过"学术自由、大学自治、务实开放"的现代大学制度建设以及董事会、校长、学术评议会"三权分立"的内部治理制度为大学竞争力的发展提供了有力的制度文化保障。能力是大学竞争力的关键。

　　美国研究型大学一直以来都通过发展自身在"人才培养、科学研究和社会服务"方面的创新能力，有效地提升自己的人才培养、科学研究和社会服务水平，并使其更好地满足社会需要，为美国研究型大学的竞争力发展提供了能力方面的保障。大学是社会系统的子系统，美国研究型大学竞争力及其发展策略选择也受到了外部环境影响，美国政府的立法、资助与问责，美国的市场机制以及非政府组织的排名、认证、资助和方向引领等都对美国研究型大学竞争力的发展起到了有力的推动作用。②

---

　　① 别敦荣、田恩舜：《论大学核心竞争力及其提升途径》，2003 年《全国第一届院校发展研究学术研讨会资料》，第 10 页。

　　② 李雪飞：《美国研究型大学竞争力发展策略研究》，华东师范大学 2008 年博士论文，第 1 页。

除此之外，还有"学科核心论"、"综合素质论"等。虽说这些定义不一定全面、准确、完整，但都从某一侧面或某种程度上提出了大学和心竞争的本质，正是因为这种多样性才有利于我们多方面、多视角理解和把握大学核心竞争力。

（三）大学核心竞争力研究的贡献与不足

从以上梳理可以看出，对于大学核心竞争力的研讨各执一端，观点迥异。国外有强调能力、环境、资源、组织系统、文化要素的各种学说，国内又有伸张技术、知识、资源、能力，人力、要素协同等各类主张。事实上，大学既是一个环境依赖型组织，同时又是一个自主创生型组织，大学的内外环境、各种资源与要素等相互作用并对大学核心竞争力产生复杂的影响。因此，以上研究各自强调问题的某个要素或某个方面，是很有必要的、应该说取得了阶段性成果。

不可忽视的是，目前的研究描述性定义居多，未能根据"属加种差"的科学定义法严格加以规范，缺乏一般性与普遍性；对其本质的揭示未能从多中见一，缺乏统整性与单一性；对其构成要素和结构体系的分析未能揭示出要素间相互关系的层次结构，体系缺乏逻辑性与整体性。根据林善浪的观点，当前的理论研究已使大学核心竞争力进入了一个盲人摸象的阶段，核心竞争力到底是一种能力、一种资源、一种文化还是一种技术、一种组织制度，不同的学者理解相距甚远，以至于对核心竞争力问题的研讨到了一个混沌不清的阶段；同时，对竞争力的实践探索陷入一种事后诸葛和马后炮的困境，即通过简单描述某个大学成功经验与失败个例来判定核心竞争力，从而无助于对竞争力的整体的和真正的把握。理论困境与实践需要，呼唤一个从整体的层面加以把握并使竞争力及其形成机制逐渐清晰起来的一种理论，即既具有坚实理论基础又对实践具有决策性和操作性的、贯通理论与实践的体系化的"中层理论"。

（四）大学竞争力与企业竞争力的异同

1. 大学竞争力与企业竞争力的不同之处

大学竞争力与企业竞争力的不同主要在于二者发展指向上的不同，企业作为一个经济组织，其竞争目的在于获得更多的利润，能否在竞争中彻底打败竞争对手，为企业赢得更多的利润是企业竞争力的目的所在。

因此企业通常会以扩大市场占有率等途径来实现自己的竞争力，那些能获得最大市场和利润的企业将成为最有竞争力的企业。大学是一个基于声誉的组织，对于大学而言，获得良好的社会声誉是大学在竞争群体中脱颖而出的关键，而大学要想获得良好的社会声誉就必须具有三个方面的条件：

其一，大学要有作为学术组织自身的精神文化。大学是一个文化的组织，对于大学而言，必须要有能够使大学保持学术组织本色的文化涵养，坚守自己传统的理想价值，那些具有文化底蕴与精神气质的大学往往成为学人向往的场所；

其二，大学必须要能够进行高水平的人才培养和生产高深知识，高水平的人才培养以及生产高深知识是大学作为一个学术组织存在的最本质的地方" 不能培养高水平人才和生产高深知识的大学不可能具有竞争力。

其三，大学作为一个社会组织，大学自身没有资源，大学的资源依赖于外界的供给，而大学培养的人才和生产的知识也必须被社会所接受。为此，大学一方面要能够培养高水平人才和生产高深知识，另一方面，其人才培养和科学研究必须要能满足社会需要，同时还必须运用自身资源和科研能力来更好地服务社会，否则大学就将得不到外界的认可与支持。如16、17世纪的牛津和剑桥大学尽管学术氛围仍存，大学精神也仍在，但由于大学没能很好地跟上社会发展，满足社会对大学的要求，从而使大学门可罗雀。而19世纪中后期美国研究型大学的崛起则是与美国研究型大学的社会服务职能的引入分不开的。因此，大学竞争力要求大学必须能够满足社会的要求。总之，从大学竞争力来看，那些既能得到同行认可，又能满足社会要求的大学才能具有竞争力。[①]

2. 大学竞争力与企业竞争力的相似之处

研究型大学（以下简称大学）与企业同样作为一个组织，其竞争力又具有相似之处，这种相似之处主要体现在竞争力的形成上。不论是大

---

① 李雪飞：《美国研究型大学竞争力发展策略研究》，华东师范大学2008年博士论文，第34页。

学还是企业要想具有竞争优势都必须关注竞争力的构成要素，都必须通过优化竞争力的构成要素来达成竞争力。

第一，不论是大学竞争力还是企业竞争力都必须建立在资源基础之上，优秀的人才和资金等资源是竞争力产生的基础，没有这些资源，大学和企业的竞争力就如无源之水、无本之木。因此，与企业一样，大学作为一个组织必须要有保证企业获得竞争力的优秀资源，其中特别是优秀的人才资源，这一点是共通的地方，只有通过吸引优秀人才并充分发挥他们的能力，组织才可能有竞争力；

第二，不论是大学竞争力还是企业竞争力都会受到组织能力的影响。与企业核心产品的研发、以及将新技术用于产品生产的能力对于企业竞争力的重大影响一样，大学的竞争力也会受到大学核心能力—即大学在人才培养、科学研究、社会服务上的创新能力的影响，只有在自己的关键能力上能够做到出类拔萃，不可模仿，同时又具有社会价值，满足社会需求，组织才可能具有竞争力；

第三，不论是大学竞争力还是企业竞争力都需要一定的文化做为支撑。组织的理念和相应的制度文化等对组织的发展起到一个指导性的作用，但在这一点上，大学作为一个文化组织在竞争力中对文化的要求比企业要高得多，其在竞争力中所发挥的作用也重要得多。

因此，尽管大学和企业在竞争目的等方面存在着诸多不同，但大学竞争力的构成要素与企业竞争力的构成要素也存在很多相似之处，所以关于企业竞争力的理论也常被运用至大学竞争力的分析中。

此外，大学与企业的竞争力都有一个共同特点：即求新求异者胜。特色和亮点是它们赢得社会尊重和市场需要的重要法宝之一。一所缺乏特色的大学不可能成长为高水平大学；一个缺乏特色产品的企业同样不可能成为名牌企业。这应是地方大学摆脱劣势地位、努力成为地方特色大学的永恒信念。

第三节　大学核心竞争力"中介平台论"的建构

在创建高水平大学和一流大学背景下，大学的核心竞争力问题的研究备受关注。然而，综观国内外的相关研究，对其定义、本质、要素和体系的描述观点各异，尚未达成共识。一般而论，描述性定义居多，未能根据严格的科学定义法严格加以规范，缺乏一般性与普遍性；未能揭示其本质，缺乏内在性与系统性；对其构成要素和结构体系的分析未能揭示出要素间相互关系的层次结构，体系缺乏逻辑性与整体性。

　　我们认为：大学核心竞争力是指在大学发展竞争中处于核心和关键地位的体系化能力；本质是一种能把"理念、制度、资源"等多种要素和潜能有效转化为多种能力并将其有效组合为整体合力的动力机制；并进而提出"中介平台论"的结构体系观点，认为大学核心竞争力是包括"质量＋平台＋资源"的"三位一体"的中介平台化结构体系，其关键和枢纽是"学科建设体系平台"和"课程建设体系平台"两大中介平台，唯有通过这两大中介平台才能将资源要素转化为质量目标。这一制度化体系化平台以"大学精神文化"为基石与支点，以"三类七种资源"为结构性支撑，以"学生品质"和"学术贡献"为最终结果和体现。大学核心竞争力之中介平台论所揭示的层次性关联性中介平台结构显现"中层理论"特质，对大学形成科学明晰的竞争发展的思路与决策具有重要意义。

一　中介论与平台论：概念、原理、功能与意义

（一）中介论

　　"中介"概念及其论述首见于黑格尔著作中，是其最常见的哲学概念之一，它在黑格尔哲学的概念体系中所处的地位和所起的作用十分重要。在德语中，"中介"一词的基本意义是居间联系（介绍、连接）；引伸义是居间调解。[①] 中介现象在客观世界中普遍存在。黑格尔是承认中介的普遍性的，他说："中介的环节……在一切地方、一切事物、每一概念中都可以找到。"[②] 恩格斯曾经用人和陨石为例来说明这个道理。他指出，乍看起来，这样两种性质迥异的东西彼此毫无共同之处，没有任何联系

---

① 王鹏令：《论中介》，《中国社会科学》1981 年 2 期。
② 同上。

可谈。

总括起来说，黑格尔哲学中所说的"中介"，其基本含义和功能在于：第一，中介是不同范畴之居间联系的环节；第二，中介作为逻辑理念自身发展的中间环节；第三，作为居间调解的环节；第四，作为对立范畴的一种相互关系；第五，作为事物发展的过渡阶段；第六，变化的重要条件；第七，转化的桥梁、纽带和关键。这些均是中介概念之基本含义的特殊表现和合理引伸。而且，中介作为以上诸点的综合，黑格尔论证了他的逻辑体系是一个不可分割的整体：不仅对立范畴互相密切联系，而且每一范畴都通过其他范畴作为中介而与任何其他范畴间接地联系着。因此，对其中任何一个范畴都不能孤立地、抽象地把握，而必须从它与其他范畴的直接联系和间接联系两个方面，必须将它置于整个逻辑学体系的错综复杂的普遍联系之中加以理解。所以，"要真正地认识事物，就必须把握、研究它的一切方面、一切联系和'中介'。"① 这些都闪耀着辩证法的光彩！中介论意义表现在：

首先，形成中层理论。② 过去我们只注重基础理论研究与实践经验总结，缺乏由理论到实践的中间环节，极易造成理论与实践"两张皮"。以中介论为依据形成的中层理论，如决策理论、对策理论等，因具有较强的针对性、操作性、程序性，成为理论原理与实施方案与举措之间的桥梁与纽带，同时也为解决理论与实践之间的相互隔阂与指责、形成二者间必要的距离与张力提供合法性基础与依据；

其次，提供中介制度。要将思想与理念转化为实际行为，需要制度体系及其建制的保障。制度体系与建制具有规范、规训、整合、约束与激励的多种功能，是理念转化为行为的基本前提与必要条件；

再次，构架中介平台。平台是指在一定理念指导下，连接供需双方一套整合资源、组织生产的基本构架和规则体系，因此平台也是一种链接各方的"中介"，并具有将资源要素有效整合、转化为能力与成果的独

---

① 王鹏令：《论中介》，《中国社会科学》1981 年第 2 期。

② 周光礼：《政策分析与院校研究：中国高等教育研究的中层理论建构》，《高等教育研究》2009 年第 10 期。

特功能。总之，中介论的光辉思想，为我们研究"大学核心竞争力"这一复杂概念和范畴提供了重要的认识论和方法论工具，成为我们以课程和学科这两大"中介"来搭建大学核心竞争力"中层"平台，实现其"表层"能力体现和"里层"资源条件有机联系及其相互转化的坚实理论基础和强大思想武器。

（二）平台论

平台，原指船体结构中作为安装设备、人员工作等用途的局部水平板架。自从被应用于汽车制造业并产生巨大成效以来，平台的概念、思想和战略便逐渐推广，于是平台一词有了更为广泛的内涵。据百度百科的科技名词解释，技术意义上的"平台"概念目前主要有三种：一是基于快速开发目的技术平台，二是基于业务逻辑复用的业务平台，封装行业知识积累和行业解决方案，能够最大限度的实现知识的复用；三是基于系统自维护，自扩展的应用平台。技术平台和业务平台都是软件开发人员使用的平台，而应用平台则是应用软件用户使用的平台。一般意义而言，平台是人们进行交流、交易、学习的具有很强互动性质的舞台，可以泛指进行某项工作所需的环境、条件、空间和运行机制。

由于平台类型和功能的多样性，给其下一个明确定义是困难的，目前只对其进行性状与功能的描述，但很难把握其一般性的本质特征。本研究在总结现有研究基础上，尝试给出一个定义、指明内涵并描述其特征，平台就是指在一定理念指导下，连接供需双方一套整合资源、组织生产的基本构架和规则体系。

其理念就是提供与保障核心价值，节减与优化创新交易成本。平台具有三大内涵与属性，一是模块。不是杂乱无序的拼盘与堆砌，而是在理念指导下的有机逻辑结构，具有空间逻辑的结构性、时间逻辑的有序性和生态逻辑的有机性；二是标准。就是一套多方共享的公开公平公正的游戏规则；三是界面。界面是相关利益各方参与平台的入口和门户，必须具有人本性与友好性。体现简洁、明了、友好的风格。以增强对参与各方的吸引力和服务性。平台的特征与功能为：基础性、支撑性、整合性、结构性、兼容性和发展性。这些主要特性决定了平台可以营造融洽、信任的氛围，可以包容多样性，方便交流合作与发展伙伴关系，容易成为变革和创新的实验室。因此，平台作为一种杠杆或舞台，提供了相关利益方交流、合作或竞技的机会与现实性，是诞生创造性和提升效率的必要保障。

当前较为流行的平台战略是从 20 世纪 90 年代开始诞生的，通常指汽车企业集团的一种既经济又高效的运行机制，最初主要目的是为了增加产品多样化，更好更迅速地对消费者的需求做出反应，并达到理想的规模效应，就是要使汽车企业集团实现"经济"和"高效"两大目的。其基本思想是用尽可能少的模块选配组合而构筑出尽可能多的产品。随着时间的推移，现在的平台战略得到了更好的改进，它可以在同一平台上生产跨品牌、跨车型的车辆。① 从这段渊源可以看出，平台战略是资源整合以加快创新与提高效率的产物，具有广阔的应用前景。因此，平台战略也被广泛应用到社会其他领域，本研究将其应用于教育领域，初步显示出对大学核心竞争力研究的强旺生命力与解释力。

二　大学核心竞争力：定义与本质

1990 年，美国管理学家 C. K. 普拉海拉德和 G·哈默尔（Hamel）在著名的《哈佛商业评论》发表"企业的核心竞争力"这篇具有标志性的文章，引入"核心竞争力"这个概念。他们把"核心竞争力"定义为技能和竞争力的组合，认为组织要在竞争中保持长期主动性，就必须培育自己的核心能力。② 核心竞争力是企业在特定经营环境中的竞争能力和竞争优势的合力。核心竞争力的大小不仅在于拥有多少资金、人才、设备和原材料等资源，更加重要的是这些资源是否集中在关键的环节或领域；核心竞争力不仅仅是表现为关键技术、关键设备或者企业的运行机制，而更为重要的是它们之间的有机融合，是各种能力的提升；核心竞争力主要不是来自有形的资源，而是来自无形的资源；核心竞争力不是来自一种产品或者技术的拥有，而是来自多种知识与技能的综合，具有很高

---

① 雷霆生：《领悟平台战略》，《汽车商业评论》2010 年第 5 期。

② C. K. Parahalad, G·Hamel. The Core Competencies of the Corporation. Harvard Business Review. 1990.

的可保持性。[①]

国内相关研究中，李雪飞（2008）认为，美国研究型大学的竞争力依赖于资源、文化、能力三大要素，也就是说竞争力就是这三大要素的组合，[②] 这显然是一种描述性而非规范性定义；王丽君（2008）指出大学核心竞争力的本质是竞争资源与竞争能力的结合，[③] 也有尚未"化多为一"之嫌，也给人有意犹未尽、隔靴搔痒之感。本研究认为，大学核心竞争力，依据属加种差定义法，就是指在大学生存发展过程中处于基础和关键地位的能力。

竞争力就其本义而言，就是一种能力，"能力"就是其所"属"，其内涵与"种差"就是这种能力的强弱会对其他能力的形成及发挥有着促进或制约的重要作用。因此，这种能力本质上是一种能够生成能力的特殊能力，是一种动力机制。换言之，也就即是一种能把多种资源有效转化为能力，并将多种能力有效组织起来形成强大合力的一种动力机制。通过中介论与平台论的视角，我们发现这种特殊能力其特殊性就表现在，它是一种复合性的体系化能力，呈现出层次性、中介性和平台性的体系化结构特征。有效的动力机制不是凭空产生、"横空出世"的，而是以制度为规范，以理念为引领，以文化为根基，以资源为依托的，是文化、制度、资源的有机结合，它通过组织化、层次化、结构化的方式体现出来，其形态就是中介平台的枢纽结构。唯有从整体的、系统的高度和广度来把握，并在深度上分辨透视其层次性、中介性和平台性的体系化结构特征，才能完整、准确把握大学核心竞争力的全部特征。

三　大学核心竞争力：中介平台论的建构

（一）大学核心竞争力要素协同论：启示与不足

李雪飞（2008）认为：美国研究型大学的竞争力依赖于资源、文化、

---

① 朱小娟：《产业竞争力研究的理论、方法和应用》，首都经济贸易大学2004年硕士论文，第18页。

② 李雪飞：《美国研究型大学竞争力发展策略研究》，华东师范大学2008年博士论文，第47页。

③ 王丽君：《大学核心竞争力及其评价研究》，青岛大学2008年硕士论文，第18—19页。

能力三大要素，其中，资源在研究型大学竞争力中起基础性的作用，文化在研究型大学竞争力中起支撑与保障作用，能力对研究型大学竞争力则起着关键性的作用。而要获得竞争力就要求大学必须通过优化要素，即采取相应的策略去获得优质资源、培养适宜的文化和发展大学的创新能力。从美国研究型大学的实际情况看，美国研究型大学的竞争力除受到大学内部的资源、文化、能力等发展策略的影响外，其竞争力及其发展策略的选择还受到外部环境的重要影响，政府、市场和非政府组织都对美国研究型大学竞争力及其发展策略选择产生了影响。[1]

（二）大学核心竞争力"中介平台论"：体系与构架

竞争力是一个由产品质量、中介平台和支撑资源构成的体系化能力，它由三类六大资源支撑、两大质量体现以．及两大平台中介体系构成。也就是，大学核心竞争力由从外到内、由显到隐的外部表现层、中部核心层、内部基础层三大层次构成，外部表现层由其两大产品质量——知识创新和人才培养的质量两大要素组成，也可称之为质量标准层；中部核心层由学科体系和课程体系两大要素构成，也可称之为平台枢纽层；内部基础层由三类六大资源构成，也可称之为资源保障层。

依据从外到内、由显到隐的直观思路，大学竞争力的最终只能由其践履职能的成效来体现和检验，而大学四大职能中人才培养和科学研究是最基本的初始的"原生"职能，因此，其表现就是其两大产品—知识和人才的质量，这是大学水平实力的最直接和直观的体现，也是衡量和检验其竞争力的最终标准。那么，知识创新和人才培养依靠什么来支撑呢？诸多要素和资源都对其有影响作用，问题的关键是要找出最为主要、关键和直接的要素。显然，知识创新、也就是科学研究的直接支撑要素是学科体系建设，因为其涵盖了科研的人—师资队伍、财—项目基金、物—设施基地、学—学术领域、方向以及期刊成果等有机组合的多个方面；而人才培养的直接支持要素是课程体系建设，任何影响学生成长的要素只有通过课程体系，才能对学生发生直接和有效的作用。

---

① 李雪飞：《美国研究型大学竞争力发展策略研究》，华东师范大学 2008 年博士论文，第47 页。

因此，可以毫不夸张地说，学科体系建设和课程体系建设，是大学诸多资源和要素有效转化为产出—科研水平和人才质量的中介和平台、枢纽和关键，是影响和提升大学核心竞争力的"牛鼻子"。任何一所大学，学科体系建设和课程体系建设是其最为重要和关键的制度建设，是创新中最重要的"制度创新"，唯有牢牢把握和紧密围绕"学科建设"和"课程建设"这个枢纽和关键，抓牢和扭住这个"牛鼻子"，才能达到"纲举目张"的效果。如果这个"牛鼻子"抓的不准不牢，无意忽视或有意回避学科体系和课程体系这一"中介平台"的建设，就会使科研和学生的质量失去直接有效的支撑，也使学校内外的资源失去有效的引领、激发和整合，最终会导致学校的宗旨偏离、理念虚置、资源浪费、行为无序的"口号化"、"虚浮化"的"空转"状态，这就是大学发展上"理念与实践脱节"、"说一套做一套、"管理混乱"等问题丛生的"症结"。

而要加强学科体系和课程体系建设，并达成科研和学生产品质量和维持质量的持续提高和改进，必须要依赖三类六大资源的持续和有效的支撑，第一类是硬件资源，也就是人力资源、财力资源和物质资源，这类资源也可称之为显性资源；第二类是软件资源，也可称之为文化资源，包括精神文化资源、制度文化资源、组织文化资源和行为文化资源，这类资源也可称之为隐性资源；第三类是环境资源，也可称之为中介资源，即大学诗意地栖息其中的人造自然—大学校园生态环境，此类资源也可称之为中性资源。

资源构成产品质量的源头活水，否则质量保持和提高的动力就会枯竭，难以为继。当然，从大文化的角度，也可以把硬件资源称之为物质文化，将环境资源称之为生态文化，将软件资源称之为精神—行为文化资源或知行文化资源。问题的关键是，资源基础只是为产品质量提供可能性，构成其品质的潜能，并不直接生成质量；要将资源转化为质量，还必须要通过一个"组织、实施、运作和承载"的"中介和平台"，这就是"两大体系"，一是保证人才培养质量的"课程体系"，二是保证科研质量的师资"学科体系"，否则，资源就缺乏整合和转化的平台，就会成为"无效资源"，无效资源不光使现存资源失效，还会制约"新资源"的开发和创生。

　　大学核心竞争力"中介平台论"之所以将"学科建设体系"和"课程建设体系"作为整个体系的关键、津梁和纽带，强调和凸显其重要地位，是因为它向上直接联系和承载竞争力体系的最终目标和评量标准——学生品质和学术贡献。之所以用之取代"学生质量"和"科研质量"这种一般的表述，意在强调学生的人格养成和学术成就的社会效益与历史沉淀等维度，是对现今唯功利化和唯定量化标准的反思和修正；向下直接联系和组织、整合、聚集三类七种资源。学科建设和课程建设体系，就是一套"建设理念＋建设制度＋资源保障"相互配套、有机结合的系统，其中建设理念、建设制度基本对应于软件资源，即三大文化资源；资源保障基本对应于硬件资源和环境资源。

　　就硬件建设而言，要更加重视软件建设。软件资源，亦可称非物质性组织文化资源，它一般由精神文化资源、制度文化资源、行为文化资源组成；环境资源既不属于硬件也不属于硬件，而是一类独特的生态资源，是极易被忽视的资源，但其作为大学和大学人的栖息之地，是大学和大学人时间、空间和生态的多维载体，是大学和大学人精神、灵魂和人性的"家园"、"精舍"、"象牙塔"和"伊甸园"，其重要性随人类文明、教养和品质的进程而与日俱增。

　　在学术贡献与学术品质关系上，相对于学术贡献来说，更为重要的是学生品质。从大学职能的发生来看，人才培养是第一职能，也是最重要和最基本的职能，大学如果不将人才培养置于其它职能之上，就与研究所、以及其它社会机构失去差别，也就会丧失其独特的存在价值；二是从人本主义的意义上看，人是一切的尺度和中心，知识以及其它任何事物永远不可以、也不可能僭越和主宰人类自身。

　　综上所述，大学核心竞争力"质量＋平台＋资源""三位一体"体系结构如图2、图3所示。图1"火箭"模型中，两大中介平台相当于"心脏"—"发动机"，将"资源"燃料转化为动能以达成目标的实现。反之，如果"发动机"低效甚或失灵，则会造成原料利用的低效与浪费，影响质量目标的抵达；图2"金字塔"模型中，两大中介平台相当于"承上启下"的中坚和枢纽，植根于资源而支撑起质量目标。反之，如果中坚平台"松散"乃至"解构"，必然导致质量目标的"垮塌"及资源基础的"空置"。

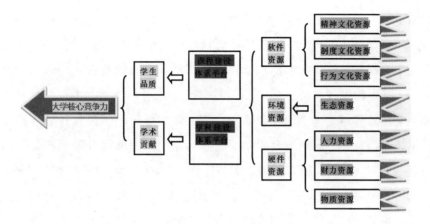

图1　大学核心竞争力"质量＋平台＋资源"

"三位一体"结构体系"火箭"模型

图2　大学核心竞争力"质量＋平台＋资源"

"三位一体"体系结构的金字塔模型：

（三）"学科体系建设"与"课程体系建设"中介平台：内涵与搭建

学科是大学的基本元素，是人才聚集的中心，是广大师生发挥作用的基地。一个学校要有特色，有重点，有品牌，有竞争力和竞争优势，都离不开独特而优势的学科和学科群。美国学者伯顿·克拉克指出："无论哪里，高等教育的工作都按学科（Discipline）和院校（Institution）组成两个基本的纵横交叉的模式。"①"在现代社会中，人才培养、科学研究和社会服务依然是大学的主要职能，而大学中的学科就是各种职能的具体承担者。只有不断地提高大学中的学科水平，才能更好地承担起大学应尽的职责。任何一所大学的水平和地位，都取决于它的学科水平。"②

有效的"学科体系"包括有效的学科理念、有效的学科组织和有效的学科保障。有效的学科建设理念等同于科学的学科发展理念，应遵循学科发展规律和人的学术成长规律，实现二者的和谐统一；具体而言，就是要坚持"以人为本"的理念，以统筹兼顾各学科及学科建制的各个方面为根本方法、以实现学科总体的全面、协调、持续发展。

学科建制的组织结构包括如下要素：人—师资队伍；财—项目基金；物—设施基地；学—学术领域、方向；学科专业、课程；以及学科期刊成果等有机组合的多个要素的学科建制结构体系。关于学科建制组织发展以及学术发展的讨论很多，本研究不另赘述，只是想特别强调其中人—师资队伍的建设是最为关键的要素，人才引、留、养、用的完整制度和行为体系，即吸引、挽留、信养，善用的制度和行为体系是学科体系建设的中心和关键。

学科保障要保障学科建制组织的各个方面和要素，但最重要的是保障"以人为本"理念中的"人"，这是最容易被忽视的和最值得强调和警示的要素。学科建设制度体系的目的是学术贡献，学术贡献和学科建设是大学的表征与标志，在大学发展及高水平大学建设浪潮中，其重要性与日俱增。但不可忽视的是，无论从出发点还是归宿点来说，学术和学

---

① ［美］伯顿·R·克拉克著，王承绪等译：《高等教育系统》，杭州大学出版社1994年版，第6页。

② 冯向东：《学科、专业建设与人才培养》，《高等教育研究》2002年第5期。

科的最终服务者和承载着是人，人本身才是学术学科的最终意义、目的和决定性的因素。学术管理唯"绩效化"及学术评价唯"定量化"的"企业化"方式带来的恶果已在显现。任何非人性的企业化产品化的管理控制及杀鸡取卵，竭泽而渔的做法只能适得其反，其恶果必然、也正在渐渐显现。

因此，在任何条件下，学术研究和学科建设必须要以教师为中心，不是以任何目的和说辞的对教师这一生而有权的"失权"群体的限制与盘剥，而是对教师这一"生灵"与"准精英"的保障、保护与激励。

首先是保障。即保障教师不低于社会中产阶层的生活待遇和水准，体现对知识的切实尊重，保障精英能拥有一种有尊严的生活，这是一个国家民族获得尊重和尊严的底线—奈何一再突破这一底线，致使全社会底线失守、"反智"成为常态；

其次是保护。也就是大学作为一个承载独特使命的社会组织，负有保护教师学术自由的义务和责任，包括教学、研究与发表的自由，也就是思想与言论的自由；

其三是激励。即对教师践履大学教学、科研、社会服务、文化传承创新等职能取得的成就给予精神、物质的激励。"教师是太阳底下最光辉的职业"，对教师的荣耀与激励，圣洁且崇高，其实也就是激励与荣耀大学自身和人类自身。一流大学、一流学术、一流学科、的创建与发展，亟需创建与发展"重人、崇智"的新常态、新生态与新文化。

总之，学科建设就是遵循学术研究和人才养成的规律，建立良好的学术生态，促进教师的学术积累和学术成长。"大学中的任何一门学科都只是该学科"共同体"中的亚群体。每一所大学的学科发展都离不开学科"共同体"的发展背景，并且以自己的学术成果对该学科的发展做出贡献。促进学科的发展，是大学学科建设的重要甚至是首要的目标，但决不是它惟一的目标和任务"。"大学中的学科水平，既应该体现在推动学科发展的贡献上，也应该体现在利用学科发展成果培养人才和研究、解决社会现实问题的贡献上。""学科为人才培养提供的是教师、基地和课程（按照一定的知识体系组织的教学内容）。"①

　　课程建设的基础、核心和中介的地位已逐渐成为学界共识并引起积极关注。中国高等教育学会院校研究分会 2014 年年会就是以"大学课程建设与本科教学改革"为主题，分会会长刘献君教授大力倡导"院校研究、建设"要落实到"课程研究、建设"，指出"实现以学生为中心的本科教学变革，核心是要进行课程改革。课程是教育教学活动的基本依据，是实现教育目标的基本保证，是学校一切活动的中介。…课程建设决不仅仅是教师的事，而是一项合作事业，需要学校领导、教师、专家、学生、校友和社会各方面的广泛参与。其中，学校负有重要的领导责任。"②

　　有效的课程体系包括有效的课程理念、有效的课程结构和有效的课程实施，有效的课程理念应该是普世通行的"通识教育"理念；有效的课程体系结构应该是"通识教育 + 专业教育 + 实践教育"三位一体的课程结构，从而使课程体系功能的有效性得以发挥，并通过课程功能的完善发挥而最终形成人才培养的质量。课程体系平台的搭建的前提条件是制度保障与资源供给，关键和核心是课程体系的组成与结构，通识教育课程结构体系比较有影响的有"核心课程"模式和"经典阅读"模式，对通识教育模式及其选择优化以及"中国化"、"校本化"的讨论显然超出了本文范围，但不妨碍笔者认为通识教育模式是当下普世通行的、最好的模式，因为：从现实意义看，在一个社会日益"碎片化"的时代，它是哈佛大学的第 23 任校长詹姆斯·柯南特（James B. Conant）追求的打造社会"文化共同体"、"文化模式"或"文化熔炉"的最佳方式；③从终极意义看，在一个马斯洛认为"我们时代的根本疾患是价值的沦丧……这种危险比历史上任何时候都严重"的时代，④ 它是最具人性化

---

　　① 　冯向东：《学科、专业建设与人才培养》，《高等教育研究》2002 年第 5 期。

　　② 　刘献君：《抓住四个关键问题 加强大学本科课程建设》，2014 年中国高等教育学会院校研究分会：《"大学课程建设与本科教学改革"国际会议暨 2014 年中国高等教育学会院校研究分会年会论文集》，第 1 页。

　　③ 　甘阳：《哈佛之路：哈佛三校长的选择》新浪网，2006 年 07 月 01 日

　　④ 　[美] 亚伯拉罕·哈罗德·马斯洛：《人性能达到的境界》，北京燕山出版社 2013 年版，（前言）第 1 页。

的、最接近马克思"为了人的全面发展与自由解放"的教育模式。最后是实施，即良好的教学方式和过程。

学生品质的完善除了课程体系这个最主要的载体和平台外，还有一个基本的要求，那就是要以学生为中心，以学生为中心包括三个基本方面。其一是保障学生的自主学习的时间、空间、设备和书籍等条件，并对其阅读的内容及研究的方法进行科学指导；其次是提升学生生活质量和交往的条件，有效发挥大学校园生活陶冶的功能，第三是提升学生的智慧与精神境界，开启精神关照之天窗。总之，课程建设制度体系的直接目的是遵循知识传授的教学规律来完善课程，通过建立良好的教学生态，最终更好促进学生人格、品质的提升和完善。由此可见，两大中介平台体系的立足点是"以人为本"，也就是以学生为本，以学生的发展为本的"课程体系"和以教师为本，以教师的发展为本的"学科体系"。学科建设与课程建设的三个保障条件具有一定意义上的"同型性"，其基点就是建立"重人、崇智"的新常态。

可见，大学核心竞争力"中介平台论"的构建，具有重要的理论与实践意义。首先，大学核心竞争力"中介平台论"有利克服教育领域"理论与实践""两张皮"痼疾。由于理论与实践之间固有的、不可避免的张力与距离，易于导致理论与实践的"疏离"。"中介平台论"作为理论与实践之间的"中层理论"和"决策理论"，有效成为将教育理论与教育实践紧密相连的关键、纽带与津梁；

其次，大学核心竞争力"中介平台论"有利大学明晰发展思路和把握发展关键。"中介平台论"所揭示的"学科建设平台"和"课程建设平台"作为深层次"资源要素"与表层次"质量目标"之间的中介、平台，成为两极间的环节、过程与手段，从而有效实现了两极间的过渡、转化与链接，为大学明晰发展思路和把握发展关键提供了清晰有效的方向和路径；

最后，大学核心竞争力"中介平台论"有利形成中介思维与平台战略。长期以来，我们习惯于机械的、"形而上"的"两分化"二元对立的、割裂的思维模式，易于形成非白即黑、非此即彼的武断，也导致了要么惯于理论与实践的对立与指责、要么追求将理论对实践的直接指导甚至等同的两极思维。"中介平台论"所揭示的层次、过程、环节过渡、转化的观点与思维模式，有助我们形成中介思维与平台战略，从而有利我们链接理论与实践、有效转化资源以达成目标，以促进大学核心竞争力的有效提升和持续发展。

大学核心竞争力的理论和实践有力地证明：无论过去、现在还是未来，任何大学都不可能是"闲云野鹤"、自闭于大学之林，而作壁上观。所有大学都在逆水行舟，不进则退。既然有竞争，也就有淘汰。尽管不同于竞技体育那样残酷，也不可能让任何一所不思进取、误人子弟的大学安逸地存在，毕竟，这是对资源的极大浪费，也是对大学名号的玷污。

地方大学作为高等教育的底层，不能自甘于垫底，必须通过行之有效的途径提高核心竞争力。这既是自我实现的需要，也是夯实整个高等教育基础的需要。没有核心竞争力，先天弱势的地方大学将永难有出头之日；而较强的核心竞争力则是地方大学迈向地方特色大学的基础。易言之，缺乏核心竞争力，任何特色都只是随时可以更换和脱下的外套，并未深入肌体和骨髓。

第 十 章

地方特色大学科研与大学职能

第一节　地方特色大学科研与人才培养的正向关联

现代大学已从社会边缘进入中心，随之其承担的任务、扮演的角色和履行的职能也日见增多。传统大学职能观是"三职能论"，即人才培养、科学研究和社会服务，国内近年将"文化传承创新"作为第四职能，发展成为"四职能论"。大学四大职能中，育人和科研始终是两大基本职能。对任何大学而言，育人是根本，科研是关键。其实，以1809年德国柏林大学创立为标志，洪堡在创生"科研"职能时，就是依据其"研究教学合一"的原则，其意为育人与科研两大职能是互为补充和相互促进的。职能间的"和谐共处"自洪堡起得到了学界的论证并被人们从"理论"上认可和接受。

然而，目前实际情形是，诸多大学育人及其基本方式—教学，与科研常常处于矛盾与对立之中，两者之间相互指责对方过多占据了有限的时间、精力与资源，从而影响了己方的成效与质量。我们认为，之所以出现这一"实然"现象与"应然"规律相违背的问题，其根源仍在于对科研与育人—教学的互补关系、尤其是科研对育人至关重要的积极作用缺乏清晰把握和正确认识。

一　"科研"有利于学生养成"崇尚学术"的进取精神

"科研"职能首创者洪堡认为，大学兼有双重任务，一是对科学的探求，一是个性与道德的修养。他说的科学指纯科学，即哲学。而修养是人作为社会人应具有的素质，是个性全面发展的结果，它与专门的能力和技艺无关。① 在其《论国家的作用》一书中，洪堡阐明了要求改革旧秩序的政治立场，他反对激进式的革命，同时也反对保守传统。他认为体制变革应采取渐进与沉稳的方式进行，即以个体精神意识的提高为基础和重心，首先使人在精神意识上得到解放和提升，而实现此任务的途径唯有教育，其用意是通过个体自身精神意识的完善，以人的素质提升形成的合力来达到改革政治的目的。② 因此，他非常重视建立一所新的大学，以在振兴民族国家中起重要作用，他认为："大学是一种最高手段，通过它，普鲁士才能为自己赢得在德意志世界以及全世界的尊重，从而取得真正的启蒙和精神教育上的世界领先地位。"③

　　从中我们不难体会到，洪堡将大学"科学研究"的"以研究达至修养"职能看着是耸立"个体尊严—政治尊严—国家尊严—民族尊严"的基石。人的本质或境界有三个层次，最高、最根本的本质、境界是其精神、思维的反思性、超越性，相应地人的生活也有三个不同的层次和境界，最高尚、最根本的是过"学术"生活。④ 作为一个以"高深知识"为对象和存在基础的、有着"象牙塔""知识圣殿"美誉的大学，唯有以"科学研究"作为其灵魂，才能培养学生的学术精神、气质、素养和品味，引导学生从动物式"自然生活"、市民式"社会生活"，过一种高尚的更能体现人类本质特性的学者式"学术生活"，促成学生个体从"自然本质"、"社会本质"到"思维本质"的升华、跃迁和超越，养成学生对"科研"和"学术"的认同、尊重和敬畏。只有如此，大学—俗世的上帝之城才能匹配和担当起人类寄予的神圣称号、荣誉和使命。

　　当代，自然科学研究日益深入，科技正显现出改造自然及物资世界

---

① 百度百科：洪堡大学［EB/OL］. http：//baike. baidu. com/view/191128. htm? fr = aladdin

② 张超：《大学职能的历史把握与辩证分析》，中央民族大学 2007 年硕士论文，第 9 页。

③ 本书编委会：《中国大学人文启示（第一卷）》，华中理工大学出版社 1996 年版，第 51 页。

④ 陈明：《学问之道与学术人生》，2014 年中国高等教育学会院校研究分会：《"大学课程建设与本科教学改革"国际会议暨 2014 年中国高等教育学会院校研究分会年会论文集》，第 371 页。

的强大的力量，相对而言，社会科学进展缓慢，社会问题以及生态问题日益突出，人类栖息期间的自然和社会不时以"对立物"的形态僭越人类本身。事实上，在这个科技日益发达的时代，人文科学由于"缺乏实际的功用"，日渐消弭和边缘化，人文学科本身甚至受到"科学"尺度的衡量和甄别，受到是否"科学"以及是不是"科学"的无情拷问和辛辣嘲弄。"人类研究一切，唯独不研究自己"，哲人的感慨犹在耳边；"认识你自己"，古希腊的神谕已与我们渐行渐远。在中国，由于我们的高教一直偏离"通识教育"的主流，致使即使是"精英阶层"都缺乏基本人文素养，从"精英"到"市民"阶层的整个社会都缺乏对"高深知识"、"学术"、"修养""学者"、"科研"的普遍尊重和敬畏。尤其在当下，在社会转型、高教转型及大众化趋势裹挟下，具有为"政治、经济"服务传统而鲜少"独立""引领"习惯的大学，其"功利化"和"工具化"有愈演愈烈之势，"君子不器"的圣贤箴言已被置之脑后，这种困境已引起有识之士的关注和忧虑，钱学森的"世纪之问"代表了他们的共同呼声。

一个个体、一个国家唯有不断研究、不断反思、不断超越才能达至个体修养的完善，由个体的完善而达至政治制度的清明，由政治制度的清明而达至国家民族的尊严，由国家民族的尊严而达至人类文明的升华。这也与中国古圣"修齐治平"的社会人生理想相契合辉映。这种东西文化的融合辉映，是不是"人类的心灵有一条秘密通道，经由它可以达至上帝的秘密花园"？无疑耐人寻味的，也理应得到我们的高度的重视和不渝的遵循。"大学之道、在明明德、在新民、在止于至善"，大学之所以为大学，在重视自然科学和社会科学的同时，必须重视人文学科及学生人文素养的养成，"由学问达至修养"，培育学生的学术精神、养成其学术气质、提升其学术格调和品味、引领学生过一种终身学习、不断反思、习于研究的崇高的"学术生活"。唯有"尊重学术、崇尚思想"，才能赢得个体、大学和学术的尊严，也方能使民族国家获得国际声誉和尊重。

所以，地方大学要想迈向地方特色大学的新台阶，一个非常重要的任务是将"尊重学术、崇尚思想"与自身的其他使命有机地结合起来，将高质量的人才培养与高水平的科学研究完美地融为一体。这也是欧美地方特色大学走向成功之路的重要启示。

二　"科研"有利培养学生的创新精神与实践能力

1876 年，美国约翰·霍普金斯大学研究生院的建立，将洪堡首创的大学"科学研究"职能进一步丰富，研究对象从"纯科学"研究拓展到包含"纯科学"在内的"基础研究"和"应用研究"，研究功能从"以研究达至修养"扩展到为增进"知识、科技和社会服务"等更为广泛的领域。吉尔曼深受柏林大学的影响，认为科学研究不仅是大学的一项基本任务，而且是大学的灵魂。他强调说："学术研究是每个教授的职能，而且教授应该是学生的指导者或激励者。"[①]　因此，他一开始就赋予该大学明确的职能内涵及其发展方向："研究生教育和高一级教育是大学最重要的使命"，"科学研究不仅是大学的任务，简直就是大学的灵魂"，[②]　大学的目标是将科学研究应用于日常的生活。"该大学作为一所致力于基础研究和应用研究的机构，履行对社会的重要责任，其结果将减少贫困中的痛苦、学校中的无知、教堂中的偏狭、医院中的苦难、商业中的欺诈、政治中的愚蠢。"[③]　在教学和培养人才职能方面，他强调把培养在现实社会中真正能起到领导作用的"学术领袖"作为办学目标。霍普金斯大学一开始就非常重视大学教学、科研职能的社会功用，主动把德国大学仅仅强调"纯科学"的基础研究职能拓展到与应用研究相结合，强调大学必须对解决国家和国际上的重要问题做出自己的贡献。它的成功榜样激励美国建立了一所又一所具有明确的大学职能发展方向且特色优势各异的研究型大学。

在中国高教及社会的转型时期，我们尤其要注意培养研究生层次的"研究型"的"高级应用性创新"人才，预防降低本科生内涵的、偏向高

---

① 百度百科：约翰·霍普金斯大学［EB/OL］．http：//baike. baidu. com/view/27336. htm? fr = aladdin

② 贺国庆、王保星、、朱文富：《外国高等教育史》，人民教育出版社 2003 年版，第 518 页。

③ Hugh Hawkins. Pioneer：A History of the Johns Hopkins University. 1874 - 1889. Baltimore and London：The Johns Hopkins UniversityPress. 2001：22.

职高专的低层次的所谓"动手能力强"的"操作型"人才。这种规格类型的人才具有典型的"工具型""事务型"特征，而非"研究型"人才。

令人忧虑的是，这种只具备"一技之长"而无持续学习和研究兴趣的人才如何适应这个职业流变加速和知识转型加快的信息化社会？又如何来应对来自自身角色多样性、社会生活丰富性、文明进展曲折性、生态平衡冲突性带来的压力和挑战？国内高水平大学很多设有研究生院，但我们自然科学研究基本上是"跟踪式和追随式"研究，社会科学和人文科学因诸多因素的作用在国际上交流对话都存在一定困难和障碍，水平可以想见。我们的大学热衷于"教育为无产阶级政治服务、教育与生产劳动相结合"，我们的大学生毕业生热衷于搞"技术革新"而非工程、科学、学术上的"知识创新"。国内几乎没有实施通识教育，也更没有"由研究达至修养"的"纯科学"研究。由此，有学者直言，国内大学并不存在欧美大学意义上的所谓"象牙塔"，甚至，没有一所真正意义上的"大学"。

如今，我们追随西方大学以求同步"走出象牙塔"。问题是，没有"象牙塔"、没进"象牙塔"，又如何走出？我们的大学一直是一个划分行政级别的"亚政府"机构，一直是一个世俗的"领地"。因此，现今我们不得不面临双重任务，那只能是，进出象牙塔同步进行。如此看来，左右维艰、进退两难是难以回避、必须直面的课题。可喜的是，国家、教育部已意识到改革已到了"深水区"，要啃"硬骨头"，已启动全面转型、扩大高校办学自主权、全面深化教育领域综合改革的进程。号角已经吹响，但如何积极推进？如何将通识教育与产学研合作教育相结合，既增强学生的人文素养又增强其研究、实践和创新的能力？如何培养既顶天又立地的高素质复合型人才？目前，深化教育领域综合改革，对"百舸争流"、"万类霜天竞自由"的各型各类大学而言，既是难得的机遇，又无疑是严峻的挑战。

相对弱势的地方大学，要想成为别具一格的地方特色大学，在这一方面必须敢于先行先试，抓住机遇，迎接挑战，闯出一条属于自己的新路。

三 "科研"有利完善"课程内容体系"和加强"教学资源建设"

科研对人才培养的影响，还可通过完善"课程内容体系"和加强"教学资源建设"等中介起到保障和支撑的作用。课程体系是人才培养的中介和平台，教学资源是人才培养的基础和保障。科研对课程体系的影响，主要通过两个方面来表现，一是完善课程结构体系，二是更新课程内容体系。我们认为，有效的课程体系应该是"通识教育+专业教育+生涯教育"三位一体的课程结构。其中通识教育的主流课程结构则是六大领域核心课程限选课结构，专业教育课程结构则是专业平台基础课+专业方向课+专业实践课，生涯教育，即"职业生涯+生活生涯"教育课程结构，是一种"学会做人、学会做事、学会学习、学会研究"的"四会"课程结构。显然，在课程层次结构体系中，存在诸多复杂的关系，如课程结构与人才培养模式之间的关系，人才培养模式与人才培养目标之间的关系，课程体系结构各层次之间的关系，同一课程层次结构成要素之间的关系等等。

可见，教育学科并不是像"世俗"认为的那样，是一个不教而会、没有学术"含金量"的边缘学科，而是一个"易学难精"的充满辩证思维和实践智慧的学科富矿，是与学科之王—哲学共在的学科化石①，以上这些关系就必须依靠教育学人通过复杂艰辛的教育科研及其实验实践来进行论证、阐明和整合，使之成为一个有机的整体和充满生机的结构，而不是杂乱离析互不相干乃至矛盾事物的"垃圾堆"。课程体系之中的每门课程的内容、具体的名称以及实施的方式，也应与时俱进，随着科技与生产生活方式的进步、新的观点与发现等进行更新，而这种更新有赖于长期系统和实时的研究才能完善。

科研对加强"教学资源建设"同样有着重大的推动作用。一是可以凝聚和培育高水平师资队伍。重视和尊重科研，才能吸引高水平人才，才能在科研中培养和锻炼科研梯队，从而提高师资学术水平和声望，高

---

① 陈明：《学问之道与学术人生》，2014年中国高等教育学会院校研究分会：《"大学课程建设与本科教学改革"国际会议暨2014年中国高等教育学会院校研究分会年会论文集》，第368页。

水平教师是大学优质教学的"第一资源"。二是可以改善教学设施条件。科研、尤其是高水平科研需要大量的设施设备，科研基金的注入为科研设备的制备更新提供了可能，科研设备可以通过多种途径实现与教学的共享。三是有利加强实践教学和基地建设。科研、尤其是横向科研多是产学研结合项目，大学通过科研项目与诸多科研院所、企事业单位，行业组织协会等建立了协作关系，或共建科研实体及组织。这些组织单位可通过互利互惠的共赢机制发展为大学实践教学的基地，有效保障和提高实践教学的质量。

例如，致力于创建国内知名特色大学的嘉应学院利用项目引导，进一步激发全面推进应用型本科人才培养模式改革工作的动力与活力。从培养体制改革、创新人才培养模式等角度融入教育综合改革，努力争取卓越人才培养计划、应用型人才培养计划、高等学校本科教学改革与教学质量工程项目立项，以全面推进应用型本科人才培养模式改革工作带动、促进、引领其他领域教育综合改革。到目前为止，学校已启动10批校级教育教学改革项目，2012年开始，在原有基础上增设青年项目、教学管理专项和发展共同体专项等三类项目，年均投入30万元。为提高课堂教学的有效性和整体教育教学质量，进一步提高我校办学水平起到积极促进作用。[①]

由此可见，科研并不与育人—教学截然对立，相反，具有不可替代和极其重要的促进作用。并且，随着"创新"成为时代主题和人的素质的普遍要求，"创业"成为社会的新常态，科研对育人的重要意义与日俱增。当然，正确认识科研与育人的辩证关系，形成二者互动促进的生动局面，需要形成多方面的合力。首先，抛弃非此即彼的对立思维，树立亦此亦彼的辩证思维，把握矛盾双方的依存与转化；其次，放弃基础理论直接应用于实践的幻想，形成"策略思维"与"中介思维"，精心谋划实施方案和搭建实施平台；再次，丢弃的迷信策略与规划的天真，谋求"实践智慧"，既遵循认识和发展规律，又结合自身具体实际采取"适切"

---

① 嘉应学院：《广东省高等教育"创新强校工程"2014—2016年建设规划》，2014年，第17页。

的行动，方能获得较为优化的效果。

　　总之，正确认识科研与育人的辩证关系以形成二者互动促进的生动局面，是一个富有意义且仍需进一步探索的课题。

第二节　地方特色大学科研与社会服务的趋同

一　根据自身的优势与不足，在科技合作中合理定位

　　首先，地方特色大学的合作对象要定位于地方企业，尤其是行业特色明显、成长空间显著的中小企业。如果大学没有加入到与社会密切联系这一历史发展之中，它就成了空中楼阁，落到了时代后面，甚至是反生产力的。"学术"就成为"贫血"的同义词。还有，"如果大学拥有大量的为社会服务的知识，但是缺乏把这些知识用于实践的决心和责任感，那么公众就会认为大学是无用的，就失去了存在的根据，因此就不会再为大学提供经费了。"① 地方特色大学在产学合作中使地方企业获得"造血"功能，同时也能使高校获得更多的投入与效益。地方特色大学主要为地方经济发展服务，广大中小企业与乡镇企业在市场竞争与二次创业中对科技创新的需求很强烈，不可一味追求高精尖技术，要以特色彰显为目的，侧重当地企业技术进步，关心影响当地经济发展的一些重大技术问题。如 20 世纪 80 年代服装工业在广东经济飞速发展中扮演着重要角色，这类企业如雨后春笋，遍布岭南大地，迫切需要大批服装专业的技术、管理和经营方面的应用型人才。在这种背景下，广东省的惠州创办了西北纺织工学院惠州分院（后并入惠州学院），许多广东地方特色大学也纷纷开设纺织方面的专业、课程，加强这方面的科研力量，满足了当地企业的需要。再如浙江工业大学以浙江的产业结构变动趋势作为学校专业调整和学科建设的依据，该校开发的水泥生产过程自动控制技术带动了浙江省整个水泥行业的技术进步。

　　其次，地方特色大学在合作中的科研层次要定位于发展研究。科技

---

① ［美］约翰·S布鲁贝克著，王承绪等译：《高等教育哲学》，浙江教育出版社 1998 年版，第 21—22 页。

活动过程一般可以分为基础研究，应用研究和发展研究。发展研究包括技术创新、技术转移和技术扩散，它是在应用研究成果基础上结合生产发展的需求，对其进行进一步实际性研究的活动。地方特色大学不应与重点院校在基础与应用研究上竞争，重心应放在发展研究上，定位于技术转移、技术扩散环节。如广东工业大学通过技术转让帮助阳江江城广阳漂白粉厂建立了三条生产线，使企业获得了较好的经济效益，这就把校企双方牢固的连结在一起，该厂不仅接待该校学生进行生产和工程实践，而且为该校教师和学生进行科研、中试提供场地、设备等各种必备条件。

再次，地方特色大学在合作中的科研领域要定位于市场与生产第一线的需要。要关注企业生产实践中所面临的急需解决的问题，以应用技术开发为主，技术开发与技术改造并举。如有的企业喜欢技术引进，忽视技术改造，最终导致经营困难。地方特色大学应在技改中发挥自己的作用，拓宽产学合作的领域。地方特色大学也可利用学校人才优势、设备优势，进行技术二次开发。科技成果转化率低的重要原因之一是许多技术成果还不够成熟，中小企业缺乏二次开发能力。为此，地方特色大学可选择技术市场上不成熟而又有市场前景的新技术，通过有关专家鉴定，购置一些有价值的成果，进行改进开发，这也是地方特色大学产学合作的一条新途径。总之，地方特色大学要根据自己的优势与不足，扬长避短，准确地在产学研合作中定位，充分发挥自己作为地方智力资源库的作用，为地方社会和经济发展服务，同时使自身获得可持续发展的不竭动力和资源支持。[①]

二　从实际出发，探索类型多样各具特色的产学研合作模式

在产学研合作中出现了多种有效的合作模式，如共建工程研究中心和技术开发公司、开展项目合作、创建大学科技园区、产学共建经济实体或高校自办高科技产业等。应当看到，大学自办科技企业只是产学研

① 田恩舜、康全礼：《地方特色大学产学研合作定位探论》，《广东工业大学学报（社会科学版）》，2002 年第 6 期。

合作的形式之一。并且，对校办科技产业要加强财务管理，科学论证，进行市场调查与分析，防范市场风险，确保科技产业健康发展。在产学共建经济实体中，高校也宜以技术入股，一般不宜深入到成熟产品的生产与销售，要明确产学双方在经济实体中各自的权责利，作好利益协调。由于社会的需求是多种多样的，高校的层次、科类、所处的地区和环境也是千差万别的，因此实行产学研合作的模式不可能单一化。

地方特色大学应结合本校教学、科研实力及学科建设的规划，结合当地企业的需要以及当地社会与经济发展的实际情况，因地制宜，因校制宜，探索、选择适合自身发展的产学研结合之路，而不应照搬、模仿名校或其他大学的结合模式。以下几种模式可供地方特色大学参考：一是先建后引模式。地方特色大学可以根据本校的科研实力，结合当地产业发展需要，创办由教授、专家等高水平的科研人员组成的研究机构，研究出一批具有开发价值的成果，吸引企业界来参观、交流和洽谈合作业务；二是上挂外联模式。地方特色大学可以通过与其他院校、科研院所进行科研合作，联合攻关，解决当地企业的技术难题，不仅解了企业的燃眉之急，又提高了自身的科研水平；三是主动出击模式。通过调查研究，找准合作关节点，积极主动开展合作。例如，嘉应学院通过调研世界长寿之乡——广东省梅州市蕉岭县的硒矿存量与当地长寿群体的饮茶习惯，主动派出相关专家开展合作，成功开发和推广具有嘉应学院品牌和地方特色的富硒茶叶，不但为长寿之乡增光，也大大提高了学校的影响力和知名度。

三 政策配套，形成产学研结合及科技成果转化的激励和保障机制

一般讲来，地方大学由于其学科专业建设、科学研究水平以及其区域位置的局限，与名校相比，社会服务能力和水平稍弱。然而，这并非地方大学逸脱于当地科研和服务的主要理由。有些大学社会服务活动组织得不好、效益不高，其主要矛盾并不是科研水平差、缺乏社会服务的人才，而是没有制定相关的激励政策和配套的保障措施，对本校的社会服务资源没有合理地调配，教师和科研人员社会服务的积极性没有充分地调动起来，广大教师、科研人员的能力和才干没有得到充分的发挥。

这也是地方大学难以登上地方特色大学殿堂的重要障碍之一。

我国高校普遍存在成果多、转化少和转化后很难取得重大经济效益的状况。目前高校科技成果能够签约转化的不到 30%，转化后能产生经济效益的成果又大约只占被转化成果的 30%，因此只有约 10% 的成果能取得较大效益。究其原因，主要来自四个方面：一是高校在项目立项前未对市场作深入细致的调查，或者缺乏成果转化的时效性观念，从而导致科研成果的市场适应性不强；二是许多大型企业宁愿购买现成的设备和技术也不愿承担科技成果转化的高风险，导致高校科研成果转化市场需求不足；三是缺乏完善的成果转化权益分配机制；四是缺乏便捷、完善的科技中介服务机构。

学校要更好地组织教师开展社会服务，必须制订相应的激励政策和措施。首先，政策上对社会服务者要有所倾斜。将教学科研人员的社会服务成果和业绩以适当标准和比例折合计算工作量，作为晋升职称和获得奖励的条件之一。其次，经济分配要合理。教学科研人员可以以技术入股的形式用自己的专利或技术参与分配；社会服务所创造的经济效益，社会服务参加者可以根据其实际贡献大小按一定的比例提成；教学科研人员社会兼职所得收入，学校予以承认并给与支持；教学科研人员利用社会服务途径领办、承包、创办科技企业和文化实体等，可根据效益自主分配。第三，尽可能创造条件为教学科研人员开展社会服务提供时间、信息、经费、实验设施等方面的支持。第四，科学研究不仅要出成果，更要注意发展科技潜力，把科技成果转化为生产力，要把是否推动经济发展和社会进步，作为评价科研水平高低的一项重要指标，把科研成果产业化、社会化作为衡量科研质量的重要标准。①

第三节　嘉应学院确立创建国内知名特色大学的远大目标

一　特色科研推动国内知名特色大学的策略与路径

按照"特色为魂"的发展理念，坚持嘉应学院"创新强校"的特质

① 张琳：《地方特色大学社会服务问题研究》青岛大学 2007 年硕士论文，第 57 页。

性，尤其要充分发掘学校的"客家文化"品牌、"师范教育"传统，立足比较优势，集中力量，重点在客家文化传承与发展、师范人才培养等方面形成鲜明特色。

第一，客家特色鲜明的国内知名大学理论研究与实践探索建设项目。依托教育科学研究所，整合全校相关机构和专兼职研究力量，通过客家特色鲜明的国内知名大学建设校级项目、研讨会、论坛、征文、考察、调研等多种形式和活动，深入开展相关研究，开阔视野、提升境界、凝聚共识、推动实践，更加有效达成目标。

第二，"客家学"学科建设项目。作为文化建设的一个重要方面，客家文化的研究已从一个坊间的话题上升为一个学术研究的重要领域。要进一步提升客家文化的研究水平，其关键和首要的问题是要将其上升到学科的层次和水平的高度来开展研究，坚定和持续进行客家学学科的建设，逐步构建客家学学科的理论体系。我校位于具有"世界客都"之称的梅州市，客家文化资源独天特厚。依托客家研究院及其下属十一个研究所的人才、团队、平台优势，高起点高标准建设客家学学科，按照总体规划、分阶段实施的要求稳步推进。具体内容是依托客家研究院进行客家文化学建设，依托文学院进行客家语言与文字学建设，依托音乐学院进行客家音乐学建设，依托美术学院进行客家美术学建设。

第三，客家餐饮化学项目。梅州是客家人的集住地，几百年来形成了声名远扬、独具特色的客家餐饮美食。然而，这些餐饮大多属于民间配方，缺乏基础研究、科学认识和理论指导。作为客家文化的重要组成部分，其传承创新、发扬光大需要与现代科学、尤其是化学相结合。

该项目依托化学与环境学院二级教授专家团队，建设客家餐饮化学研发中心，以客家餐饮食材和有效成份为研究对象，以开发高灵敏度、高选择性和高效率的分离—分析技术为突破口，以开发新型高灵敏度和高选择性的鉴定技术为核心，开展以客家餐饮活性物质为主题的研究。理论上，探索分离、分析、鉴定客家餐饮中活性物质的新原理、新方法和新技术；应用上，继承和发扬客家地区餐饮文化，开发餐饮物质的新型技术、工艺和产品。该项目不仅对客家餐饮中的化学物质开展全方位的基础研究，更为重要的是促进客家餐饮的科学化，创新客家饮食提供科学依据和基础。

第四，客家文化创意产业项目。充分利用我校客家研究院广东地方特色文化（客家文化）研究基地平台，依托地理与旅游学院、经济与管理学院、音乐学院、美术学院等组建客家文化创意产业研发中心。梅州客家文化资源丰富，发展客家文化创意产业正当其时。市委、市政府提出并实施"设计在客都"的理念和"一园两特带动一精"发展战略，正在积极创建广东梅州文化旅游特色区和幸福导向性产业集团，文化创意产业发展面临大好机遇。客家文化创意产业研发中心主要开展文化旅游、创意设计、动漫、新媒体、影视演艺、非遗开发、高端工艺美术、书画艺术等研发活动。

第五，客家文化遗产保护项目。充分利用我校客家研究院广东省非物质文化遗产研究中心平台，依托土木工程学院、客家研究院等组建客家建筑、文物等组建客家物质遗产研究保护中心，依托音乐学院、美术学院等组建客家非物质遗产研究保护中心。围绕客家遗产开展调研、收集、整理、数字化、修复保护等研究。

第六，客家生物资源开发项目。依托生命科学学院组建客家生物资源开发中心。梅州生物资源丰富，很多动植物资源富有独特的医药和食用价值，特色动植物的培植、制药与食品加工与食品安全学科内容切合地方发展实际，与梅州的特色产业等密切相关。有良好的学科平台和支撑，人才队伍有了较好的保障，实验室和教仪等硬件设置为学科的发展奠定了较好的基础。

为此，必须以客家特色为突破口的高水平科技创新平台或团队打造工程。围绕学校战略目标，立足于广东和梅州经济社会发展的重大科技需求，紧密结合广东和梅州新兴产业，充分发挥我校多学科交叉综合优势，对现有实验室、研究院所进行整合、拓展，新建若干高水平科技创新平台。通过高水平科技创新平台建设，着力打造3—5个大型科技创新平台和3—5个省级科技创新团队。其中重点是结合客家特色的地方产业，如客家金柚、客家茶叶、客家文化旅游等，大力推动地方经济发展。进一步擦亮"世界客都"这一金字招牌。

同时，以客家文化研究为基点的高水平哲学社会科学创新基地建设工程。深入贯彻实施《中共中央关于进一步繁荣发展哲学社会科学的意见》和《教育部关于大力提高高等学校哲学社会科学研究质量的意见》，关注我国现代化建设中的重大理论和实践问题，重点以客家文化的挖掘、传承和保护等的重大理论和现实问题为主攻方向，围绕广东和梅州新发展的对策等重大理论和现实问题，全面推进哲学社会科学的理论创新和方法创新，充分发挥传承文明、服务社会的作用。通过建立人员流动、内外开放、专兼结合、竞争合作的运行机制，重点培育建设以客家文化研究为基点的2—3个高水平哲学社会科学创新基地。

利用客家文化这座大桥，沟通国内外科技创新合作工程。以客家文化作为桥梁和纽带，进一步推进我校教育的多层次、宽领域的国际交流与合作，进一步凝炼科技创新的客家文化特色，以科技创新平台和重点学科点为支持，实施国内外科技创新合作研究项目。包括学科前沿问题的国内外合作研究、科研教学人员到对方开展合作研究、邀请对方专家前来交流和合作研究、联合主办高水平国际学术会议、科技信息资源共享等。优先支持有实质性内容、并能开展实质性合作与交流的项目。通过工程的实施，重点推进以客家文化产业为代表的1—5个合作研究项目，培育一支具有国际视野的高水平人才队伍，提升科研教学成果层次，扩大我校在国内学术圈的影响力。①

二　特色科研推动国内知名特色大学的前景与展望

第一，依托特色科研，建立和不断完善协同创新的体制机制。制定出一套有利于协同创新的人事管理制度并试点实施；制定出一套以创新质量和贡献为导向的综合评价机制并试点实施；制定出一套能统筹整合和发挥人才、学科和资源优势的协同创新组织模式并试点实施；制定出一套创新人才协同培养模式并试点实施；制定出一套以学科交叉融合为导向的资源配置方式并试点实施；制定出一套开放、高效的教育资源共建共享机制并试点实施；制定出一套有利于协同创新的文化氛围形成机

① 嘉应学院：《广东省高等教育"创新强校工程"2014—2016年建设规划》，2014年，第25—26页。

制并试点实施。集中力量建设好"粤台客家文化传承与发展协同创新中心"等相关协同创新机制。

第二，通过特色科研，不断深化国内知名特色大学的理念研究与实践探索。通过本项目的实施，在理论上更加明确客家特色办学理念的内涵，创建国内知名特色大学的理念达成共识并深入人心，并有清晰的建设思路；在实践上，以客家特色理念、客家特色平台、客家特色学科、客家特色研究为切入点的建设拥有具体的规划、步骤和措施；具有鲜明客家文化内涵的国内知名特色大学的载体：学科、研究、人才、名师、校园文化等初步形成，特色大学初见雏形。

第三，通过特色科研，促进学校整体办学水平和办学质量的将大幅提升，为国内知名特色大学的创建与发展打下坚实基础。通过注重特色科研，力争使师资队伍的整体实力有所提升，教学科研实绩有所突破，人才培养质量有所提高。专业教师团队的职称、学历、类型、学缘、年龄结构更加合理，将形成一支特色鲜明、结构优化、理论基础知识扎实、实际经验丰富、素质精良、实力强劲的高水平复合型教师队伍。通过引进和培养各类高层次人才，使学校的人力资源开发能力、科技开发、科技服务能力和办学效益大大提升，示范带动作用和社会服务能力不断增强，社会信誉度显著提高。为广东（主要是梅州地区）经济和社会发展以及经济战略性调整和产业结构优化升级提供强有力的人才支撑。

第十一章

创建国内知名特色大学的科研战略

我们认为，大学核心竞争力由"两大核心平台"及"多层次的体系"构成。依据大学核心竞争力的"平台体系"论，大学核心竞争力的一大核心平台就是"科研—学科建设平台"。

为了鼓励广大科研人员积极创新，引导他们参与科研活动，学校制定了《嘉应学院纵向科研项目管理办法（暂行）》、《嘉应学院横向科技合作管理办法》、《嘉应学院科研计分办法》、《嘉应学院 2011—2012 学年科研目标管理实施意见》。[1] 高水平研究项目和研究成果丰硕。2013 年，学校获得国家社科基金项目 1 项，国家自然科学基金 1 项。及至 2013 年年底，获得广东省哲学社会科学优秀成果奖 6 项，其中一等奖 1 项、二等奖 2 项、三等奖 3 项，获得 2013 年广东省社会科学学术年会优秀论文三等奖 1 项，获得梅州市第九次哲学社会科学优秀成果奖 22 项，其中一等奖 3 项，二等奖 4 项，三等奖 11 项，优秀奖 4 项，另外，我校教师还以其他各种学会的名义申报参评共获得 11 个奖项。[2]

为提升学科建设水平，嘉应学院实施重点学科建设工程。一流的学科建设能够帮助培育大师，培养一流的人才，推动科技进步，解决社会重大问题。学科建设要创新机制，狠抓重点学科建设，以点带面，全面提升学校学科建设水平。

一是设立学科特区。按照"扶优扶强、重点突破"的原则，围绕

---

[1] 《嘉应学院创新强校自评报告》，2014 年，第 22 页。

[2] 同上，第 6 页。

"有2个以上学科进入全国重点（扶持）学科"的战略目标，设立3个学科特区。学科特区在竞争中形成，前两年申报、自我建设，两年后评审、确定。学科特区建立后，成立学科特区管委会，负责高水平的学科建设工作。

二是实施"进阶式"学科发展战略。要通过引入竞争机制，培育和发展一批有潜质的重点学科。重点学科建设要实施"进阶式"发展战略，对学校四个层级结构的学科进行分级建设。第一层级为培育国家级重点学科；第二层级为培育省级重点学科；第三层级为校级重点学科；第四层级为一般扶持学科。学校根据学科层级不同，设定不同的学科建设经费标准。要通过学科建设的校内评估工作，对每一层级的学科建设实行项目目标管理，形成"有升有降"的动态管理格局。

三是提高科技创新水平。通过整合学科资源，加大投入力度，建设集成式科技平台，实现学科建设体系由小型分散的研究模式向集综合性、交叉性和创新性于一体的大学科集成模式转变；围绕强势学科群体，进行资源共享的高水平仪器设备平台建设；按照"面向需求、主动服务、交叉聚集、抓大促新、协调发展、提高质量"的原则，探索以质量为导向的科研管理机制；实施多种体制的产学研科技合作形式，切实加强科技成果的产业化，引领、服务地方经济社会发展。[①]

学校自2003年启动重点学科建设工作以来，已经完成了第一、二、三轮校级学科建设。2015年，第四轮重点学科正式启动。经过三轮建设，我校的学科建设水平显著提升，学科实力显著增强，以客家文化为核心的学科集群得以协调发展。2012年12月，我校汉语言文字学学科被批准为第九轮广东省重点学科——特色重点学科，实现了我校省级重点学科零的突破。

毋庸质疑，学校学科建设在取得重要成绩的同时也存在相当的不足之处。对此，我们有非常清醒的认识：一是学科建设水平有待提升，还未突破国家级重点学科，缺乏在国内乃至国际具有较大学术影响力的学

---

① 关于印发《嘉应学院"十二五"教育事业发展规划》《嘉应学院总体发展战略规划纲要（2011—2020年）》的通知（嘉院〔2011〕76号），2011年，第43—44页。

科带头人；二是学科建设体制机制相对滞后，学科创新能力相对有限；三是学科特色彰显不够，学科建设的地域性特质有待进一步挖掘。①

"科研—学科建设平台"的内涵和关键是，科研以学科为载体，需要学科建设的支撑，科研水平依托于学科建设的水平。因此，学科建设的要素的提升与结构的优化就成为学科建设与科研水平提升的关键。学科建设，抑或学科建制有以下四大要素，即人才队伍，项目方向，体制机制，设施基地等。国内知名特色大学，必须是具备大学的核心竞争力并具有较大优势的大学。因此，创建国内知名特色大学，必须打造"科研—学科建设"核心优势平台，强化科研—学科建设四要素—人才队伍，项目方向，体制机制，设施基地的建设。嘉应学院通过实施基于科研—学科建设四大要素的四大发展战略，即"筑巢引凤"的人才队伍战略，"顶天立地"的项目方向战略，"协同创新"的体制机制战略，"共享共建"的设施基地战略，使科研—学科建设走上了可持续发展的轨道，科研—学科建设核心平台已现雏形。

第一节 "筑巢引凤"的人才队伍战略

清华大学前校长梅贻琦先生有一句名言："大学者，非谓有大楼之谓也，有大师之谓也。"大师，对一所大学而言，是地位的象征，是实力的象征，是声望的象征。纵观世界一流大学，他们都把大师的多少作为衡量其水平、地位的重要标志之一。一百年前，哈佛大学之所以能吸引许多国内外的学生去研究哲学，就因为有丁·罗伊斯、桑塔亚那、W 詹姆斯诸教授主讲，足见教师尤其是学术大师在学校中的灵魂作用。这种灵魂作用不仅促进了大学精神文化的确立，并通过教师的言传身教使大学精神对学生产生影响，从而促进大学精神的继承和发扬。哈佛大学前校长科南特曾说过："大学的荣誉不在于它的宿舍和人数，而在于它一代又

---

① 嘉应学院：《广东省高等教育"创新强校工程"2014—2016 年建设规划》，2014 年，第15 页。

一代的教师质量，一个学校要站得住，教师一定要出名。"① 所以高校应当尽心构筑人才高地，重视高素质人才（院士、长江学者、泰山学者、学术带头人等资深学者）的引进、培养和选拔，创造良好的学术氛围，孕育学术大师"② 师资队伍建设是学校持续发展的第一要素，为此，需要继续加大"外引内培"的工作力度。采用引进、外聘等多种方式引进新的教师资源，以改变现有师资格局，增加师资队伍活力；采取政策支持、资金投入等积极有效措施，吸引高层次人才来校工作；大力实施"教授培养工程"、"青年教师博士化工程"和"千百十培养工程"；同时，深化人事分配、管理等体制改革，营造良好的人文氛围，吸引和稳定各类优秀人才，不断提升我校教师队伍的层次和水平。③

一　学校师资队伍建设的现状与问题

经过多年的努力，我校的师资队伍已经基本满足学校教学、科研和发展的需求。近几年，学校教师队伍的学历结构、职称结构、年龄结构、学缘结构得到进一步优化，教师整体素质得到较大幅度的提高，师资队伍建设的整体态势表现良好。

目前存在的主要问题：一是高端重点人才队伍层次偏低，目前未有国家级重点人才，只有极为少数的省级重点人才，缺乏在国内甚至是省内具有影响力的领军人才；二是学校的区位劣势制约了优秀团队和优秀青年人才来校发展，制约了创新团队和优秀青年创新人才队伍建设的进程；三是校级重点人才队伍建设及青年骨干教师的培养项目有待进一步创新，培养力度有待进一步增大。④

二　"筑巢引凤"的人才队伍战略的策略与目标

学校对教师队伍建设进行了整体构思和科学规划，结合学校发展需

---

① 黄海、熊威：《试论高校品牌核心竞争力的培育》，《漯河职业技术学院学报（综合版）》2006 年第 1 期。

② 王丽君：《大学核心竞争力及其评价研究》，青岛大学 2008 年硕士论文，第 56 页。

③ 《嘉应学院 2011—2012 学年本科教学质量报告》，2013 年，第 43 页。

④ 嘉应学院：《广东省高等教育"创新强校工程"2014—2016 建设规划》，2014 年，第 4 页。

要，大力加强制度建设。先后制定了《嘉应学院"十二五"师资队伍建设规划》、《嘉应学院强师工程实施方案》、《嘉应学院人才引进工作办法》、《嘉应学院重点人才建设规划》等制度，使我校师资队伍建设工作逐渐趋于制度化、规范化和科学化，推进了我校教师队伍建设的进程，为培养高水平的教师提供了制度保障。

坚持以人为本，合理配置教师资源，正确处理师资队伍建设与诸多因素的关系，优化人才成长环境，引进、选拔、培养优秀拔尖人才，加强学术梯队和创新团队建设。通过建设中青年骨干教师队伍，建设专业教师发展中心，设立创新人才推进计划专项基金，借智拥有国内外一流的专家学者等途径，构建梯队合理的人才支持体系。

2015 年，已经实现了"130 名教授和 130 名博士"的教师队伍建设目标；并力争打造一支在省内乃至国内有竞争力的中青年骨干教师队伍，培育一批学科带头人和中青年拔尖人才；新增省级名师 2 名以上，省级"千百十"工程培养对象 4 名以上。到 2020 年，实现"180 名教授 300 名博士"的教师队伍建设目标；省级名师 5 名以上，省级"千百十"工程培养对象 12 名以上；力争在国家教学团队、国家教学名师上取得突破。①

三　"筑巢引凤"的人才队伍战略的举措与成效

高层次人才引进与培养。学校非常重视高层次人才引进和培养，一是通过实施人才引进优惠政策，拓宽人才引进渠道等方式，克服区域劣势，积极引进高层次人才，尤其是引进高水平、高质量的博士教师。完善了《嘉应学院人才引进优惠条件》，较大幅度提高引进人才的待遇，制定了《嘉应学院人才引进工作办法》、《嘉应学院教授、博士特殊津贴实施办法》、《嘉应学院名誉、荣誉、客座、兼职教授管理规定》、《嘉应学院"重点人才"建设规划》等制度，积极推进高层次人才队伍建设项目。二是重视内部培养，发挥教师发展中心作用，通过培训不断提升教师水平，鼓励教师提高职称和学历。重视职称评审工作，支持和鼓励教师申

---

① 关于印发《嘉应学院"十二五"教育事业发展规划》《嘉应学院总体发展战略规划纲要 (2011—2020 年)》的通知（嘉院〔2011〕76 号），2011 年，第 39 页。

报高级职称，努力解决评上高级职称教师的岗位聘任问题，对取得正高级职称教师进行奖励，发放教授、博士特殊津贴，我校每年取得正高级职称教师均达到 10 人以上，有 3 位"千百十人才工程"省级培养对象，获得 2013 年省人才引进专项资金有关项目资助。修订了《延聘、返聘教授管理规定》，继续发挥老教授在培养青年教师中的传、帮、带作用。加大教师进修培训的资金资助和政策支持，鼓励青年教师攻读博士学位。

青年教师专业能力培养。2013 年，根据师资队伍建设需要，修订了《教职工进修规定》，提高了教师攻读博士的资助力度，依托学校教师发展中心，对新教师和青年教师进行针对性培养和培训。

深化和推进"中青年骨干教师重点培养工程"，修订《嘉应学院中青年骨干教师重点培养工程实施方案》，对重点培养对象进行了分类选拔和培养。积极推荐和支持青年教师申报省级优秀青年教师培养计划项目，3 位青年教师入选省级优秀青年教师培养对象，获得 86 万元的项目资金资助。①

尤其需要指出的是，少数青年教师已经脱颖而出。数学学院李颂孝教授便是其中的杰出代表。他连续三年成为"全球高被引科学家"。继 2014 年成为爱思维尔"全球高被引科学家"之后，2015 年再次获此殊荣。在美国汤森路透（Thomson Reuters）公布全球 2015 高被引科学家名单中，李颂孝教授是中国 9 所非 211 高校地方中唯一来自"学院"的"全球高被引科学家"。此次公布的全球高被引科学家覆盖包括材料、化学、数学、工程学等 21 个学科领域，是通过对最近 10 年被 Web of Science 核心合集（SCI、SSCI）收录的全部自然和社会科学领域论文进行排名，基于 Essential Science Indicators（ESI，基本科学指标）中的高被引论文即发表的论文为所属领域中前 1%，中国（含港澳台地区）有 148 名（168 人次）科学家入选。其中，绝大多是国家杰出青年基金获得者、长江学者、973 首席科学家等高端人才，仅两院院士就有 23 位。2016 年，李颂孝教授第三次成为"全球高被引科学家"。

此外，李颂孝教授在汕头大学攻读博士学位期间还荣获"2008 年中

① 《嘉应学院创新强校自评报告》，2014 年，第 7—10 页。

国百篇最具影响国际学术论文"奖。足见其研究水平已经在世界数学领域具有不俗的影响力。

创新人才培养与吸引优秀人才机制，加强创新团队建设。把带头人培养和团队建设放在突出位置，以超常规的方法，引进在国内学术界有重要影响的学科带头人及学术团队，青年教师引进优先考虑具有国家级、省级教学名师的博士。通过借智的方法，使国内外知名专家学者为我所用。人才培养和引进工作要努力实现"五个"转变，即由重视个体培养向重视学科梯队、学术团队、教学团队建设转变；由重引进向引进与培养相结合转变；在人才引进工作方面由重数量为主向数量质量结合、以质量为主转变；由重人才使用向人才使用提高相结合转变；由重人才业务向业务师德双馨人才转变。坚持引进和培养并重的方针，培养和形成一批具有专业优势、学科互补、创新能力强的优秀中青年学者群体，培育和加强特色学科，促进学科发展。建立一套行之有效的人才选拔机制。

加强师德师风建设，提高教师整体素质。抓师资队伍建设首先要抓好思想政治素质和师德，通过思想教育和榜样示范引导教师崇尚师德，严谨治学、教书育人，为人师表。尤其必须坚持加强教师高度的责任感，促使教师不断提高自身师德和人格修养，忠诚人民的教育事业，认真实施省教育厅和学校党委关于加强师德建设的各类文件精神，结合学校实际，强化建章立制并落到实处，真正抓出成效。倡导科学严谨的治学态度，反对学术急功近利和虚假浮躁，坚持学术质量的高标准，树立优良的学术风气，逐步建立师德师风考核评价机制。

完成岗位设置工作，推动人事分配制度改革。实现教职工管理由封闭式管理向开放式管理的转变；实施教师和管理队伍岗位聘任制，进一步深化岗位任期制和聘任制的改革，实现"身份管理"向"岗位管理"转变，教师和管理队伍构成要初步形成优胜劣汰的动态平衡；建立科学、合理的考核机制，完善指标体系和考核办法，努力使考核更具针对性、合理性和可行性。①

---

① 关于印发《嘉应学院"十二五"教育事业发展规划》《嘉应学院总体发展战略规划纲要 (2011—2020年)》的通知（嘉院〔2011〕76号），2011年，第27—29页。

第二节 "顶天立地"的科研方向战略

坚持"以服务促发展，以贡献换支持"的理念，围绕广东省、梅州市经济和社会发展中的重大现实问题，开展原创性科学研究和战略高技术研究，以与地方建立重大项目合作平台为抓手，优化整合学科资源，构建社会服务体系。

积极培育应用型科研项目。按照"面向市场、立足创新、重在应用、加速转化"的思路，发挥科研项目的牵引作用，进一步加强校企合作，积极培育应用型科研项目，提高科研为区域经济和地方社会发展服务的能力。

整合全校资源，加大科研投入，加快科研发展速度，积极争取各类科研项目。纵向科研以提升学校科研水平为目标，以凝练学科方向、疏通课题渠道为突破，力争在国家社会科学基金、自然基金等高层次项目上取得突破并不断增加，争取获得国家、省重点和重大项目；横向科技以提高经费总量为主要目标，开辟科技经费筹措新途径，拓宽合作领域、优化运行机制；科研与学科建设紧密结合，对以硕士点作为建设目标的学科，注重研究方向的覆盖面，注重学科间的融合与交叉，发挥优势学科的龙头作用，带动其它学科的发展。

在凝练学科方向并整合科研方向的基础上，积极参与各级政府部门的计划指南编写；明确项目类别和申报渠道，根据国家、省市不同项目的研究层次要求，从学校的可行优势出发布局研究层次，指导教师针对不同研究层次采取不同定位和研究发展方向；精心组织研究队伍，对于高层次人才的研究计划，学校和各学院应精心组织研究队伍，充分发挥科研群体和交叉学科的优势，在有基础的研究方向上进行创新研究；加强研究工作的前期积累，增加知识积累，进一步加大指导计划的资助力度，为争取高层次的研究计划奠定基础。①

---

① 关于印发《嘉应学院"十二五"教育事业发展规划》《嘉应学院总体发展战略规划纲要（2011—2020年）》的通知（嘉院〔2011〕76号），2011年，第26—27页。

一　嘉应学院科研创新体系建设现状及存在的问题

自 2009 年以来，学校获得国家社科基金重点项目 1 项，国家自然科学基金项目 7 项，国家社科基金项目 4 项，教育部人文社科项目 26 项，省自然科学基金和省哲学社会科学规划项目 101 项。升本以来，学校教师承担和完成省（厅）级以上的科研项目有 100 多项；在全国公开发行刊物上发表学术论文 9430 篇，其中被国际权威检索工具检索和摘录 425 篇；出版著作、教材 463 部；获国家专利 108 项。2007 年以来，梅州市政府每年在学校召开市校合作联席会议和产学研合作论坛，目前，已先后与 300 多家企业开展了校企合作，并向企业选派科技特派员共 23 人。2013 年，学校与 46 家省内外的单位签订横向科研合作协议，总金额达 598.55 万元。同时，还与梅州有关部门围绕服务"双转移"和推动梅州"绿色崛起"，选定科研课题，开展联合攻关，并协助地方政府编制各种发展规划。目前，与梅州市有关部门确定并正在实施的合作项目数量达到 100 项，其中，包括承办了市政府主办的一系列地方经济与社会发展学术论坛。我校现有 3 个校级研究（院）所和 40 多个院级研究所。学校科研创新成果的质量正在稳步提升，在近两届广东省哲学社会科学优秀成果评奖中，我校共获得 6 个奖项，其中一等奖 1 项，二等奖 2 项，三等奖 3 项，位居同类院校前列。

存在的问题：一是重大科研攻关能力较弱，国家级重点项目立项较少；二是高层次科研领军人才比较缺乏，科研团队建设急需加强；三是科研创新体系还不够完善，创新平台水平较低，科研协同创新机制改革有待进一步深化。①

二　"顶天立地"的项目方向战略的目标与要求

骨干教师队伍中的所有人员必须从事学术研究，其中学科带头人要在国内、省内学术界具有较大的影响力。借智拥有两院院士、长江学者、

---

① 嘉应学院：《广东省高等教育"创新强校工程"2014—2016 年建设规划》，2014 年，第 3—4 页。

珠江学者和国外著名专家学者，利用其在聘期间的学术成果，快速提升学校的学术水平和学术影响力。

到 2015 年，争取省部级课题 90 项以上，国家级课题 20 项以上；科研成果获省部级奖 5 项以上，力争获得国家级奖励 1 项以上，年到帐科研经费突破 1000 万元。新建省部级以上（含省部级）重点实验室 3 个以上，省部级以上（含省部级）人文社会科学重点研究基地 2 个以上。到 2020 年，争取省部级课题 200 项以上，国家级课题 50 项以上，年到帐科研经费要突破 3000 万元；争取在国家重点人文社会科学重点研究基地上实现突破；学校科研水平达到升格为综合性大学的相关要求。①

实行"科研目标管理"，构建产学研合作体系。每个学院和科研机构在"十二五"期间要取得 1 个以上的国家级课题或省级以上科研成果奖励，对于超额完成任务的学院，学校给予奖励。科研与学科建设紧密结合，提高项目与成果的水平，增大二级学科覆盖面，对以硕士点作为建设目标的学科，要注重主要研究方向的覆盖面，并在数个点上突破基础研究、应用基础研究瓶颈；科研与学校办学定位紧密结合，将技术推广和应用理论实践跟踪、引进消化、集成、自主创新作为科研的主要方向；科研与提高培养质量紧密结合，吸收学生加入科研队伍，鼓励科研成果及时转移到培养过程中去；科研与为梅州乃至广东经济社会发展直接服务紧密结合，提高社会贡献度。

三　"顶天立地"的项目方向战略的举措与成效

深化校政企合作，搭建应用型人才培养平台。学校先后承担制订了《五华县总体发展战略规划（2007—2020）》和《兴宁市总体发展战略规划（2008—2020）》，《兴宁市总体发展战略规划研究》获得 2008—2009 年度省哲学社会科学优秀成果一等奖。学校与梅州市经贸局、梅州市科技局联合定期举办"嘉应学院与梅州经济发展政产学研结合教育论坛"。目前，学校与多家单位签订了产学研合作项目协议，对学校与产学研合

---

① 关于印发《嘉应学院"十二五"教育事业发展规划》《嘉应学院总体发展战略规划纲要（2011—2020 年）》的通知（嘉院〔2011〕76 号），2011 年，第 39 页。

作单位加强横向联系，找到更好的服务社会的结合点，更好地服务社会搭建了良好的平台。①

科研成果转化与产学研合作成效。学校长期坚持政产学研用合作，积极开展科技成果转化和产学研工作，千方百计推广教师科技成果。目前，已经与200多家单位开展了政产学研合作，共向企业选派科技特派员24人。2013年，与61家省内外企事业单位签订横向合作协议，总金额达539万元，是往年同期的1.88倍。成果转化方面，由生科院、化学学院、美术学院等学院的教师转让的技术和专利成功转让给本地企业，获得了可观的转让资金，取得了良好的经济效益，为地方经济建设做出了较大贡献。

学校与梅州有关部门围绕服务"双转移"和推动梅州"绿色崛起"，选定科研课题，开展联合攻关，协助地方政府编制各种发展规划，为地方提供政策研究和咨询建议服务。目前，与梅州市有关部门确定并正在实施的合作项目数量达到100多项，其中包括承办市政府主办的一系列地方经济与社会发展学术论坛。我校对科研促进教学工作非常重视，随着我校科研水平的不断提高，教研结合日趋紧密，科研、教学水平稳步提升。②

开展自主创新能力提升类项目建设。通过3年建设，成功建设3个省级以上科技创新平台和哲学社会科学创新平台；争取科研创新能力全面提升，突破国家级重大项目，力争达到2—3项；国家自然科学和社会科学基金项目每年立项5项，省级重点项目立项20项；完善立足地方经济需求的重大科研项目攻关体系，广泛吸纳社会资源，争取横向经费每年突破1000万元；获得省级以上奖励6项，专利授权数量平均每年35项，力争粤台客家文化交流中心建设成为国家级协同创新中心。③通过自主创新能力提升类项目的建设，有效汇聚、整合多方资源，成功构建一批高水平科技创新平台和哲学社会科学创新平台，建立起具有省内领先水平、

---

① 嘉应学院：《2011—2012学年本科教学质量报告》，2013年，第40页。
② 《嘉应学院创新强校自评报告》，2014年，第19—20页。
③ 嘉应学院：《广东省高等教育"创新强校工程"2014—2016年建设规划》，2014年，第35页。

并在若干领域达到国家先进水平的高校创新平台体系，我校科研创新和解决经济社会发展问题的能力明显提高。立足地方经济需求的重大科研项目攻关体系得到完善，建成较为完善的省级、国家级重大项目和成果的培育体系，我校承担国家和省重大科研项目的能力获得实质性增长。建立起有效的科研诚信和学术道德建设的长效机制，科研诚信与学风建设取得良好效果。

第三节　"协同创新"的体制机制战略

胡锦涛同志在清华大学 100 年校庆时提出高校应积极推动协同创新，通过体制机制的创新和政策的引导，与研究机构、企业深度合作，促进资源共享、联合攻关，为建设我国成为创新型国家而努力。为了贯彻这一思想，教育部和财政部在全面提高教育质量工作会议上颁布了《关于实施"高等学校创新能力提升计划"（简称"2011 计划"）的意见》。自 2012 年启动实施，四年为一个周期，旨在建立一批"2011 协同创新中心"，协同创新中心分为面向科学前沿、面向文化传承创新、面向行业产业和面向区域发展四种类型。通过四大协同创新中心的创建，大力推进高校与高校、科研院所、行业企业、地方政府以及国外科研机构的深度合作，探索适应于不同需求的协同创新模式，营造有利于协同创新的环境和氛围。

广东省对推进特色高效建设与产学研协同创新工作高度重视。为贯彻落实《广东省人民政府关于推进我省教育"创强争先建高地"的意见》（粤府〔2013〕17 号）、《广东省人民政府办公厅转发省教育厅关于以协同创新为引领全面提高我省高等教育质量若干意见的通知》（粤府办〔2012〕103 号）、《广东省人民政府办公厅转发省教育厅关于加强高校"四重"建设实施意见的通知》（粤府办〔2013〕25 号）和《广东高等教育"创新强校工程"实施方案（试行）》（粤教高函〔2014〕8 号）等文件精神，加快提升我省高等教育发展水平，决定实施广东省高等教育"创新强校工程"，充分发挥协同创新引领作用，充分发掘各级各类高校的发展潜力和办学特色，按照"扶需、扶特、扶优"原则加强分类指导与支持，引导不同办学层次、不同办学类型的高校合理定位、错位发展、办出特色。围绕我省"三个定位、两个率先"的总目标，进一步深化体制机制改革，破除制约高校内涵发展的体制机制障碍，探索营造有利于协同创新的文化环境等。在协同机制创新的基础上，集中力量建设一批具有重大影响力的协同创新中心和协同育人平台，切实促进高校与高校、科研院所、行业企业、地方政府以及国际创新力量的深度融合与互补协同创新机制和模式更趋完善，努力创建高等教育协同创新示范省。同时，深入实施广东省"2011 计划"，立项建设一批协同创新（育人）平台，推动市校协同创新联盟建设。建立推动校行企协同发展的配套机制，紧密围绕区域经济社会发展需求，打造产教融合、校企合作的"广东模式"。

一 嘉应学院"协同创新"的体制机制的现状与问题

自国家"2011 计划"实施以来，我校认真领会"2011 计划"精神，成立了"2011 计划"领导小组，于 2012 年 6 月专门制定了《嘉应学院创新能力提升行动计划实施方案》，以方案为行动指南，迅速统一全校的思想认识，形成了重视协同创新、积极参与协同创新的良好氛围。在优化学校学科结构的基础上，确定牵头筹建了粤台客家文化传承与发展协同创新中心、粤闽赣边区区域经济发展协同创新中心等具有鲜明地域特质的协同体，并加入由暨南大学牵头组建的"华侨华人研究协同创新中心"，初步奠定了体制机制改革与协同创新的基础。以广东省普通高校人文社科重点研究基地—客家研究院为基础，我校于 2008 年成立了客家学院，2011 年成立了全球首个客商研究院，开设了运动训练（足球）专业和成立了梅州市足球文化中心，成立了梅州市客家廉洁文化研究中心，开创了全国地方纪委与高等院校合作模式的先河。目前，我校牵头成立的"粤台客家文化传承与发展协同创新中心"已被列为省级培育对象，全校正在实施客家文化发展战略，并以协同创新中心为改革的试验区，对中心的体制机制进行了探索性部署，已经开始探索适合山区地方院校发展的协同创新机制。2013 年，我校规划的《嘉应学院协同机制创新改革研究与实践工作方案》在广东省的评审中，获得优秀级别。

目前存在的主要问题：一是思想观念落后，体制机制改革紧迫感不强；二是有利于协同创新的人事管理制度暂未形成；三是还没有形成能够统筹整合和发挥人才、学科和资源优势的协同创新组织模式，各部门、各学科、各教师的利益之争严重制约了校内协同机制的形成；四是办学资源相对有限，资源配置方式不够科学，科研平台、资讯交流、师资提升、创新文化环境等软条件的建设相对薄弱，资源的最大效益没有得到发挥；五是人才培养体制改革相对滞后，创新人才协同培养模式尚在探索之中。①

二　"协同创新"的的理论基础及其定义

（一）协同论

"协同"一词最早来自希腊语，是指事物或系统在联系和发展过程中各要素之间有机结合，强调相互协作、配合和请性和一致性。竞争（Competition）与协同（Cooperation）是自然界和人类社会发展中广泛存在的现象。研究发现，竞争表现为系统中要素间的差异性和独立性，在竞争中各要素不仅力图保持独立，还竞相居于主导和支配地位。但竞争除了差异性、独立性和斗争性之外，还包含着相互依赖和协同"协同产生于竞争之中，协同与竞争都是系统生成演化所不可或缺的动力。

协同创新的理论基础是协同论，协同学的创立者，是联邦德国斯图加特大学教授、著名物理学家哈肯（Haken）。他在研究激光理论过程中形成协同思想，并从一个新的角度揭示了系统从无序到有序的演变的内在机制和规律性。1971 年他提出协同的概念，1976 年系统地论述了协同理论，发表了《协同学导论》，还著有《高等协同学》等等。哈肯把"协同"定义为：系统的各部分之间相互协作，使整个系统形成微观个体层次所不存在的新质的结构和特征。协同学主要研究远离平衡态的开放系统在与外界有物质或能量交换的情况下，如何通过自己内部协同作用，自发地出现时间、空间和功能上的有序结构。任何复杂系统，当在外来

---

① 嘉应学院：《广东省高等教育"创新强校工程"2014—2016 年建设规划》，2014 年，第1 页。

能量的作用下或物质的聚集态达到某种临界值时，子系统之间就会产生协同作用，发挥出 1 + 1 > 2 的协同效应。[①] 协同论主要有两个观点：

一是协同效应。指的是在复杂性系统中，各要素之间存在着非线性的相互作用，当外界控制参量达到一定的阈值时，要素之间互相联系、相互关联代替其相对独立、相互竞争占据主导地位，从而表现出协调、合作，其整体效应增强，系统从无序状态走向有序状态，即"协同导致有序"；

二是自组织原理。协同论的自组织原理旨在解释系统从无序向有序的演化过程，实质上就是系统内部进行自组织的过程，协同是自组织的形式和手段。协同系统要实现自组织过程，就必须具备自组织实现的条件：（1）系统必须具有开放性，能与外界进行物质、能量和信息的交流，确保系统具有生存和发展的活力；（2）各子系统的相互作用必须是非线性的，协调合作，减少内耗，充分发挥各自的功能效应。依据协同学理论，我们可以把校地合作看作一个协同系统，企业、政府和高校则是组成这个协同系统的众多子系统，而制度和战略规划是独立于系统之外，是校地合作协同系统的外部控制参量。

在社会转型时期，战略发展规划和相关制度设计作用则是校地合作和学校特色发展最重要的外部控制参量。根据协同理论，当外界控制参量达到一定的阈值时，系统内部各要素之间就能互相协调与合作，整体效应增强，从无序走向有序的状态。换句话说就是，在现实中校地合作还没有形成我们所期待的自动自发合作的自组织的情况下，我们可以通过强化特色发展战略规划的作用这一外部控制参量来帮助系统内部各要素行为的改变，促使系统自组织的逐步形成。

（二）创新论

美籍奥地利经济学家，"现代企业思想之父"约瑟夫·阿洛伊斯·熊彼特（1883—1950）是创新理论的奠基人，管理大师德鲁克称他具备"永垂不朽的大智慧。""他的贡献，一是将创新（Innovatoin）概念首次引进经济学，并成为经济学中的一个重要概念；二是提出了以创新为核

心的经济发展理论，奠定了创新理论研究的基本框架。"熊彼特在其经典著作《经济发展理论》中，创新概念具有特定的内涵，是指建立一种新的生产函数，即把一种从来没有过的生产要素或生产条件的新组合引入生产体系。

按照熊彼特的观点，创新包括五种情况：（1）采用一种新产品——也就是消费者还不熟悉的产品——或一种产品的一种新的特性；（2）采用一种新的生产方法，也就是在有关的制造部门中尚未经过经验检定的方法，这种新的方法决不需要建立在科学上的新的发现基础上；而且，也可以存在于商业上处理一种产品的新的方式之中；（3）开辟一个新的市场，也就是有关国家的某些制造部门以前不曾进入的市场，不管这个市场以前是否存在过；（4）掠取或控制原材料或半制成品的一种新的供应来源，也不问这种来源是已经存在的，还是第一次创造出来的；（5）实现任何一种工业的新的组织，比如造成一种垄断地位（例如通过托拉斯化一），或打破一种垄断地位。①

事实上，熊彼特所描述的五种创新，大致可以归纳为三大类：一是技术创新，包括新产品的开发、产品性能的增加、新方法新工艺的采用；二是市场创新，包括销售市场创新（包括扩大原有市场份额及开拓新的市场）和供应市场创新（包括新供给来源的获得及新原材料、半制成品的利用）；三是组织制度创新，包括变革原有组织形式及建立新的经营组织等。

熊彼特1950年去世之后，创新理论沿着熊彼特备下的研究大纲不断丰富、完善，并将其分解拓展为两个独立的分支：一是技术创新理论，主要以技术创新和市场创新为研究对象；二是制度创新理论，主要以组织变革和制度创新为研究对象。两大相对独立的分支在分道扬镳数十年后，80年代以来，在经济进化理论和新增长理论的旗帜下，显示出分久欲合之势。

---

① ［美］约瑟夫·阿洛伊斯·熊彼特著，叶华译：《经济发展理论：对利润、资本、信贷、利息和经济周期的探究》，中国社会科学出版社2009年版，第79页。

（三）协同创新概念的界定

从创新研究引入协同论的必要性考察，它包括以下三个方面：
（1）协同是创新发展的必然要求。（2）合作是创新发展的主导因素。
（3）自组织是创新体系自我完善的根本途径。[①]

关于协同创新（Collaborative Innovation），国外较早给予定义的是美国麻省理工学院的研究院彼得·葛洛[②]（Peter Gloor），他认为协同创新是''由自我激励的人员所组成的网络小组形成的集体愿景，借助网络交流思路、信息及工作状况，合作实现共同的目标。

而国内较早研究协同创新的学者是严雄（2007）[③]，他认为协同创新是"大学、企业和科研院所三个基本主体投入各自的优势资源和科研能力，在政府、科研服务中介机构等相关主体的协同合作下，共同进行技术创新的协同创新活动"。而赵连根[④]（2008）等认为，协同创新就是指大学、企业和科研院所利用各自的优势资源和创新能力，在政府、科研机构和金融机构等大力支持下，共同进行技术开发和技术创新的活动。姜星汝（2011）等指出，协同创新就是在大学、科研院所和政府以及企业系统配合下，通过协同合作来提高创新主体自身的创新能力，充分发挥各自的潜力，来更快更好地进行技术创新活动，产生 $1+1+1+1>4$ 的多方共赢的协同创新效应。万健（2011）等[⑤]指出，协同创新，是政府、高校、科研院所和企业结合自身的优势和劣势，展开跨学科、跨学科的合作与交流，往往会出现 $1+1>2$ 的效果。王树国[⑥]（2011）认为，协同

---

① 曹青林：《协同创新与高水平大学建设》，华中师范大学 2014 年博士论文，第 29—30 页。

② Collaborative Innovation Network［EB/OL］. http：//en. wikipedia. org/wilci/Collaborative _ innovationjietwork.

③ 严雄：《产学研协同创新五大问题亟待破解》，《中国高新技术产业导报》2007 年第 3 期。

④ 赵连根：《构建浦东地区区域性产学研协同创新机制研究》，《中国浦东干部学院学报》2008 年第 2 期。

⑤ 万健：《南京农业大学：协同创新助推世界一流农业大学建设》，《科学学研究》2006 年第 8 期。

⑥ 王树国：《加强协同创新建立一流大学—访哈尔滨工业大学校长王树国》，《大学（学术版）》2011 年第 8 期。

创新多为组织（企业）内部形成的知识（思想、专业技能、技术）有机共享机制，其主要特点是，协同创新参与者有共同的目标和内在的动力，通过现代信息技术平台进行多方位交流和全方位合作，实现产学研协同创新。陈劲[1]（2012）指出，协同创新的内涵本质是：通过国家的引导和机制安排，充分发挥大学、企业和科研院所各协同主体的积极性和创造性，积极开展跨学科、跨部门和跨行业的深度合作，加速科技推广应用和产业化，协作开展产业技术创新和科技成果产业化的活动。[2]

不言而喻，概念的定义、乃至概念本身不是一成不变的，会随着时代精神及物质的条件的改变而改变，但是，我们对的自身理性以及对万物"确定性"的"执著"与"情结"，总是要求有一个衡量"与我们同在"的"当下"事物的的尺度与标准，使我们的心灵及活动有所依凭。衡量概念的定义是否"科学"和"经典"的依据和标准，一是是否符合"属加种差"的定义原则，二是是否具有最大的"涵盖性"和"简明性"。所谓"属加种差"原则，就是要求"属、种、差"俱全而明确，所谓"涵盖性"就是指"包容性"和"延展性"。"包容性"就是要求对现实"已在"的同类"不遗漏"，"延展性"就是要求对可能出现的"未在"的同类有一定的预见性与接纳性。所谓"简明性"就是要求言辞简洁、明了。

据此，我们认为，协同创新概念的定义就是：各主体在一定的理念引导和组织制度保障下，通过各自资源的有效共享、互补和整合，创造出 $1 + 1 > 2$ 的价值的活动。本概念包括了属：活动；种：创造活动；差则以三个元素来体现：一是（临界）条件：一定的理念引导和制度保障，二是机制或方式：通过各自资源的有效共享、互补和整合，三是功能或效果：创造出 $1 + 1 > 2$ 的价值。

三　"协同创新"的体制机制战略的举措与成效

为实施"协同创新"的体制机制战略，学校创建了各级各类"协同

---

[1]　陈劲：《协同创新的理论基础与内涵》，《科学学研究》2012 年第 2 期。
[2]　曹青林：《协同创新与高水平大学建设》，华中师范大学 2014 年博士论文，第 18—21页。

创新中心"，协同创新中心将实行新的体制与机制，以实现学校协同创新工作的突破并切实取得预期成效。

建立有利于协同创新的人事管理制度。中心基于"人才培养、学科建设、科学研究"和需要，坚持"不求所有，但求所用"、"人员流动不调动"的原则，建立"人才辈出、人尽其才"的现代大学人事聘任制度。围绕中心的中长期发展规划需要，对中心所需的科研人员、教学人员、管理人员进行聘用。除中心主任之外，中心其他人员的聘任和薪酬机制（包括中心职员数、全职兼职比例、收入分配方案等）由中心管理委员会和中心科技咨询委员会负责制定。中心人员实行社会化的人员聘用和流动方式，实行"四自主"的人事管理制度，中心根据自身发展需要和实际财务状况，自主设岗、自主招聘、自主考核、自主定酬。

建立以创新质量和贡献为导向的综合评价机制。在绩效考核机制方面，由中心根据实际情况自行制定。绩效评价指标体系包括科研项目、科技产出、人才培养、学科发展、社会贡献、影响力、可持续发展能力等内容。

中心成员的考核：成员的科研和教学考核要以激励协同创新能力的提升为目标，具体的考核制度由各中心根据实际情况自行制定。

中心的考核：第一，对中心的目标管理和阶段性评估，建立年度报告、中期检查和周期评估相结合的评价方式。年度报告以自查为主，由中心每年年底前向学校"2011 计划"办公室提交当年的年度进展报告，进行自查。第二，中期检查和周期评估实行第三方独立考评机制。根据综合评估结果，如中心评估为优秀，即可进入下一周期的实施，并给予每年一定的奖励性资金资助；如中心评估为合格，可以进入下一周期的实施，但学校将要求其整改，并降低经费资助额度或不再给予经费支持；如中心评估不合格，学校将予以裁撤。第三，在培育期间，通过了上级主管部门的评审认定，即升格为国家级或省级"协同创新中心"的，评估等级直接为优秀，相应校级"协同创新中心"将自动撤销。第四，中心的绩效评价指标体系包括科研项目、科技产出、人才培养、学科发展、社会贡献、影响力、可持续发展能力等内容。目标考核注重实际效益（例如经济效益、社会效益）的不断增长。其中，重点学科、重点人才、重点平台、重大科研项目、项目经费将列为核心考核指标。

建立能统筹整合和发挥人才、学科和资源优势的协同创新组织模式。校级"协同创新中心"在被批准认定之后，中心主任负责牵头筹建好中心管理委员会和中心科技咨询委员会，并将中心两委委员会名单报送学校"2011 计划"领导小组审批。中心负责筹建自身的组织和管理部门。

创新人才协同培养模式。中心将通过招标课题培养研究队伍；加强研究生培养与本科生教育；联合协同单位举办学术训练班，聘请知名学者来讲学，同时接受境内外学者来访学；中心尽力为成员提供进修与学术交流的机会与经费保障，提高科研创新能力。

优化以学科交叉融合为导向的资源配置方式。学校将为每个中心每年提供引导性专项资金（不包括中心主任年薪），主要用于中心在培育期间聘任人员的工资薪酬、开展协同创新活动相关的开支。学校将为中心提供前期必要的工作场所、办公条件和实验设备。学校将为中心的前期人才整合提供支持，并实施改革过渡期特殊人事保护制度。积极引导中心资源配置实现"学校拨款＋项目经费＋社会捐赠"的模式。

建立开放、高效的教育资源共享机制。一是加强研究资料信息建设。把客家文化资料室建设成为海内外知名的客家文化传承与发展研究资料中心。二是进一步推进文献资料中心的数字化建设。将收集和购买侨批、契约、族谱等民间文献约 3 万件（种），并对所收集资料进行初步整理和研究，建立客家族谱、方志、契约文书三个数据库。三是以社会需要为导向，结合文化发展趋势，建立以网络数据库为技术支持的客家文化研究电子资料共享平台。建立文献目录和数据库，入库保存，以供研究者使用。

营造有利于协同创新的文化环境。一是配合梅州市政府建设国家级"客家文化（梅州）生态保护实验区"和"客家围龙屋申报世界文化遗产"工作，为梅州建设国家级"客家文化（梅州）生态保护示范区"和将客家围龙屋申报为世界文化遗产提供咨询服务和智力支持；二是配合省侨办、《广东华侨史》编委会，做好省政府督办项目《广东华侨史》之客家华侨华人史的史料收集和调查研究工作；三是配合教育部、省、市台办有关部门要求，举办两岸大学生客家文化夏令营、研习营等活动；

四是配合广东省梅州文化旅游特色区建设，加强地方特色文化的研究和宣传，为梅州旅游产业和文化产业的发展提供咨询服务和智力支持；五是联合客家动漫文化企业如盛唐、汉唐有限公司，大力开展粤台客家文化创意产业的合作，力争培育一批客家文化创意精品，产生良好的经济和社会效益；六是积极参与地方城市规划、乡村建设、旅游开发等项目，推动地方文化产业发展，增强服务地方社会的能力。①

第四节　"共享共建"的设施基地战略

按照"构筑大平台、凝聚大团队、承担大项目、培育大成果、实现大转化"的要求，与政府、企业建立官产学研联盟，提高自主创新能力和研究成果的转化率，引领区域的科技创新。人文社会科学要为政府和其他公共机构提供高水平的政策咨询和专业服务，提高服务社会能力，扩大学校的社会影响。

建立科研成果转化基地，引导优势学科和新兴学科向区域经济社会的重要发展方向聚集；在广东相关市和梅州各县（市、区）建立嘉应学院科技合作服务中心，实现学校学科专业与广东省，特别是梅州市主导产业和新兴产业的全面对接；完善与地方政府的合作机制，共建联合研究院、产学研联盟等成果转化平台。到 2015 年，建成 3 个以上嘉应学院科技合作服务中心，做大做强客家研究院，为建设"世界客都"提供有力支撑。2020 年，建成 10 个嘉应学院科技合作服务中心；建成世界客家文化传播中心，牢固确立学校在客家文化研究方面的领先地位。②

一　教学科研平台建设现状及存在的问题

学校拥有一个广东省人文社科研究省市共建重点基地——客家研究院。自 2012 年来，该院共承担国家级课题 2 项，其中 1 项为国家社科基

---

① 嘉应学院：《广东省高等教育"创新强校工程"2014—2016 年建设规划》，2014 年，第7—8 页。
② 关于印发《嘉应学院"十二五"教育事业发展规划》《嘉应学院总体发展战略规划纲要（2011—2020 年）》的通知（嘉院〔2011〕76 号），2011 年，第 40—41 页。

金重点项目，并获评第一批广东省非物质文化遗产研究基地。目前，客家研究院已发展成集科研、教学、资料收集、客家传统文化展示为一体的多功能科研机构，与海内外学术机构建立了密切的学术交流网络，在全球的客属华侨华人当中享有较高的学术声誉。

2012 年，学校成立了全省首个地方院校社会科学界联合会。同年，以我校为基地，成立了中国人类学民族学研究会客家学专业委员会。自2007 以来，我校投入了 5000 多万元购置仪器设备，学校的仪器设备总值已经达到了 1.8 亿元，基本保障了科研工作的顺利开展。目前，我校获得电工电子基础实验中心等 6 个广东省基础课实验教学示范中心立项，资助金额共 925 万元，有 3 个教学实训基地获得中央财政支持地方特色大学发展专项资金项目资助，资助金额达 900 万元。2012 年 7 月，学校全面启动协同创新战略。及至目前，已经成立了两个省级协同创新培育中心——"粤台客家文化传承与发展协同创新中心"、"广东客家地区基础教育师资培养培训协同育人中心"，并且与赣南师范学院（2015 年 9 月更名为"赣南师范大学"）、龙岩学院共同成立了"客家研究协同创新中心"，加入了暨南大学牵头组建的"华侨华人研究协同创新中心"、华南师范大学牵头组建的"粤港澳教师教育协同创新中心"、湛江师范学院牵头组建的"粤台教师教育协同创新中心"和广东技术师范学院牵头组建的"广东省职业技术教育学协同创新发展中心"。

存在的问题：一是我校科研平台较为单一，创新能力较弱。除了客家研究基地外，优秀团队和跨学科平台不够多；二是教学实验平台总体上层次偏低，没有国家级实验教学示范中心和省（部）级重点实验室，省级实验教学示范中心数量偏少；三是实验室的资源整合和大平台建设较为滞后。①

二 实施"共享共建"的设施基地战略，建立大公共服务体系

围绕创建"国内知名特色大学"的目标，进一步加强工科类实验室

---

① 嘉应学院：《广东省高等教育"创新强校工程"2014—2016 年建设规划》，2014 年，第 2 页。

建设，拓展理、经、管、文等非工科实验室，通过优化整合、分层次建设，形成布局合理、特色鲜明的校、院两级管理的实验室体系。立足创新精神和实践能力培养，持续提高实验内容内涵质量，构建以自主学习为主要特征的教学模式，形成实验内容持续更新、组织运行开放共享、教学管理简化高效，与培养高素质人才要求相适应的可持续发展的实验教学质量保证体系，全面提高实验教学水平。

（一）改善实验教学条件，加强实验室建设与管理

实验室专职队伍职称结构与学历结构明显改善，实行"按需设岗、职责明确和注重实效"的管理模式，建立高层次人才兼职实验室工作的开放流动工作机制，建立一支学术能力与管理能力并重，责、权、利协调的实验室人员队伍。建立与学院作为办学功能中心要求相适应的校、院两级管理机制；围绕学科上水平建设需要，推进相应实训大楼的建设。

围绕应用型人才培养和重点学科建设，加大各级实验教学示范中心和重点实验室的建设和管理，形成立项投入、运行管理、效益考核一体化长效工作机制。在建的省级教学示范中心要达到特色鲜明、优势明显、在省内具有"示范"作用的内涵要求；争取更多中央财政支持地方特色大学发展专项资金扶持，加快重点实验室和科研平台建设。

完善重点实验室运行管理制度，加强省部级重点实验室、省级工程技术研究中心的建设和培育。依托我校专业优势，在巩固已有成果的基础上拓展渠道，积极申报争取各级各类重点实验室和工程中心的建设；立足现有省级实验中心，积极争取省级重点实验室，大力提升我校科研基地的水平层次。[①] 2015 年 9 月，《生物应用技术创新平台》获得中央财政支持地方高校发展专项资金立项，立项金额 500 万元，创下了学校单项实验室建设项目获资助的最高金额。

（二）创新实验室管理体制和运行机制，提升实验室管理水平

按照实验室二级管理（校、院）原则，进一步明确管理职责，理顺实验室管理体制，激发和调动学院领导实验教学与实验室建设管理工作

---

① 关于印发《嘉应学院"十二五"教育事业发展规划》《嘉应学院总体发展战略规划纲要（2011—2020 年）》的通知（嘉院〔2011〕76 号），2011 年，第 27 页。

积极性；鼓励高学历、高职称理论课教师承担实验室工作，切实提高实验室专职队伍业务能力与工作积极性；推行"目标分解、动态跟踪、过程可控"的目标管理工作模式，进一步完善"规划先行、按项目组织实施"的实验室建设管理模式，保持实验室建设长期可持续发展，提高投资效益；制定政策鼓励二级学院自主开展实验教学改革工作；以修订教学计划为契机，加强实验内容体系顶层设计；整合资源，优化配置，提高仪器设备使用效益，逐步建立校级实验教学开放共享机制；努力争取中央、省市财政支持，加强与相关企事业单位合作共建，大力拓宽资金来源；大力推进实验室信息化管理，建立快捷的管理服务机制，提高管理水平与管理效率。[①]

（三）加强实践教学基地和实训中心的建设工作

整合各类实验实践教学资源，遴选建设一批成效显著、受益面大、影响面宽的实验教学示范中心，重在加强内涵建设、成果共享与示范引领。支持高等学校与科研院所、行业、企业、社会有关部门合作共建，形成一批高等学校共享共用的大学生校外实践教育基地，建设省级大学生校外实践教学基地 10—15 个。资助大学生开展创新创业训练，加强实践教学改革与创新创业能力培养，拟建设省级大学生创新创业训练项目 150 个，争取建成省级大学生创业教育示范校、省级创业实践基地和孵化基地、大学生创业示范基地。分层次、分类别、有重点地进行，院级、校级、省级三级分层次发展。[②]

（四）完善网络和图书馆建设，满足教学和管理要求

加快校园网络平台建设、一卡通建设、统一平台建设，推进主要信息系统的建设与整合。校园网建设要达到省内先进水平；加大图书馆、档案馆信息化建设，服务学校的发展需要。[③]

（五）实施开放办学和多元化筹资，为国内知名特色大学创建与发展

---

① 《嘉应学院创新强校自评报告》，2014 年，第 23 页。

② 嘉应学院：《广东省高等教育"创新强校工程"2014—2016 年建设规划》，2014 年，第 34 页。

③ 关于印发《嘉应学院"十二五"教育事业发展规划》《嘉应学院总体发展战略规划纲要（2011—2020 年）》的通知（嘉院〔2011〕76 号），2011 年，第 29—30 页。

提供资源保障

对外争取社会资源以及国际优质资源支持，创新多元化合作方式，协同开展"南粤重点学科"建设；加强与兄弟院校的交流与合作。多渠道筹集资金，加强"南粤重点学科"建设的资金投入，对于得到上级资助的南粤重点学科项目，我校在经费上实行 1∶1 配套。利用自身的优势和影响，在积极争取各级各类财政资金支持创新强校工程的同时，通过产学研合作、社会服务和个人捐助等多种渠道筹集资金，为学校的"南粤重点学科"建设提供有力资金支撑。

第四篇

地方特色大学的社会服务

第十二章

地方特色大学开展社会服务的应然性

地方社会经济发展与地方大学发展是一个世界范围内具有普遍意义的重要命题。地方大学如何承担起责任、发挥更大的作用，为地方社会经济发展提供高效优质、多样化的服务，是它们必须思考和解决的问题。

地方大学必须通过提高服务地方的能力，展现自身独树一帜的特色，成为地方社会经济倚重的人才库、智囊团和发动机，方能实现华丽转身，成为高水平的地方特色大学。

第一节　地方特色大学社会服务的内在规定性

地方特色大学社会服务不仅具有一般高校社会服务的普遍特征，而且具有其鲜明的特殊性，即有其内在的规定性，有其特定的内涵、优势与不足。

一　地方特色大学的社会服务的内涵与特点

（一）地方特色大学社会服务的内涵

大学的办学特色是大学刻意追求的一种发展方略，是在长期办学过程中积淀形成的、符合办学规律的、被社会公认的独特的办学风貌，是先进办学理念、教育思想引领下的教育实践活动的外在表现，是一所高校区别于另一所高校的能够适应社会发展需要、满足人的发展要求、提升学校自身发展水平的独特之处，"高校办学特色的形成和彰显，是学校在办学实践中逐步凝聚、积累、优化、丰富某些方面或者整体上的特质，由内到外呈现出一种独特的、优良的品性和风貌，从而被外界接受和认可，是一个实践、认可、再实践、再认可的长期而持续的过程"。①

在高等教育发展日益迅速、竞争日趋激烈的背景下，一所大学的特色越鲜明，在竞争中立足并获得成功的可能性就越大。强化大学特色，走特色发展之路，是大学提高办学水平与教育质量，增强大学核心竞争力的战略选择。

地方特色大学社会服务的涵义有广义、狭义之分。广义的社会服务，是针对大学的社会功能、社会角色而言的，包括培养人才、科学研究、社会服务、文化传承与创新等。狭义的社会服务，指的是地方特色大学直接为社会的具体需要服务，如科技服务、文化交流等。《中华人民共和国高等教育法》第四章第三十一条"高等学校应当以培养人才为中心，开展教学、科学研究和社会服务"②。地方特色大学从国家设学目的、目标出发，根据自身所具备的功能、能力和资源，在办学实践中主动满足社会对高等教育的各种需求的过程③。

（二）地方特色大学社会服务的特点

地方特色大学社会服务的特点既有大学自身历史发展烙印，也受大学所在地的人文环境等的影响，其本身也体现了地方性特征。地方社会经济发展是地方特色大学社会服务的主要对象和内容，也是地方特色大学社会服务的重点和难点。为了强化地方特色大学为地方社会经济服务的功能，有必要对地方社会经济特点、优势与劣势、未来发展趋势进行综合研究，寻找问题的症结和解决问题的方法。

1. 地方社会的特点

地方社会的经济特点。随着我国地方经济社会的发展，地方城市化水平不断提高，但是与发达的大都市相比，地方的经济规模、档次、效益等都存在着较大的差距：第一，经济总体规模小，经济结构不尽合理；农业经济占有较高比重，工业基础薄弱；第三产业比重小，特别是以信

---

①　申纪云：《高等学校办学特色问题探析》，《中国高等教育》2014 年第 10 期。

②　《中华人民共和国高等教育法》，中国法制出版社 1992 年版，第 7 页。

③　［美］Martin Carnog 著，闵维方译：《教育经济学国际百科全书》，高等教育出版社 2000 年版，第 328 页。

息技术为代表的高新技术产业更显微薄。第二，工业门类少，特大型、大型企业少，市场机制发育不完善，缺乏市场竞争力。第三，产品的科技含量低，可持续发展压力大。

地方社会的文化特点。从文化学角度讲，对有些社会经济发育程度较低的地方来说，其文化主要是农村文化，即是传统农业文化。从现实的角度看，由于地理、文化等因素的制约，地方城市（尤其是边远城市）市民在思想的解放程度、视野的开放程度、观念的更新程度等方面，与大都市市民相比落后了许多。这些文化思想观念方面的落后，直接限制了人们的眼界与事业发展。

地方社会的教育特点。从地方社会教育的基本特征来看，地方教育体系的主体是基础教育，中等或高等职业技术教育是地方教育体系的主要配角，各类成人教育也占有一定地位，而高等教育在地方教育体系中显得势单力薄。由于个别贫困地区经济基础薄弱，地方对教育的投入既缺少资金，也缺乏热情，导致从基础教育到高等教育的整个教育链条都显得捉襟见肘。

2. 地方特色大学特点

地方大学由于受地方各种因素的全天候影响，从成立之日起，便印刻了厚重的地方特征。因此，地方大学努力迈向地方特色大学的过程，并非"去地方化"的过程，反而是强化地方化的过程。从这个意义上说，地方特色大学更加具有浓厚的地方特点，是浑身充满了泥土气息、特色鲜明的高水平大学。

首先，地方特色大学的地理分布特征。从我国高等教育资源的整体分布来看，大学主要分布在三个层次：第一层次为北京、上海等国际化大都市；第二层次为部分直辖市、各省（自治区）省会城市；第三层次是广大地级市市区。从地理分布上看，地方特色大学主要产生在地级市。由于受地理位置局限，地方特色大学尽管有一定的比较优势，但在吸纳人才、学术交流、信息交流等方面受到一定的制约。

其次，地方特色大学的历史文化特征。地方特色大学的文化特征受到地方的社会文化背景及生态环境的制约和影响。地方社会的文化背景中，传统的农业文化因素占有较高的比重。地方特色大学的校园文化建

设、学科建设、教学内容以及学风、校风建设，都与地方的文化背景有
着密切的联系。从源头上看，有些地方特色大学历史悠长，但在办正规
的本科大学方面历史又很短。因此，它们在定型为地方特色大学之前，
会自觉或不自觉地出现自卑；成为真正意义上的地方特色大学后，又时
常会在名校面前手足无措。这都是长期形成的大学严格的等级制度，对
底层大学的负面影响所致。

第三，地方特色大学的管理特征。同样存在行政化倾向，地方大学
的行政化倾向远甚于名校。很多地方大学在长期受制地方政府后，进入
了"近墨者黑"的管理模式。权力过分集中，各级各类管理职能划分不
清。尤其是官本位思想严重，在某种程度上存在行政中心倾向。这也是
阻碍地方大学向地方特色大学迈进的拦路虎。可以说，地方特色大学需
要高效的管理运行模式，通过降低管理成本而大幅度提高办学效率。然
而，行政化倾向则是反其道而行之，大大降低办学效率。因此，抛开其
他不谈，地方大学要想成为真正的地方特色大学，必须加快去行政化的
步伐。

3. 地方特色大学社会服务的特点

社会服务范围较小。基于国家的最高定位和长期形成和影响力，名
校的社会服务范围是全国性的，地方服务并不是主流。与名校相比，地
方特色大学的服务范围是以地方为中心的，即使服务范围延伸到周边甚
至更远，也始终离不开地方这个中心。更重要的是，它们主动、积极、
全心全意地服务地方，不断改进服务方法、提高服务效能。在许多重大
领域，它们都是不可缺少的主角。这也是正是地方特色大学值得荣耀之
处。当然，在短期内，能在为所在地区服务的同时，还为周边地区甚至
全省、全国服务的，只有少数办学历史长、规模大、学科全、条件好、
实力强的地方特色大学①。

社会服务的主要对象为基层。地方大学成长为地方特色大学之后，
依然需要将服务对象确定为基层。无论走多远、飞多高，基层都是自己

---

① 冯晋祥、宋旭红著：《大学特色的形成与发展》，中国海洋大学出版社 2012 年版，第 37
页。

出发的地方，更是自身的归属。如果因为变成"凤凰"，而忘记"鸡窝"，也不过是一只昙花一现的"凤凰"，最终会被社会无情地打回原形。相反，地方特色大学越是能够深入基层，扎根基层，就越能够吮吸养料，越能够根大根深。著名的威斯康星大学以立足威斯康星州为荣，从创立到扬名世界，都是不改"基层心"。这丝毫没有降低它的"校格"，反而是它倍受威斯康星州、全美乃至世界尊重的基础和前提。

二　地方特色大学的社会服务的内容与形式

地方特色大学社会服务活动是通过一定的内容和形式、在一定的社会领域中进行的。随着社会经济的发展，地方特色大学社会服务的领域将日趋广泛，服务内容将不断扩展，服务形式和模式将呈现多样化发展趋势。在社会主义市场经济体系不断完善，高等教育大众化进程日益加快的情况下，地方大学应该在坚持以为地方培养大批应用人才为主要职责的同时，不断扩展为地方社会服务的领域，扩大为区域社会服务的范围[①]。

（一）地方特色大学的社会服务的内容

就地方特色大学社会服务领域来说，地方特色大学社会服务活动在区域社会各子系统的分类，包括政治、经济、文化、教育等。地方特色大学的社会服务领域就是以上述的社会子系统为依据，进行分类的。

政治领域服务：主要是为地方社会的上层建筑服务。地方特色大学必须充分发挥理论优势，促使地方社会上层建筑更好地适应地方的经济基础，推动生产力的进步。经济领域服务：这是地方特色大学社会服务的最主要领域，也是重点和难点。这涉及服务类型的扩展和服务层次的提高。文化领域服务：地方特色大学是地方社会最高层次的文化教育单位，其服务是针对地方的现代城市文化的培育、形成及其规范、提升，起到示范、影响和导向作用。教育领域服务：这是地方特色大学（尤其是师范类大学），开展社会服务的重头戏，主要服务对象是基础教育、职业技术教育和成人教育，理应成为地方教育水平和教育质量的第一动力。

---

① 刘献君：《大学之思与大学之建》，华中科技大学出版社 2013 年版，第 78 页。

地方特色大学社会服务的本质是为地方社会提供智力产品和智力服务。按其性质和形态主要划分为人才培养（培训）、科技服务、信息服务以及物质资源服务等内容。其中人才培养（培训）是核心，科技服务是关键，其他方面的服务同样是地方特色大学彰显声望的平台。

（二）地方特色大学的社会服务的形式

市场经济体制导致人们思想观念、价值取向和思维方式发生巨大变化，使得地方特色大学社会服务的内容和形式呈现多样化。

一是人才培养培训形式的多样化。随着终身教育和学习化社区的普及，特别是随着区域高等教育的发展，人才培养和培训的形式，呈现出更加丰富多彩和灵活多样的特点，各类学习班、研讨班、培训班都是社会人才培养培训的形式。地方特色大学要在培养优秀毕业生的的同时，还必须承担起继续教育的重任，为基层、广大农村培养培训各类高层次实用人才。这种巨大的智力支持显然不是单一的，而是多元化。如果在继续教育方面没有充分展现自身的特色和实力，甚至因为坐收培训费而只提供低质培训，那么，地方特色大学无论在其他方面表现如何优异，依然会因此蒙尘。

二是科技服务形式的多样化。以学科专业建设为依托，以应用型科学研究为基础的科技服务是地方特色大学为区域社会经济服务的重要内容。既可开展技术指导、技术转让，也可技术入股；既可独立研发也可联合研发；既有高科技园区、也有产学研联合体。地方特色大学应特别注重产学研一体化，大力加强这一组织形式的建设和发展。因为产学研联合体是大学和科研机构以人才、智力、技术为要素，产业实体以资金、设备为要素，共同在技术研究、技术开发、技术应用、技术市场化等方面进行实质性协作、联合、一体化的组织形式。

产学研联合体是地方特色大学科技服务的高级形式，是地方特色大学开展科技服务和展现自身实力的最佳舞台。在相当程度上，地方特色大学的特色、水平、质量、声望等，在科技服务过程中能够得到检验和认可。如果在这一过程中没有"金刚钻"，"揽不了瓷器活"，那么，这样的大学就只是徒有其表的名号，遑论地方特色大学。

三是文化服务形式的多样化。地方特色大学的文化服务，是指以地方特色大学所拥有的文化优势、学术优势，直接为地方社会文化建设服务，尤其是通过学术研究，不断挖掘地方优秀和特色文化的内涵，提高地方文化的影响力。在这方面，服务的形式可归纳为地方文化的传承与创新、城乡社区文化建设、文明校园建设、学校文化设施共享、文化"三下乡"、各类志愿服务等。

其中地方特色大学的图书馆、体育设施、文化设施、医疗设施，以及办学场所可有偿或无偿地为周边社会、居民服务，甚至向全市区社会、居民开放。这种方式是地方特色大学以一种独特的方式和宽广的情怀，用近乎透明的方式，向当地社会展现自身的特色和资源，是大学自拆围墙的实际行动。这也是威斯康星大学在初创时期就一直秉持的理念，开创了大学与社会有效融合、零距离服务的先例。

然而，中国大学现在既有无形的围墙，更有有形的围墙。这样的区隔让一墙之外的民众都无法了解隔壁大学的基本情况，更谈不上共享相关资源。地方特色大学应当逐步创造条件，吸引民众"零距离"了解自身的特色、优势甚至不足，从而消除民众的无端猜测，让他们成为地方特色大学的宣传队、播种机。参积极宣传的同时，其中一部分热心民众会产生一种主人翁的感情，并积极建言献策。更重要的是，大学在建设和管理过程中存在的敏感问题，身处其中的教职员工出于自保，或许不敢说、不便言，而这些民众则敢于直言。

如果地方特色大学能够在这个方面敢为人先，而不象其他大学那样，大门紧闭、围墙高耸，成为游离社会大海中的"孤岛"，那么，它们将获得更多、更广的无形资源，并进一步提高在当地的美誉度。

第二节　地方特色大学社会服务的普遍性

大学最初的职能并没有社会服务，由于社会需要的变化，大学的四大职能逐渐发展形成，大学走进社会的中心，成为社会关注和服务社会重要角色，社会服务这一职能形成至今，在国内外大学和社会普遍存在并得到认可。

一　国内外大学社会服务的历史演变

为社会服务并不是大学天然固有的职能和使命，但随着经济社会的发展，无论是在国外还是国内，为社会服务这一职能逐步得到拓展，最终得到大学和社会的普遍认可。

（一）国外大学的社会服务的历史演变

1. 大学社会服务的萌芽阶段

从中世纪大学产生到19世纪中后期，由于社会生产力水平低下，小农经济占主导地位，对知识和技术没有特别强烈的需求，大学基本上处于封闭状态和半封闭状态，大学与经济发展基本是脱节的，"象牙塔"是其典型形态。在这个漫长的封闭和半封闭过程中，只有个别地方大学偶尔打开校门开展社会服务。因此，可称为大学社会服务的萌芽阶段。在这一阶段，高校崇尚自由教育，带有功利性的职业或技术训练在大学中几乎没有地位。大学教授闭门进行科学研究，其目的在于探索新知识，为教学服务，很少直接解决经济、技术、文化等各种社会实际问题，技术的新发明被排斥在大学之外[①]。直到19世纪中叶，由于社会经济发展的驱动，英、德、法、美等发动了一场具有里程碑性质的高等教育变革，其核心就是面向区域经济发展需要，拓宽大学职能，改变办学、科研模式，让大学成为集教学、科研、服务于一身的综合体，这场变革使世界高等教育进入了一个崭新的历史阶段，大学的社会服务也开始逐渐兴起。

2. 大学社会服务的发展阶段

无论在观念上还是在实践上，大学社会服务职能的最佳表现者是美国，这已为人们普遍认可。一般认为，南北战争时期美国内战结束至20世纪初这段时期，美国现代高等教育体制得以最终确立，社会服务开始成为大学的重要职能之一。1862年，国会通过的《莫里尔法案》为美国地方大学社会服务职能的产生提供了法律基础。它的产生既是美国现实社会发展的必然要求，也是主张高等学校为社会服务的办学思想占主导

---

① 贺国庆、王保星、朱文富等著：《外国高等教育史》，人民教育出版社2006年版，第33—49页。

地位的表现。1848 年成立的威斯康星大学堪称地方大学社会服务的典范。该校首次将社会服务作为大学的第三项职能，并与州政府进行了密切合作。校长范·海斯提出的"服务应该是大学唯一的理想"、"学校的边界就是州的边界"等想法被总结为闻名遐尔的"威斯康星思想"。威斯康星思想打破了传统大学的封闭状态，将直接为社会服务作为其任务和职能的办学思想与实践，使孕育已久的高等学校第三职能——社会服务职能终于得以确立[①]。

3. 大学社会服务的成熟阶段

20 世纪 50 年代开始，世界各国校企合作教育、合作科研迅速开展起来，普遍建立了产学研合作的制度。各国政府都对高校社会服务工作给予密切关注和高度重视。美国、日本、英国等国家出台了有关政策，发展以大学为依托的科技园，大学与区域社会双向合作，高等教育与产业界的关系更为密切，大学逐渐成为区域创新的主体，社会服务的内容进一步丰富，形式进一步多样化。在组织上，社会服务加强了针对性，科技创新成为大学为区域服务的主要方式。由此，大学社会服务形成了实体化的格局。这个时期的大学社会服务工作，无论是理论探索，还是实践，都已进入成熟阶段。大学在世界各国区域新经济的形成和发展中发挥了巨大作用，具有无可替代的历史地位。

（二）国内大学的社会服务的历史演变

在国际上，第一所明确地把社会服务作为大学的主要职能之一的是威斯康星大学，开创了大学直接为区域经济和社会发展服务的先河。与发达国家相比，我国高等教育发展滞后，大学社会服务起步晚一些。我国大学社会服务职能的发展经历了一个从蒙昧到萌芽、由单一化趋向多样化的过程。

1. 大学社会服务的蒙昧阶段

"学而优则仕"是中国古代高等教育萌芽"官学"，其培养目标是单一的，它只是为统治阶级培养统治人才和高级管理人才，但远离社会实际，而且不可避免地带有官学化倾向。到了近代，中国国家贫弱、政治

---

① 同上书，第 231—237 页。

动荡、社会动乱，在此背景下，大学伴随着洋务运动的开展、洋务学堂的兴办而发展。晚清政府为了应付时局、挽救统治地位而设立这些学堂，是采取的权宜之计，并不是要主动地吸收西方的先进技术和文化。培养人才的目的主要是为了巩固封建统治，不是立足于提高民族文化素质，提升科技水平，为经济建设和社会发展服务而培养人才。

2. 大学社会服务的萌芽阶段

1912 年，在蔡元培先生的领导下，开始了一系列带有浓厚的反封建色彩的资产阶级教育改革，颁布了一系列高等教育法规。1912 年 10 月，颁布《大学令》和《专门学校法令》。其中《大学令》共 22 条，"以教授高深学术、养成硕学闳材、应国家需要为宗旨"。《专门学校法令》共 12 条，"以教授高等学术、养成专门人才为宗旨"，这两个法令强调"应国家需要为宗旨"、"养成专门人才"，表明中国的高等教育已经产生了社会服务思想的萌芽。1929 年 4 月颁布的《中华民国教育宗旨及其实施方针》从法律的角度对大学为社会服务作了基本的规定，成为民国时期大学为社会服务的基本依据。① 在民主革命时期，在蔡元培和陶行知等人先进的教育思想中，已经包含了比较成熟的社会服务思想。

3. 大学社会服务的单一化阶段

这一时期，大学社会服务是随着新中国经济与社会的发展而逐步开展起来的。新中国成立后，百废待兴。为满足新中国社会经济发展的需要，国家教育主管部门提出教育必须为国家建设服务，学校必须为工农兵服务的指导思想，这一时期，大学的社会服务功能较为单一，主要是按照上级部门的指令性计划，为社会培养人才。而为社会的直接服务形式较为简单，服务的领域少、服务面窄，服务的科技含量低，服务的效益低，与经济和社会发展的联系不够密切。当时的社会服务基本上是无偿劳动，不讲求经济效益②。

---

① 郑登云编著：《中国高等教育史（上）》，华东师范大学出版社 1994 年版，第 96—110 页。

② 同上，第 6—11 页。

4. 大学社会服务的多样化阶段

随着社会主义经济体制改革和市场经济的发展，特别是高等教育体制改革的不断深入，大学逐步适应社会变革、社会发展的要求，开始注重与区域社会经济建设相结合，开展多种形式的社会服务，大学社会服务功能趋向多样化。这一时期，大学的社会服务经历了由不够自觉到比较自觉、从较低层次到较高层次、由无偿服务到有偿服务的发展过程，形成了多元化的社会服务格局。

总之，同西方发达国家的大学社会服务工作相比较，由于我国大学发展历史短，办学实力相对偏弱，在社会服务能力和社会服务经验方面存在一定的差距，大学社会服务还不尽如人意。但是，我国大学社会服务工作在这一时期开始得到了重视，社会服务的内容也较以前更加丰富，服务形式也不再局限于传播知识、培养人才，而是从经济发展的需要出发，将产学研有机结合，呈现出多样化和全方位服务的特点。

二　地方特色大学社会服务的发展状况

自大学的社会服务这一职能形成，受到国家、社会和大学自身的重视，社会服务职能得到充分发展，地位日益突出。从国内外大学社会服务发展状况来看，服务内容不断丰富，服务范围不断拓展，服务水平不断提高，既服务了社会又发展了自身。

（一）国外地方特色大学社会服务发展状况

随着时代的发展，地方特色大学的社会服务意识、服务职能、服务质量已被社会广泛认可。欧美发达国家地方特色大学的办学宗旨大都将社会服务放在重要位置。地方特色大学社会服务职能已成为高校职能中发展变化最快的一个，其表现日趋多样化。以美国为例，包括威斯康星大学、密歇根大学、德州农工大学、圣荷西州立大学等众多具有国际影响的美国地方特色大学集群，其社会服务已经成为令人称道的特色品牌。这主要得益于：

首先是当地政府对社会服务工作的关注和重视；其次，服务内容的丰富性与形式的多样性，如企业与大学合作创办研究中心，建立科技园与创新中心，与企业联合办学，向企业转让技术，开展各类咨询服务，开展社区服务等等；第三，地方大学与区域社会双向合作，地方大学在向区域社会提供各种服务的同时，区域社会也不断满足地方大学的各种需要，双方逐步发展成为一种伙伴关系、合作关系；第四，社会服务的针对性与实体化。

（二）我国地方特色大学的社会服务状况

与国外知名的地方特色大学相比，我国地方特色大学的社会服务无论是内容还是形式都有待加强，服务的意识和能力也需要进一步提高。从现有的社会服务水平和质量看，绝大多数地方大学尚未达到地方特色的基本标准，也即是说，它们还算不上更高水平的"地方特色大学"。这或许是地方大学与地方特色大学在社会服务方面的显著差异。

1. 我国地方特色大学社会服务取得的主要成绩

近几年来，我国一批新崛起的地方特色大学对社会服务的认识有了一定的提高。一些地方特色大学的领导和教师能够正确认识人才培养、科学研究、社会服务、文化传承与创新四大职能的关系，对地方特色大学开展的社会服务有较强的认同感，并把社会服务工作纳入学校的总体工作之中。随着地方特色大学社会服务活动的开展，社会服务的领域日趋广泛。

不同地方特色大学之间社会服务特色存在显著的差异。必须根据自身的条件，确立服务的重点，突出服务的特色，强化自己的服务优势。这是许多地方特色大学多年的社会服务实践中走过许多弯路而总结出来的基本经验。一些地方特色大学在社会服务方面，逐步改变了前期全线出击、全面开花的局面，开始有步骤、有重点地确定服务领域和服务形式，注意培育社会服务方面的特色。

2. 我国地方特色大学社会服务存在的问题

经过地方大学、地方社会等多方面的努力，我国地方大学的社会服务工作基本走上正轨，并取得了一定的成绩。但是，由于我国东中西部高等教育发展差异较大，东中西部地方大学社会服务差异同样也较大。东、中、西三大区域内部各省区之间发展也不均衡，同一省区的各地市之间地方大学发展与社会服务工作的开展也不平衡。同一省区的同一地市内不同地方大学之间社会服务的开展也存在着差异。即使是同一院校内部，各系科之间社会服务开展的情况也不尽相同。

我们也应该清醒地看到，我国地方大学的社会服务工作毕竟起步较晚，在社会服务实施过程中，一些不利因素依然存在，一些突出的问题还亟待解决。这些不利因素和问题的存在，在很大程度上制约了地方大学社会服务工作的迅速扩展和纵深发展。这些问题是复杂的、多方面的，主要有地方大学自身和社会两方面的问题①：

一是地方大学自身的问题。阻碍地方大学社会服务工作迅速扩展的主要问题是自身的问题，这些问题既有主观认识方面的问题，也有客观条件方面的问题。概括起来，主要表现在一些地方大学社会服务观念滞后、存在偏差，社会服务的综合实力不强、能力低，组织协调不力，专业设置陈旧狭窄，科学研究总体实力差、社会服务的物质技术基础薄弱、科研成果转化率低等方面。这是地方大学成长过程中必须努力解决的关键问题之一。如果这一问题不能从根本上得到解决，将延续其弱、小、低的形象，根本无法上升到"地方特色大学"的台阶。

二是社会方面的问题。地方社会经济规模小、门类少、层次低；地理位置的局限，信息不畅，交流不便；地方社会对地方大学的认可程度较低。

地方大学社会服务开展的范围不广，经济效益和社会效益不明显，对区域社会经济的影响和推动作用不大，既有地方大学自身的原因，也有社会诸方面的原因。影响地方大学开展社会服务的社会因素，主要表现在以下几个方面：1，宏观政策方面的问题，如办学自主权方面的制约、评估导向方面的制约；2，地方政府方面的问题，主要包括地方政府与地方大学的脱节，地方政府利用地方大学智力支持的能力不足，地方政府对地方大学协调与指导功能的滞后，地方政府缺乏意识等；3，地方企业方面的问题，企业对地方大学缺乏了解和信任，中小企业对科学技术现实需求不足等。

统观我国地方大学社会服务发展现状，我国地方大学社会服务起步较晚，缺乏经验。地方大学在为地方社会经济发展服务的过程中，取得

---

① 张乐天著：《高等教育政策的回顾与反思》，南京师范大学出版社 2008 年版，第 115 页。

了一些成就，但也存在许多问题。要实现地方大学与地方社会的真正融合，还有许多理论问题和实践问题亟待解决。

地方大学必须有一种强烈的紧迫感和使命感。既然落地生根一地，便不能辱没社会服务的使命。过往的办学经验和办学实力不足，并不是自己降低社会服务职能的藉口和托辞。

地方大学要想稳步、昂然地升格为"地方特色大学"这一较高的平台，必须想方设法提高服务水平。这也是获得地方政府和广大民众认可和支持的充要条件。靠同情是不可能擦亮这一品牌的，因为同情的对象只能是弱者。这绝非地方特色大学的品牌形象。

第三节　地方特色大学社会服务的紧迫性

随着经济社会的高速发展，高等教育的内外环境也发生了巨大变化，我国"经济体制深刻变革，社会结构深刻变动，利益格局深刻调整，思想观念深刻变化。"[①] 空前的社会变革在给经济社会发展进步带来巨大活力的同时，也带来一系列新情况新问题。无论是高等教育自身的发展还是高等教育外部环境发生的变化，都要求迫切推进地方特色大学社会服务，这是地方经济社会发展的必然要求，也是地方特色大学自身发展的现实需要。

一　高等教育发展趋势需要地方特色大学开展社会服务

我国经济社会和高等教育经过几十年来的发展，已经取得了举世瞩目的成就，也积累了不少问题。在全球化、国际化、信息化时代，我国高等教育为适应发展趋势，必须进行改革创新，拓展社会服务范围、领域和层次，提升服务质量和效益。

（一）高等教育国际化需要地方特色大学社会服务紧跟发展趋势

众所周知，现代大学具有培养专业人才、科学研究、服务社会、文

---

① 许海清：《国家治理体系和治理能力现代化》，中共中央党校出版社 2013 年版，第 31 页。

化传承与创新四大职能。不同时期，高等学校的社会职能的内涵并不完全相同，它随着社会的发展不断地向深层次拓展。19 世纪初，以洪堡新人文主义思想为指导创建的柏林大学，所形成的"教学与研究相统一"的大学思想，极大推动了德国科学研究的发展。20 世纪初，美国威斯康星大学在强调教学、研究的基础上，又提出了适应经济社会发展并为其发展服务的思想，使得美国高等教育与社会发展密切配合，促进了美国产业革命和工农业生产的迅速发展，从而完善了现代大学的职能，即"教学、研究、服务、文化传承与创新"。从此，这四大社会职能愈来愈广泛地被高等教育界所接受，并不断地向深层次发展。随着 21 世纪知识经济时代的来临，知识经济浪潮在全球兴起，与社会关系更加密切的大学职能的内涵将进一步向深层次拓展，作为知识生产（科研）、知识传播（教学）、知识转换（提供社会服务）、文化传承与创新综合载体的大学，如何在这一浪潮中认清自己的地位，调整自己的策略和发挥自己的职能以迎接知识经济的挑战，直接关系到高校在新形势下的生存和发展。一般大学如此，地方特色大学更应如此。

（二）高等教育现代化需要地方特色大学社会服务紧跟时代要求

随着高等教育国际化、大众化的蓬勃发展，高等院校面临着越来越严峻的竞争压力和挑战。"高等教育组织的复杂化、结构的多样化、水平的差异化、权益的多样化和民主诉求的不断增加"[1]，体制机制性的深层次矛盾在高等教育改革的全面深入中逐渐显现，成为影响和制约大学科学发展的重要障碍。从外部形势看，我国高等教育的外部环境已经发生了巨大变化，面临着许多无法回避的严峻挑战：国际化已成为当前世界高等教育发展不可逆转的趋势和潮流，国际竞争日益激烈；高等教育适龄人口持续减少，大学将面临严峻的生源竞争危机；国内高校之间的无序和同质化竞争；经济社会发展对人才的要求不断提高，而大学生就业压力又不断增大。尤其是国务院、教育部提出引导部分地方特色大学向应用技术型大学转型。所有这些情况，都深刻地说明：大学正在重新

---

① 瞿振元：《建设中国特色高等教育治理体系推进治理能力现代化》，《中国高教研究》2014 年第 1 期。

"洗牌",安闲度日的美好生活已成昨日黄花。因此,地方特色大学需要在激烈竞争和转型中与时俱进、找准方向、"笑傲江湖"。

二　地方经济社会发展要求地方特色大学开展社会服务

随着地方经济社会发展,人们物质文化需求的提高与扩展,地方经济社会和人们物质文化需求越来越多样性,这既是对地方大学提出的新要求,也是地方特色大学服务当地社会的新机遇。

(一)地方经济社会发展的迫切需要

知识经济、经济全球化,给地方社会经济发展带来了新的挑战和机遇。在知识经济时代,地方社会经济的发展,必须依靠提高劳动者素质和科学的进步。以知识传播、知识应用、知识生产、传承和创新地方优秀文化为主要任务和工作方式的地方特色大学,在地方社会经济发展中的作用日趋显著。如果说在以往发展中,地方社会经济对地方特色大学的地位和作用还有所忽视的话,那么在转型发展中,地方社会经济发展必须充分地依靠和利用地方特色大学的人力、智力支持和帮助。这就在客观上要求地方特色大学为地方经济社会发展提供全方位的服务。因为地方特色大学的发展和地方的经济社会现代化发展有着紧密的关系,它们相互推动、相互促进。

一方面,地方现代化的加速发展,拉动了地方特色大学的发展。地方经济的快速发展对人才和知识的需求会拉动地方特色大学的发展,同时,地方经济的快速发展又为地方特色大学发展提供了条件。由于地方拥有物质、服务、文化等领域强大的资源,因此能为大学提供科技创新的环境,必备的公共科研服务平台和能够激励大学创新能力的各种机制,为大学提供科研课题和资金合作,这些对高等教育的发展有着至关重要的作用。

另一个方面,高等教育大众化、多样化的发展为地方社会现代化提供了人力资源、知识支持。地方特色大学从经济的边缘走向中心的过程中,已经成为了经济持续增长、社会核心进步的战略支撑,它的作用更加显现,地方特色大学不仅为科技创新和新兴产业提供人才、提供科技成果,实行成果的转化和产业化,而且能够集中精兵强将,助推地方优秀文化走向全国、全世界。

因此没有哪所地方特色大学是脱离地方发展的。任何高水平的地方特色大学无不与地方经济和社会发展保持着良性的互动，两者是紧密合作的双赢关系。否则，在强势的地方政府面前，地方特色大学将处处受制，无法施展手脚。

（二）地方文化教育发展的迫切需要

文化的传承和创新，贯穿在现代化过程的始终。目前，民族文化根基的弱化、社会文明道德水准的下降都反映了现代化进程中文化建设的迫切性。大学以人才优势、科研优势、科技成果优势和信息优势积极传播知识、文化、思想，地方特色大学在地方现代文化的培育、形成及其净化、规范、提升等方面，发挥中坚力量或主导力量，起示范、影响和导向作用。因此，地方特色大学可以通过自身的文化建设，影响、带动辐射所在地域的社会文化建设，这也是满足人们文化多元化发展、个性化需求和地方文化建设的需要。

三　地方特色大学可持续发展需要开展社会服务

就地方特色大学自身来看，长期存在诸多体制机制性的发展难题，我国对大学的管理过于整齐划一，未能较好地体现分类指导和差异化管理的原则。行政化严重造成行政权力与学术权力相冲突；校内资源分配相矛盾；现代大学制度尚未建立，合理的权力制衡机制、内部治理结构不完善，法人治理结构也未真正独立等等。这些问题的存在阻碍了大学的可持续发展，需要大学在发展中解决。

（一）开展社会服务是地方特色大学生存的坚实基础

很多地方特色大学是地方政府为本区域社会经济发展而创办的高校，它的根本任务就是为地方社会服务。从经费来源上看，地方特色大学的经费主要由区域财政拨款。既然如此，地方政府和社会必然要求这类学校为本地区的社会经济发展服务。如果地方特色大学不能很好地履行为本地服务的使命，那么地方政府和社会就不会在财政等各方面对这类高校进行支持。也就是说，地方特色大学如果不能很好地为区域社会经济服务，地方特色大学也就失去了存在的条件和依据。"巧妇难为无米之炊"，因为自身服务地方的意识薄弱、能力低下，地方政府一旦断炊断粮或在政策方面不予以支持，那么，地方特色大学必将很快陷入"上天无路、下地无门"的困境。

（二）开展社会服务是地方特色大学发展的重要途径

从扩充资源、改善条件方面看，名校可以从省级政府和国家得到大量的经费和各类优质资源。但是，对于办学条件较差、经费十分紧缺的地方特色大学来说，则完全是另一番景象。一些主要靠地方财政拨款的地方特色大学，由于地方社会财政能力有限，经费远低于各级各类名校。对由财政主渠道拨款数量较少的地方特色大学来说，要生存和发展就必须通过提供高质量的社会服务，开拓融资渠道。名校因为政策倾斜和财政拨款倾斜，它们从来"不差钱"，开展社会服务主要是解决进一步发展和争创一流的问题。

然而，对地方特色大学来说，社会服务则主要是解决温饱和生存问题，同时也是解决发展问题。因此，地方特色大学全方位地为地方社会经济发展服务，是地方特色大学发展壮大的根本途径。也只有提供高质量的社会服务，地方特色大学才能获得更多经费和资源，逐步从温饱向富足过度。在腰包日渐鼓胀的情况下，可以通过引智、培智、增强科研实力等途径，进一步提高服务质量。

（三）开展社会服务是地方特色大学可持续发展的外部动力

从信息论的角度看，一个系统只有与其生存的大环境系统进行信息、能量的交换才有发展的活力和动力，对地方特色大学来说也是如此。地方特色大学开展社会服务的意义和价值，并不完全是为学校发展获取资源和信息。从某种意义上说，更是激发地方特色大学活力和动力的需要。通过社会服务，可以检验地方特色大学的教育教学水平、科学研究能力，锻炼地方特色大学的科学研究队伍；通过社会服务，可以从社会上获得信息，可以在实践中检验和发展书本知识，提高教师和研究人员理论联系实际的能力；通过社会服务，可以开阔教师和科研人员的视野，使他们从社会实践中充实知识资源，从社会实践中发现自己的短处和不足，从而激发学习、研究的热情和动力。可以说，地方特色大学失去了社会服务的意识和能力，它们也完全不配这个荣誉。即使号称地方特色大学，也不过自封自夸的，根本不被社会所认肯。

（四）开展社会服务是地方特色大学转型发展的内在需要

高等教育的发展关键在于培养的人才能适应社会的需要。由于不同地区经济社会发展水平、产业结构殊异，所需要的人才也就不同。如果各个大学完全按照国家的整体水平进行人才培养，而不注意各地区的特点和不同需求，那么培养出的毕业生则很难适应各地的不同要求。《国务院关于加快发展现代职业教育的决定》提出部分普通本科高校转型，要"引导一批普通本科高等学校向应用技术类型高等学校转型"①，地方大学转型发展是大势所趋、势在必行。

转型发展，是基于高等教育发展趋势、经济需求以及高校自身特点的科学定位，在办学体制、专业建设、教学模式、人才培养模式、师资队伍建设、社会服务模式等方面进行改革。深化教育改革的一个重要问题是理论联系实际。结合本地区社会经济的重大理论和实践问题，开展科学研究，通过各种形式参与到地区社会进行全方位服务。既为本地区政府服务，还为本地区的各行业服务，既为城区服务，又为广大乡村服务。学生实践能力和创新能力的培养，要坚持理论联系实际的原则，教师的课堂讲授也要与本地区的实际相结合。开展社会服务的过程，也为师生理论联系实际提供了重要渠道。学生在参与社会服务的过程中，了解社会，开阔视野，增强能力，实现其实践能力的培养。

国家全力推行部分地方大学转型，绝非个别人心血来潮、随意拍脑门，而是敏锐地观察到不少地方大学在履行大学职能过程中，错位、缺位现象日益严重，不转型已不足以适应现代高等教育的发展趋势。

地方特色大学之所以优于一般地方大学，一个重要原因是能够审时度势，及早地发现自身存在的问题，并且能够"对症下药"。从而实现了自己的功能，体现了自己的价值，也从社会服务中获取了更多信息、资金，开拓了发展空间。

---

① 1《国务院关于加快发展现代职业教育的决定》，《中国教育报》2014 年 6 月 23 日。

第十三章

地方特色大学与地方社会经济发展

服务地方是地方特色大学办学的基本行为，地方特色是地方特色大学办学的生命线，地方特色大学适应地方经济发展需要才能发展。因此，地方特色大学办学过程中必须正确处理的几个关系，地方特色大学与地方社会的关系，地方特色大学与其他地方大学的校关系，地方特色大学自身生存与发展的关系，地方特色大学人才培养目标的基本特色选择，如何为地方社会经济发展重大战略出谋划策等。

第一节　地方特色大学为地方服务的理论依据

地方特色大学与地方合作的视野里，积极主动开展地方服务是地方特色大学办学的重要途径。地方特色大学依托地方，服务地方，以质量求生存，以特色求发展，就必须在理论上明确并在实践中解决办学定位与服务地方、办学特色与核心竞争力、人才培养与办学方向问题。在当前形势下，地方特色大学的办学理念应该体现在地方性和先进性上，集中凸显地方服务的大学精神上。地方特色大学对办学理念的设计，既要秉承历史的、优秀的办学传统，同时又要与时俱进，动态地从全球性的宏观大背景的要求出发，立足于学校的办学实际，融合中西方先进的教育思想和方法，形成符合社会发展要求和学校办学实际的鲜明的办学理念，进而形成办学的优势。

一　为地方服务是地方特色大学办学的基本行为

地方特色大学为地方服务，走为地方服务中生存和发展之路，在为地方服务的视野里，地方特色大学办学行为选择，体现在办学过程中，必须遵循一些基本原则。近年来，一些地方城市专升本类型的新办本科高校，由于是在原专科建制学校的基础上新组建的，其本科教育教学质量还面临着严峻的挑战和考验。要保证、巩固和稳步提高教育教学质量，就必须打破专科办学模式，决不能简单地向本科大学看齐，必须从学校和地方的双重实际出发，探索和总结自己的办学路子和教育模式，遵循办学行为的基本规定性。

（一）地方特色是地方特色大学办学的生命线

地方特色大学要对自己在未来社会经济发展和整个高等教育系统中的战略地位和发展方向作出战略选择，此乃能否切实立足和科学发展的重要前提。对于一所从新建本科大学脱胎而来的地方特色大学，其办学应努力在正确把握时代背景、适应地方社会经济发展趋势和遵循高等教育发展规律。这就要紧密联系地方实际，紧跟市场需求，办出自己的特色，形成自己的优势；不盲目向北大、清华看齐，对脱离本地实际、脱离本校实际的事情坚决不为。绝不盲目攀高、求大趋同、尚名逐利、目光短视。要立足地方、服务地方、依托地方。因为这些大学的优势也主要在地方，"地方规定性"是地方特色大学生存和发展的基础，因而学校应该以满足地方经济和社会发展的需要为主线确定办学目标。坚持地方特色、体现地方特色，牢牢把握这一办学的根本宗旨。

（二）地方特色大学为地方社会服务才能生存

地方特色大学，要努力在地方适应性上做足、做大、做强文章。应坚持以地方经济建设和社会发展为主要的服务方向，特别是要根据地方经济和产业结构的特征与文化资源筹划学科建设、确定专业设置、从事课程开发，要成为地方人才培养中心和科技、文化、教育中心，追求规模、结构、质量和效益的有机统一。地方特色大学还要认真分析地方社会经济发展的现实需求。主要是充分考虑自己办学能否满足地方现实和未来的需求，包括自己的办学和培养的人才能满足哪些区域、哪些领域和哪些类别的需求，实现与地方社会经济的协调发展，努力成为地方社会经济发展的原动力，既是地方特色大学所肩负的历史责任，也是其现实基础和自身可持续发展的关键。

（三）地方特色大学要适应并引领地方社会经济发展

地方特色大学要充分考虑发展性问题，要努力实现现实性与可能性的有机统一，既要基于现实，又不能拘泥于现实，要根据现实的发展变化，适度超前反映现实，提出合理的未来发展目标，在保证内涵相对稳定的同时，要紧密结合时代的变化和经济社会的发展，以及高等教育改革发展的趋势，适时调整自己的办学思路，打破单一的办学模式，保证办学实践充满生机和活力。同时，地方特色大学还要实事求是地确定自身的办学目标，关键是要客观冷静地分析自身的办学实际，认真回顾自己的发展历程，客观评价自身的优势和劣势所在，冷静分析自身在高等教育系统，特别是在同类院校中的位置，坚持有所为有所不为、有所少为有所多为的原则。绝不能悖离自身实际，以施用激素式的方式谋求发展。

二　地方特色大学办学过程中必须正确处理的几大关系

地方特色大学为地方服务中生存和发展。要对自己在未来地方社会经济发展和整个高等教育系统中战略地位和发展方向做出的战略选择。地方特色大学的办学，应努力在正确把握时代背景、适应区域经济社会发展趋势和遵循高等教育发展规律，探索、总结、实践基本或完全属于自己的办学模式，以质量求生存，以特色谋发展，这就要求地方特色大学，在办学过程中要认真处理好"地方与高校"、"他人与自己"、"现实与现存"、"立足与生存"等几个基本关系。

（一）地方特色大学与地方社会的关系

这里主要是充分考虑自己办学能否满足现实的哪些需求，即自己的办学和培养的人才能满足哪些区域、哪些领域和哪些类别的需求。实现与区域经济社会的协调发展，努力成为区域经济社会发展的源动力，既是地方特色大学所肩负的历史责任，也是地方特色大学办学的现实基础和自身可持续发展的关键，要努力在区域适应性上做足做好文章。

（二）地方特色大学的校际关系

地方特色大学必须认真对待和正确处理"他人与自己"的关系，即自己现有条件和能力的制约性，以及实行与驾驭别人经验和模式的诸多条件限制性。地方特色大学要充分发掘利用地方特有的办学资源，走有自己特色的路。要紧密联系地方实际，紧跟市场需求，办出自己的特色，形成自己的优势。认清学校校情与地方实际，避免求高、贪大；明确服务面向，科学制定发展目标。具体问题具体分析。特别是脱胎于新建本科高校的地方特色大学，要构建"教学服务型"大学的主估体系，形成自己"学以致用"的明确的办学目标，办学定位；要明确人才培养目标，要教学模式多样化，从就业、创业角度，重视学生就业情况以及就业后的反映。这是高等教育大众化时代"教学服务型"地方特色大学的要求，也是地方特色大学"初创阶段"必须面对的基础关系。

（三）地方特色大学生存与发展的关系

地方特色大学一个十分重要的战略性的问题之要充分考虑发展的问题，这个问题具有实际意义：其一是学习、借鉴别人的成功办学经验和做法，完成"初创阶段"的办学艰难期。其二是走出初级阶段的办学"鹦鹉模式"，以自己的办学特色和模式谋求发展，真正形成自己的办学个性。既学习别人，又不能完全"复制"别人。要紧密结合时代的变化和经济社会发展，以及高等教育改革发展的趋势，适时调整自己的办学思路，打破单一的办学模式化，保证办学充满生机和活力，真正下功夫去探索自己的办学道路和办学模式，培育和形成自己的特色和个性，这样的地方特色大学才有可能立足、生存和发展。

（四）地方特色大学现实与理想的关系

地方特色大学，要实事求是地认同自己的现实，确定自身办学的已有基础和条件，谋划自己的办学行为选择。这里有一个关键的问题，是要认真分析和对待在当下办学环境和背景中的现存制约，要客观冷静地分析自身在高等教育激烈竞争时期的办学考验和挑战，认真回顾自己的发展历程，客观评价自身的优势和劣势所在，冷静分析自身在高等教育系统，特别是同类院校中的位置。认同自己已有的现实，努力协调、改善、适应制约和影响自己发展的现存。这是地方特色大学"初创阶段"办学必须面对和正视的基本问题。

三　地方特色大学通过特色人才培养提高社会服务水平

地方特色大学，是我国高等教育事业发展的新生力量，作为我国地方和区域经济发展、社会进步的一支重要生力军，必须引起我们的高度重视，发现问题，扭转倾向，研究对策，努力促成尽快发展。现在一些尚未成型的地方特色大学，办学模式存在问题，即机械地学、抄、搬别人的套路。久而久之，便无法了解"我是谁"。如果说这是新办本科院校初创时期的必经阶段，或许是必要的和必须的，那么，尽快、彻底走出这个阶段，办出完全属于自己的特色，这样的地方特色大学才能立足和发展，也才算名副其实。否则，只不过是有名无实的不舞之鹤。

（一）地方特色大学只有培养特色人才方能立足

高等教育是帮助一个人在未来的生活中更成功的寻找自己的幸福，在未来的社会建设中更能发挥自己的聪明才智，有益于自身和有功于社会。而不仅是修业期满，为社会打造一个合适的螺丝钉或制造一个合格的零部件。大学的教育过程，不是实现统一规格的被塑造，六十分和一百分一样修业合格，由校园而进入社会。地方特色大学不是学历证书教育，而是为地方经济和社会发展培养、塑造有特色的专门人才，让学生发展自己的生存本领和特色。他们在学士修业教育这个双边、互动过程中，不只是学会知识而且学会学习，不仅是学会接受而且学会思考，不光是学会做学问而且学会做人。要学习知识，培养能力，形成属于自己的特色，全面发展。

地方特色大学教育、教学和整体人才培养，不是学历证书、学士学位课程教学内容体系，如果认为，学会知识、学会接受、学会做学问在学士修业教育上也许能完成。那么，学会学习、学会思考、学会做人在修业教育上是根本不可能完成和实现的。因为，人才的这些素养和品质，必须积累、打磨、长养、锤炼而成，要在修业教育以外，通过社会大环境的影响、校园文化的熏陶和调动学生主体坚韧不拔的努力，得以完成和实现的。从这个意义上说，要警惕和防止单纯的学历证书教育，必须潜心营造大学校园的整体育人环境和氛围，全力打造自己这个大学本体校园精神和校园文化，才能以自己的学生的特色挤占市场，在激烈竞争的现代社会，既为学生也为学校谋得生存、迎接挑战和获得发展。走出自己的办学之路，必须是办个性或特色教育，为地方经济和社会发展培养、塑造有特色的专门人才。

（二）地方特色大学只有培养地方需要的人才方能发展

地方特色大学必须摸索和总结、实践自己的办学模式，办出自己的质量才能真正在当前办学艰难时期求得生存。在理论与实践的意义上，在大学的历史使命和社会责任的视角，大学的理想培养目标是全面发展、适应能力强的人才，是促使每一个鲜活的个体各得其所，自我完善，有功于社会。而不是打造清一色的定型、规格产品。

现在的一些地方大学，还沉迷于这种现代学历教育，即多少年一贯制的模式化、工厂化培养，是专业知识确定，适应范围固定的定型人员。学生只要跟着多少年就这样确定下来的教育、教学计划，学完课程，拿够学分就"合格"。学校的办学质量当然也就很难获得保证和提高。

地方特色大学真正保证和提高教学质量，就必须基于自己的实际区情和校情，走自己的路，办出自己的特色。地方特色大学发展，确实应该很好的向老牌本科大学学习办学，但同时应该清醒的看到，传统意义上的学历教育，是几十年一直延续下来的、内部秩序井然死寂地培养统一规格的定型产品，这是必须彻底改革的。但是，为了改造，又不能陷入新的误区，

一般地方大学最容易陷入跟着别人、跟着社会跑的误区，即拼命的追赶重点大学、盲目适应现实社会。面对这些现代意义的学历教育，我们必须明确指出，既不能是单一学历教育，也不能一味迎合现实。要以自己培养的富于能力的、鲜活的人才的质量，应社会之万变，这才能警惕和防止模拟学历教育的办学模式。

地方特色大学存在的价值，是立足自己的现实和地方的需要，明确自己学生的毕业的主要流向，充分挖掘学生的潜能，广泛调动学生的学习积极性，培养学生学会生存、发展和不被淘汰的能力，适应于、有功于地方经济发展和社会进步。

地方特色大学，只有努力探索自己的本科办学模式，以属于自己新的特色，才能在艰难时期得立足、求生存和谋发展。地方特色大学，要

在教育教学中既不停滞于照搬、照抄、照做老牌名校的外显的模式化办学样态，也不固守自己的已经驾轻就熟的专科办学经验、做法和惯例，而要努力探索自己的、新的本科办学模式以求立足和生存，以自己新的办学特色以求发展和壮大。

同时，地方特色大学，只有在办学过程中，不盲目搞外延式发展，坚决走内涵式发展的必由之路。坚持"以自己办学为本、以自己的学生为本、以为地方经济和社会发展服务为本、以高等教育规律为本、以自己的特色和个性为本"的"五个为本"办学原则和思路，准确自我定位，塑造自己的个性，打造自己的品牌，办出自己的特色，才能站稳脚跟，获得机遇，谋得并走好属于地方特色大学自己的生存和发展之路。

第二节 地方特色大学与地方社会经济的战略互动

地方特色大学在为地方发展服务的办学过程中，面临的严峻挑战和考验，是抓好和确保学校教育教学质量问题。要保证、巩固和稳步提高教育教学质量，打破自己原来驾轻就熟的专科办学模式，从学校和地方的双重实际出发，探索和总结完全属于自己的、新的办学路子和教育教学模式，强化与地方经济发展的战略互动。

一 地方特色大学如何面向地方社会经济的主战场

在 20 世纪 90 年代，高等教育界曾经有过一场讨论：高等教育如何由"边缘"走向"中心"。在那时，争论的焦点是高等教育与社会的关系，以及高等教育的社会服务职能问题，强调高等教育的整体要从社会的边缘走向社会的中心。那么，在高等教育内部的成员之间是否也存在一个从边缘走向中心的问题呢？回答是肯定的。根据组织整合理论：在人类社会的发展过程中，在农业社会和近代社会，组织中都存在着核心成员和边缘化成员。在现代社会中，未来的发展趋向是成员趋向于平等，主要是基于信任的原则，实现的是"双赢"或"多赢"。就我国高等教育的组织构成而言，我们历来就有"国家队"和"地方队"之分。所谓"国家队"就是指属于国家部委直接管理的一部分高等学校，它们大多数据是 985、211 工程大学，所谓"地方队"就是指属于地方政府部门管理的一部分高等学校。在"地方队"这支队伍中，绝大多数的是地级城市的大学，它们是地方大学的主体。那么，地级城市大学在强手如林的情况之下，如何由边缘化成员成为核心成员，如何在信任的基础之上实现与国家队的"双赢"或"多赢"，成为地方大学面临的现实问题。

一所高水平、特色鲜明、质量突出的地方特色大学对一个地方的社会经济发展所起到的作用无疑是十分关键的。当然，这些重要作用并非立竿见影，而是逐步见效。在某种程度上，甚至是隐性、无形的。

（一）地方特色大学在高等教育大众化的进程中起着举足轻重的作用

随着知识社会的到来，高等教育在国家和社会发展中的作用日益受到各国政府的重视，高等教育逐渐走向社会的中心。这主要体现在两个方面：一是政府加强对大学的干预，二是大学逐渐从"象牙塔"走向社会，扩大服务社会的领域和范围。为社会服务是高等学校的重要职能之一。无论是为地方服务，还是为全国服务，都是一种服务，不存在高低和优劣的问题。根据组织的分工，不同层次的大学应当承担不同的任务，应有不同的定位。现在，总的发展趋向是：无论是公立研究型大学，还是非研究型大学，抑或是民办大学，都在探索为地方服务的途径和方式。作为地方大学，服务于地方发展是情理之中的事情。而且地方大学从服务地方发展的边缘走向服务地方发展的中心是可能的。其可能性主要取决于以下一些因素：

1. 从组织构成来看：地方大学正在成为高教发展的新的增长点。近年来，随着"中央和省级人民政府两级管理、以省级人民政府管理为主"的高等教育管理体制和"在国务院的领导下，分级管理、地方为主、政府统筹、社会参与"的职业教育管理体制的确立和不断完善，大学布局逐步向地级市延伸，成为高等教育发展的一个重要特点，使大学在地级城市的分布和设置状况明显改观，有力地促进了地级城市经济和社会的发展，提高了地方政府发展高等教育的积极性。从数量上来说，地级城市高教发展是高教发展中的一个新的增长点；从作用上来说，地级城市高教在高等教育大众化的进程中起着举足轻重的作用，而且对于统筹城乡高等教育的发展具有重要的现实意义。

　　日益增多的地方大学已经和正在改变中国高等教育的格局。然而，地方大学并非自动成为地方社会经济发展的重要支柱。之所以强调地方大学要迈进地方特色大学之列，正是希望地方大学必须认真审视自身的天然弱势，用百倍、千倍的努力提升自己的办学实力，从而逐步成为地方特色大学。

　　2. 从面临的环境来看：地方大学的有利条件大于不利条件。第一，地方大学的作用日益凸显。中国是一个发展中国家，是一个农业大国，对于广大的地区来说，缩小差距的重点和难点在农村。地方大学处于城市和农村的交界地带，是当地经济、文化的中心，理应发挥更加重要的作用。第二，政府宏观政策的引导更加趋于理性和完善。随着社会公平要求呼声的增高，政府管理高等教育的策略也越来越趋于理性，方法也越来越臻于完善。例如，在"重点工程"建设中，教育部和财政部联合实施了职业技术教育工程，旨在不断提高职业技术教育的水平。这是对地方大学发展极为有利的政策措施。第三，各类大学自身也逐渐趋于理性和富于战略思维。随着高等教育市场细分的加剧，不同层次和类型的大学都在有选择地追求卓越。其中，一些地方大学也调整发展方向，制订适合自己的战略规划，以谋划更大的发展。不少地方大学正在把目光投向所在的地区，把发展定位在当地。当然，地方大学发展仍面临不少不利条件，如基础薄弱，发展有待加强等问题，但是，从大势来看，可以说前景看好。

　　在大学面临重新"洗牌"的过程中，地方大学的机遇与挑战并存。不可否认，在985、211工程大学和省级重点建设大学的强力挤压下，地方大学所遇到的巨大压力远非十年前、二十年前可比。其中最显著的变化是：招生和就业压力重重。正因为如此，地方大学必须勇于迎接挑战，苦练内功，逐步改变既有的弱势。事实上，地方大学正是在改变弱势的过程中寻找突破口，并根据自身发展和地方需求，创建地方特色大学。

　　如果过于放大不利条件，得过且过，那么，这样的地方大学只能止步于平庸，无法成为当地一张亮丽的品牌，更不可能成为地方大学中凸起的山峰！

（二）眼睛向下，以"立地"为准则

地方大学服务地方社会经济发展仅有发展的可能性还不够，更重要的是有发展的现实条件，那就是要采取正确的战略和策略。地方大学应当与名校实行差别化战略，走不同的发展道路，选择不同的发展策略。由于地方大学所处的历史地位，以及自身的发展条件，它们面临不少不利条件。如何化不利为有利是当前亟待解决的问题。因此，在发展道路选择上，就必须采取务实的态度，走高等教育地方化的道路，即眼睛向下，实现"立地"的目标。

高等教育地方化，就是指地方大学要为地方经济建设服务。其核心在于，地方大学要真正发挥其应有的职能，解决学校与社会脱节的问题。对于大学整体来说，人才培养、科学研究、社会服务、文化传承与创新是其四大职能，但是对于地方大学来说，由于大部分是一些教学型、教学服务型大学，所以主要任务是人才培养。当然不是不需要其他三大职能，而是职能形式不同于名校。

地方大学科学研究的重点是如何提高教学质量和水平，如何提高教师的实践技能和水平，从而提高学生的实践能力；社会服务的重心在于让学生学到实际的服务技能和本领；文化传承与创新同样是人才培养过程的重要内涵。而人才培养的目的是：使学生除了学习基本的生活知识、生活的价值之外，特别要掌握今后走向社会之后，生活和工作的技能和本领。这与名校所培养的学术性人才不同。这就要求地方大学要通过人才培养这个"关口"，来实现为地方社会经济服务的职能。地方大学的毕业生大多数是要回到地方，为当地服务；学术性人才的需求毕竟是少量的，大量的是技能型人才。两者并无高低厚薄之分，其检验标准是社会用人单位对毕业生的认可程度，包括是否具有实际工作能力；是否具有良好的职业道德；是否具有合作和沟通的能力等。

总而言之，地方大学的发展方向应该是面向地方经济的主战场，走地方化道路，以培养大量应用型人才为主，在知识、素质和能力三个因素中，尤其要强调能力的重要性，特别是动手能力和实践能力，在知识中更多强调的是应用型知识，在素质中更多要体现过硬的实际素质。这些问题，说起来非常容易，但是做起来十分不易，不仅涉及到社会价值观念，而且涉及到教育理念、教师水平、办学条件等复杂因素。但是，如果方向对头，就可能实现预定的目标。

（三）因地制宜，走分类发展之路

地方大学在发展方面，要解决的问题很多。除了发展道路选择之外，最根本的问题是要解决一个策略选择问题：是走一般普通大学的发展思路，发展学位教育，还是走创新型大学之路，以特色制胜？传统的普通大学的发展模式是：不断追求规模的增加，不断提高学位的层次，以学术性为导向。而创新型大学则是：不断适应市场变化的需要，不断提高人才培养的适应性，以职业性为导向，走特色之路。从办学实践来看，地方大学要办出特色就需要因地制宜，走分类发展之路。

对于地方大学来说，要区分不同的地区和不同的类型。不同的地区主要体现在经济水平的差异上，不同的类型主要表现在学校的层次上。从经济发展水平考量，地方大学要着力解决经济发展对人才的需求问题。发达地区的地方大学要着力满足工业高速发展对高级技能人才和管理人才的需求；中等发达地区的地方大学要解决学历补偿需求和中等技能人才需求；欠发达地区的地方大学要解决学历需求和一般技能人才培训需求。就课程内容与性质而言，应当处理好通识教育与应用技术教育的关系。其中，课程设计是关键，通识性课程应占有一定的比例，但多数的课程应该是应用技术教育课程，重在满足学生的未来职业需要，同时兼顾学生的人文素养，也为一少部分学生今后进一步的提高和发展打下坚实的基础。

二　将地方特色转化为学校的育人特色

地方大学的发展与地方社会经济等各项事业存在千丝万缕的联系。身处地方的大学必须立足自身实际，围绕培养人才这个核心，紧跟地方人才需求变化，善于将地方特有的优势资源转化为强大的教育力量，努力将地方特色转化为学校的育人特色。

地方大学一般定位为教学型、教学服务型大学，主要是面向地方基层企事业单位培养各类应用型人才。学校首先要注意加强社会调研，贴近市场，设计好人才培养方案和培养规格，努力为地方未来发展培养急需、紧缺、合格的人才。在人才培养过程中，要善于利用当地特色产业、骨干企业的技术力量和实践基地，灵活调整人才培养模式，提倡校企合作，联合办学，为地方特色产业、骨干企业源源不断地输送各类实用型人才。具体做法包括：根据产业发展和骨干企业的人才需求特征，结合学校学科优势，设置相关应用型特色专业，学校实施"平台＋模块"的人才培养模式，结合学生的专业背景和个性特长，构筑"厚基础、宽口径、强能力、重实践"的专业知识与技能平台，为培养学生良好人格和扎实专业基础创造良好条件；企业根据自己人才需求的具体规格，派出专业技术人员对学生进行技能训练和指导，注重实践教学，强化学生的实践技能和灵活解决问题的能力，学生毕业后便可以直接上岗工作。这样既可以满足企业的人才需要，减少企业的培训成本，又有利于学以致用，解除学生的后顾之忧。

当下，不少地方大学不顾自身局限，盲目求高。在定位方面体现为：自定为教学研究型（这主要是 211 工程大学和部分省级重点建设大学的定位）大学，睥睨教学型和教学服务型大学。在它们看来，较高定位是一种不甘心沉沦、勇于进取的体现，是大学精神在办学定位方面的突出表征。事实上，这样的定位是撇开了自己适合的轨道，主动进入属于更高层次大学的轨道，容易"撞车"。最终，受损的当然是自己。显然，这样的地方大学早已谋划脱离地方、不愿"立地"，也根本不可能"成佛"——地方特色大学。

另外，不少地方大学地处历史文化名城，拥有得天独厚的悠久历史文化资源，充分开发利用地方独特的历史文化资源，可以将之转化为学校特色的人文素质课程，可以将之发展为有学校特有的校园文化，可以将之提升为学校独特的大学精神，有的甚至还可以成为学校特有的校园布局、建筑风格。大学各方面的投入相对有限，办学的软硬件相对落后，要在艰苦的环境中突出个性，办出特色，必须弘扬艰苦创业、奋发有为的精神，将强大的精神力量融入到学校发展的各项事业中去，凝聚人心，励志育人，形成严谨治学、诲人不倦的优良教风，形成自立自强、勇攀高峰的优良学风，不断锤炼、积淀独特的校园文化。在校园文化建设中，要谨防盲目跟风、仿效，不敢亮出自我的懦弱心态，要谨防自我拔高、空洞无物的精神麻痹。

三   通过服务地方，扎根于地方水土

近年来，一些地方的新建本科高校，由于是在原地级专科、中专建制学校的基础上新组建的，其本科教育教学质量还面临着严峻的挑战和考验。要保证、巩固和稳步提高教育教学质量，就必须打破专科办学模式，决不能简单地向本科大学看齐，必须从学校和地级市的双重实际出发，探索和总结自己的办学路子和教育模式。

对于一所地方大学而言，其办学应努力在正确把握时代背景、适应区域经济社会发展趋势和遵循高等教育发展规律的基础上，办出地方特色。

首先是现实性的问题。就是要实事求是地确定自身的办学目标，关键的是要客观冷静地分析自身的办学实际，认真回顾自己的发展历程，客观评价自身的优势和劣势所在，冷静分析自身在高等教育系统，特别是在同类院校中的位置，坚持有所为有所不为的原则。

其次是地方性的问题。要认真分析地方社会经济发展的现实需求。这里主要是充分考虑自己办学能否满足地方现实的需求，包括自己的办学和培养的人才能满足哪些区域、哪些领域和哪些类别的需求。实现与地方经济社会的协调发展，努力成为地方经济社会发展的原动力，既是地级市高校所肩负的历史责任，也是地方大学的现实基础和自身可持续发展的关键，要努力在区域适应性上做足、做大文章。应坚持以地方经济建设和社会发展为主要的服务方向，特别是要根据地级经济和产业结构的特征与文化资源筹划学科建设、确定专业设置、从事课程开发，要成为地方人才培养中心和科技、文化、教育中心，追求规模、结构、质量和效益的有机统一。

其三是发展性的问题。要充分考虑发展性问题。新办高等教育，要努力实现现实性与可能性的有机统一，既要基于现实，又不能拘泥于现实，要根据现实的发展变化，适度超前反映现实，提出合理的未来发展目标，在保证内涵相对稳定的同时，要紧密结合时代的变化和经济社会的发展，以及高等教育改革发展的趋势，适时调整自己的办学思路，保

证办学实践充满生机和活力。

其四是形成地方特色的问题。要紧密联系地方实际，紧跟市场需求，办出自己的特色，形成自己的优势；不盲目求高、求大、求全、求快。必须一步一个脚印，坚实地走好每一步。要立足地主、服务地方、依托地方。因为这些院校的优势也主要在地方，因而学校应该以满足地方经济和社会发展的需要为主线确定办学目标。坚持地方特色、体现地方特色。

第三节　嘉应学院成为地方社会经济发展的引擎

地方特色大学求生存，谋发展的必由之路，是立足地方，服务地方。在高校与地方合作的视野里，要认真遵循办学行为的基本规定性，要正确处理办学过程的基本关系，要明确、认同和把握办学行为的基本选择，为地方社会经济发展重大战略出谋划策。

一　教师教育为梅州基础教育提供了全方位、高质量服务

近年来，尽管梅州市基础教育付出了巨大而艰辛的努力，每年培养了数万名外出上大学的考生，但是，毕业后回梅工作者寥寥无几。而由于本地经济发展水平较低，工资待遇较差，也难以吸引名校和其他地区的毕业来梅就业。人才严重流失所造成的负增长，已经成为包括梅州在内落后地区的共同样态。其中，在教育领域，教师缺失现象依然十分严重，部分贫困县还有相当数量低学历的代课教师、民办教师。高水平教师大量缺失，导致百年前积累和沉淀下来的高质量教育形象日益矮化，甚至妖魔化。百年前，梅州拥有包括梅州中学、乐育中学、百候中学、东山中学在内的一大批全国性名校，其数量不但在整个广东首屈一指，在全国也十分罕见。然而，这些都只能是过去的辉煌！

根据现有状况和递增需要的情况，各级和各类教师中，学历未达标和教师缺编的形势将会更加严峻。在这种形势下，嘉应学院的全日制本专科教育，特别是本科教师教育，成人高等教育的学历教育，肩负着梅州山区基础教育事业发展的重要使命。为梅州及周边地区培养、培训了

大批优秀师范毕业生和中小学优秀教师。

结合梅州这一"足球之乡"、"亚洲球王"李惠堂故乡的特色，并按照国家振兴足球事业的需要，自 2008 年以来，学校以体育学院为平台，着力打造足球特色。2008 年，体育学院举办了"振兴梅州足球之乡学术研讨会"，并启动了申报运动训练（足球）专业工作。2009 年，在体育教育专业中开设了足球方向。2012 年，申办运动训练（足球）专业获得教育部和国家体育总局批准，并于 2013 年正式招生。

该专业不但与梅州市体育局和梅县富力切尔西足球学校深度合作，并聘请了原中国足球协会主席年维泗、原中国足球队主教练曾雪麟为荣誉教授，聘请陈成达、张俊秀、容志行、高丰文、戚务生、郭家明、邓锡权、岳永荣等一批足球名宿为客座教授，着力打造南方足球重要的人才高地。"南方足球创新人才培养培训基地"获得中央财政支持地方高校发展专项基金资助。

目前，足球人才培养成效日渐显现、社会影响越来越大。运动训练专业的大三学生谭茹殷，2014 年 8 月代表国青队参加 U20 女足世界杯小组赛，获得 5 比 5 战平德国女足的成绩，并凭借突出表现获国际足协颁发的 U20 女足"最佳运动员"称号；2015 年代表国家队征战女足世界杯，并在决赛圈中国队和荷兰队比赛中，帮助中国队力克荷兰、挺进八强。

2015 年广东省第九届大学生运动会上，学校女子足球队以五战五胜，不失一球进十五球的全胜战绩获得冠军。

2015 年 10 月 30—31 日，由国家体育总局体育文化发展中心、中国体育科学体育史分会、嘉应学院、广东省足球协会、梅州市足球协会联合主办的中国足球文化建设高峰论坛暨纪念球王李惠堂诞辰 110 周年学术研讨会在我校和球王故乡五华县隆重举行。国家体育总局文化发展中心主任梁晓龙、国家体育总局文化发展中心书记薛立等众多与会专家对我校积极推动足球事业、培养足球人才予以了充分肯定和高度赞扬。

二　政产学研合作为"科教兴梅"大显身手

梅州作为发达省份的经济欠发达地区，科学技术研究和科技开发工作还比较落后，严重制约着梅州的建设和发展。嘉应学院作为梅州唯一的一所全日制普通高校，具有责无旁贷的使命。履行一所大学应有的社会责任，通过体现区域特色和优势的科研力量和方向的整合，积极承担各类科研项目，特别是为地方经济发展服务的课题，积极与企业结合，开展科技服务，突出兼顾和重点体现以梅州市场为导向，开展科技研发和服务工作，为山区的经济发展和社会进步服务，嘉应学院在梅州，有非常广阔的展示舞台和广大的施展空间。

同时，为了办好嘉应学院，切实提高教育、教学质量，培养为地方经济发展和社会进步服务的应用型人才；为了有效并充发挥嘉应学院在梅州经济发展和社会进步中的综合作用，梅州市委市政府给予了全方位的支持。按照嘉应学院章程的规定：嘉应学院董事会的历届董事长均由梅州市长担任。这样，更确保了学校与地方的融为一体的特殊关系，减少了诸多不必要的麻烦。

三　传承与创新客家文化的核心基地

客家是汉族中的一个民系，历史上为避战乱，从中原辗转迁徙而来。为了生存和发展，客家人在长期艰苦环境中，秉承中原文化精髓，形成了"崇文重教、勤俭诚信"的客家文化精华。客家文化以其民俗民风的古朴被誉为中国"传统文化活化石"，备受海内外学者的高度关注。嘉应学院地处具有"世界客都"之誉的梅州市，这里是客家人的主要聚居地，保存有丰富的客家人文资源。1989 年，我校在全国率先成立了客家文化的专门研究机构——客家文化研究所，2006 年初，整合校内资源发展为客家研究院。在办学理念和本科教学中，依托客家文化资源优势，坚持弘扬客家优良传统文化，用优良的客家传统文化精神培养教育学生。

一方面，利用学科优势，多视角开展客家人文资源的挖掘与研究。十多年来，学校致力于梅州地方历史、民俗、宗教、社会等文献的收集与整理，从不同的视角不同的层面，对客家人文资源进行了挖掘与研究。多学科参与研究，客家民俗研究、客家文学与客家方言研究、客家艺术研究，成果影响显著；依托专业刊物、资源库和学术研讨会，为中外客家研究学界构建学术交流平台；广泛开展田野调查和专题研究，为地方经济文化建设服务；开展客家文化特色教育，弘扬客家优良传统文化精华。

　　另一方面，挖掘客家文化中德育教育资源，塑造学生的人格和素养品牌。由于独特的历史原因，客家人形成了崇文重教、勤俭诚信、开拓进取、爱国爱乡的优良传统，学校在大学生德育工作中非常注意挖掘这种德育资源，塑造大学生的健康人格，确立了"勤俭诚信、立己树人"的校训。客家学者讲客家文化及客家人素养，在大学生德育工作中发挥了重要作用。学校学生以其优良的品格，在社会上赢得了良好的声誉，特别是毕业生得到了很多企业的青睐。

第十四章

嘉应学院服务地方的战略分析

地方大学生存与发展的必要条件和重要载体是办学特色，提高学校的核心竞争力必须认真对待办学定位和办学特色问题，才有可能在高等教育激烈竞争中获得一席之地，实现发展。地方大学最重要的办学取向，就是必须立足地方，服务地方，根据本地区的区位优势与社会需求，确立办学宗旨，构建办学体系，发挥自己的优势，办出质量，办出特色，才能维系学校的生存，实现学校的可持续发展。

第一节　审时度势　谋求突破

嘉应学院是梅州山区唯一一所高等学府，她肩负着为梅州山区乃至全省社会经济建设培养人才的重任，在梅州的社会经济发展中扮演着重要的角色。为了更好地服务地方，嘉应学院近年来提出了创建国内知名特色大学的远大理想和宏伟蓝图，并明确写入嘉应学院章程。在大学竞争日益加剧的现实情况下，必须冷静地分析和研究嘉应学院所面临的形势。

一　优势（Strengths）

（一）综合优势突出

学科齐全，专业数量多。我校目前有 45 个本科专业，除哲学外，涵盖了文学、理学、工学、法学、医学等 10 个学科门类，与广东省其它新建本科院校相比较，是学科门类最为齐全的院校。学校除传统的师范类专业外，还初步建立了如生物工程、通信工程、工程管理等新兴的专业。在发挥学校传统学科优势的基础上，大批新兴专业的设置，为学科交叉与学科融合提供了基础条件。这也为学校下一步向应用性本科院校的转型提供了覆盖面较广的学科基础。

（二）校地结合优势

自 2000 年升本以来，学校已经走过了十五年的发展历程。十五年中，学校形成了鲜明的办学特色，积累了成功的经验。如积极探索与地方密切合作的人才培养方式——"党政干部战略后备人才"、"经济管理战略后备人才"等定向人才培养基地，广泛开展定向人才培养，为山区经济社会发展培养急需的应用型人才。另外，卓越教师、卓越工程师、卓越法律人才培养等正在稳步推进。

（三）植根侨乡优势

目前，梅州华侨遍布世界五大洲 63 个国家和地区，有 380 万人，梅州历来学风鼎盛，崇文重教，人才辈出，在海内外拥有丰富的人才资源。如知名企业家曾宪梓、田家炳；知名科学家丘成桐、潘毓刚、李国豪、李元元等。他们虽身在海外和外地，但仍心恋故土，时刻关注家乡教育事业发展。据统计，1985 年以来，美国旧金山客属联谊会、香港嘉应商会等 12 个客属社团和众多乡贤累计捐资近 1 亿元支持学校发展。一大批知名科学家更是不计报酬来校讲学指导，并利用所在单位的学术资源，为学校发展提供尽可能的支持。

（四）客家文化优势

客家文化所展现的坚忍不拔的意志、勇于开拓的精神、勤劳朴实的品格及善于团结的集体主义精神。反映在学校层面，学校师生员工秉承了客家人的优良传统，恪守"勤俭诚信、立己树人"的校训，领导班子团结协作、开拓创新；教师爱岗敬业、严谨治学；学生朴实刻苦、学风优良。无论是学校管理人员还是师生员工都有一种危机意识和责任意识，这有利于学校上下统一思想，为学校下一步的发展齐心协力，献计献策，这些都是学校宝贵的精神财富。

二　劣势（Weaknesses）

（一）区位劣势明显

梅州市处于山区，远离广东经济快速发展的珠三角地区，经济欠发达，交通不便。从梅州市经济发展来看，经济发展方式与结构调整矛盾突出，工业基础十分薄弱。虽然广东省政府提出要加快东西两翼和山区的发展，但这难以消除其区位上的劣势。经济上的欠发达、交通上的不便利、办学成本、校际交流、信息传递等因素，成为学校师资流失的重要原因。

（二）师资力量不够雄厚

我校的办学水平在广东省 37 所普通本科院校中（含 3 所民办院校）目前处于中下游。与广东省同类地方大学相比，无论是正高职称、副高职称教师的比例，还是具有硕博士学位教师占全体教师的比例，我校均无优势。且学科之间发展不均衡，高水平的学科带头人较为缺乏。

（三）办学经费比较紧张

办学经费不足是制约我校改革与发展的主要困难。并且，随着学校办学规模的继续扩大，以及学校工作重心向提高教育质量的方向转移，经费紧张的局面仍将继续存在。学校教师待遇偏低，与广东省其它高校相比，没有待遇上的优势，这势必会造成人才引进困难以及本校优秀师资的流失。学校急需拓展建设经费的渠道和来源，建立健全投入与产出的评价机制，进一步整合和优化办学资源配置，注重办学效益，建设节约型校园。

（四）学科结构不够合理

我校的学科优势在传统学科、师范专业。这与梅州市整体的人才需求不太相符。梅州市"十一五"规划中提出，梅州多管理、教育人才，而少经济、技能人才。从专业分布看，我校与其他一些新建本科院校的学科雷同，基本集中在传统师范类学科。而与地方产业相符的轻工业类专业、农林类专业以及其他新兴产业类专业却很少，相关人才储备不足。

三　机遇（Opportunities）

（一）国家战略所带来的机遇

中央关于高等教育强国战略提出，不仅要推动研究型大学的建设，同时也关注到了其他层次和类型高校的发展。广东中长期教育改革和发展规划纲要也提出，要完善高等学校的分类定位与指导，鼓励各类院校在本层次本类型中办出特色，创造品牌，争创一流。到 2020 年，每类高等学校均建成 1—2 所国内一流、国际先进的高水平学校。这为学校发展带来了巨大的机遇。

（二）区域教育合作的机遇

区域合作日益成为高等教育发展的一个动力和特征。广东与香港、澳门的合作正日益密切。2010 年，广东省与香港签署了《粤港合作框架协议》，推动两地多方面的合作。这必然同时推动两地的教育合作和教育交流。梅州市已经与香港有了不少教育合作的探索，如两地已经合作成立了"梅州市高层次医学科学人才培训示范基地"、共建了"梅州市人才培训香港基地"以及"梅州市技能型人才培训示范基地"等。与此同时，广东与台湾的交流合作全面加强。随着粤港澳台合作的推进与深入，两地的教育合作会更加密切。高校之间的交流与合作也日益频繁，这将给学校的发展带来机遇。

（三）产业调整带来新的发展机遇

按照广东省的战略发展规划：必须"推动两翼、山区与珠三角的互动发展，实行差别化产业政策，促进珠江三角洲、两翼、山区的产业形成各有侧重的梯度合理分工，积极推进珠三角产业向山区和两翼转移。在这种产业转移和产业升级的过程中，部分产业会涌入梅州市。早在2008 年，广州就与梅州市签署了两地产业转移的协议。这不仅会促进梅州经济的发展，也为学校人才培养提供了机遇和方向。学校可以结合当地"绿色崛起"的产业导向，发展相关的专业。

（四）广东省职业教育的发展为应用型本科提供了发展机遇

多年以来，广东的职业教育在全国首屈一指。无论是学校，还是在校学生数量等重要指标均居全国第一。而广东省又在探索应用型本科招收高职毕业生、高职招收中职毕业生的制度。再加上梅州市委市政府提出打造 5 所超万人和 6 所超 5000 人的中职学校,大力发展职业技术教育和技工教育。这为我校等定位为应用型本科的院校提供了发展的空间与机遇。一方面,我校可以依托师范教育的特色与传统,培养中等职业教育师资;另一方面,可以招收更多的高职高专的学生。这样,学校将会有很大的发展空间。

(五)地方社会经济发展日益依赖高校所带来的机遇

随着高等教育社会服务功能的加强,高校对于地方经济社会发展的价值日益增强。政府也已逐步认识到这一点,并将更多地从高校获取发展的动力和支持。近年来,学校与市政府联合出台了《梅州市政府与嘉应学院全面开展市校合作方案》,成立了市校合作办公室,市校合作会议已经常态化。梅州市委市政府在"十二五"规划中提出,"要支持嘉应学院改善办学条件,提升办学水平,充分发挥其服务地方经济社会建设的作用"。这将为学校的发展带来更多的机遇。

四 挑战(Threats)

(一)师范的优势和传统与地方经济需求之间矛盾的挑战

由于拨款体制的原因,近几年来,学校在招生和人才培养方面,还在不断地加强师范性。在人才培养上,学校也在不断加强教师专业技能方面的投入与探索。而现实的情况是,师范专业的需求逐渐减少,梅州基础教育的师资已趋于饱和,梅州市目前管理、教育人才多,而经济、技能人才少,更需要直接推动经济社会发展的应用型人才。这与学校目前的师范优势存在冲突,这是一个挑战。

(二)单一本科大学导致孤岛现象所带来的挑战

随着社会的发展,学术职业越来越多地显示出与其他职业一样的职业性,而越来越少地显示出学术性或奉献精神。作为梅州唯一一所本科大学,表面上无竞争对象,事实上,也正因为缺少竞争,而容易造成某些人孤芳自赏、不思进取,从而导致学术水平的下降。

(三)其他高校竞争带来的挑战

为了推动当地经济社会发展,梅州市加大了与外界的合作,力争吸收更多"外脑",如与香港地区的合作。除此之外,梅州市政府还日益深化与中山大学、华南理工大学、华南农业大学、广东外语外贸大学、广东省委党校、广东省社科院等大专院校和科研单位的合作。甚至在一些重要的战略发展、科技开发领域,还会从清华大学、中国人民大学等名校聘请专家出谋划策。"外脑"的介入,虽然能促进地方社会经济的发展,但却直接或间接挤压了嘉应学院的发展空间。

（四）珠三角职业教育基地的提出与发展所带来的挑战

广东省一项重要的工作重心是"把珠江三角洲地区建设成为我国南方重要的职业技术教育基地",鼓励在珠江三角洲地区设置以工科专业为主体的高等职业院校,这样会吸引大量的学生到珠三角学习。目前,以深圳职业技术学院为代表的一批国家示范性高职院校已经具有强大的办学实力和影响力,对学校作为应用型人才培养已经和正在产生强大的冲击。

第二节　制定切实可行的发展目标

一　总体思路

遵循"育人为本、服务为荣、特色为魂"的办学理念,恪守"勤俭诚信、立己树人"的校训精神,强化"植根侨乡,服务地方,弘扬客家文化"的办学特色,以教育教学为中心,以学科建设为龙头,以队伍建设为关键,以改革创新为动力,全面提高教育教学质量,全面提升办学整体水平和综合效益,为地方社会经济发展提供强大的人才和智力支持。

二　发展目标

（一）学校定位

办学类型定位:教学服务型本科大学。

办学目标定位:办成引领区域经济社会发展、优势突出的国内知名特色大学。

办学层次定位:以本科教育为主,专科教育为辅,取得硕士学位授予权,开展硕士研究生教育;拓展继续教育和留学生教育。

培养目标定位：培养思想政治素质高、基础理论扎实、实践能力强，具有创新精神和创业能力的适应地方经济社会发展需要的高级应用型人才。

服务面向定位：立足梅州、面向基层、服务广东、辐射全国、延伸海外，尤其要为梅州经济社会发展提供强有力的人才保障、智力支持和科技支撑。

（二）发展目标

1. 总体目标

围绕"办好应用型优秀本科教育，取得硕士学位授予权，创建国内知名特色大学"，加强内涵建设，提高人才培养质量，增强自主创新能力，提升学科水平，优化资源配置，提高办学效益，实现学校规模、质量、结构和效益的协调发展。

2. 具体目标

教育教学：全面提高人才培养质量。完善应用型人才培养体系建设。改造升级传统专业，调整、优化专业结构，建立以调整、融合学科专业方向为基础，教师教育为重点和优势，理工结合，文理渗透，注重应用，服务地方，多学科协调发展的专业体系。

科学研究与社会服务：取得一批有重要影响的科研成果，获得国家和省部级的科研奖项。建成多个嘉应学院科技合作服务中心。做强做大客家研究院，推动梅州绿色崛起，为建设"世界客都"提供有力支撑。

师资队伍建设：通过内培外引，实施中青年骨干教师重点培养工程，实施管理干部和骨干教师出国培训计划，培养一批在省内外有重要影响的学科带头人。通过借智，拥有院士、长江学者等国内外一流的专家学者，不断提高学校的学术影响力和学校的国际化进程。

三　重点突破

（一）以"创新强校"为抓手，推动"质量工程"，完善应用型人才培养体系

通过创新强校工程，建立以国家级和省级名牌特色专业为龙头、校级名牌特色专业为骨干、其他专业为支撑的三个层次专业体系。巩固和

发展学校办学特色，形成以重点学科、品牌和特色专业为标志的优势领域。以培养具有创新精神和实践能力的应用型人才为根本，进一步调整优化学科门类及专业结构，确立以本科生教育为主体、研究生教育为突破、成人教育与继续教育以及国际合作办学等其它各种类型教育为补充的多层次创新人才培养体系。

1. 创新本科生培养体系

进一步强化质量意识，牢固确立教学中心地位；修订完善本科专业教学计划，形成与学校办学定位、服务面向、社会人才需求、学生求学目标相适应的人才培养方案；以素质教育和能力培养为目标，培养学生自主学习能力，在整体培养计划、课程体系内容以及教学环节的方法手段三个层面上进行培养模式改革，积极推进定向人才培养；积极推动精品课程建设、教材建设，加强教学方法改革，形成高水平的建设成果；强化实践环节，拓展和加强校内外实习基地建设，培养创新应用型人才；构建和完善校院两级教学管理体制，健全和完善教学管理规章制度，规范教学管理工作，加强教学质量考核，完善质量监控体系，加强教学管理队伍建设，提高教学管理水平。

2. 提高人才培养的国际化程度

发展并加强与香港、美国、俄罗斯等境外高校的联系，积极寻求高层次、高水准的国际合作伙伴，广泛开展联合办学，积极探索国际合作办学模式。培养具有国际视野、通晓国际规则、能够参与国际事务与国际竞争的国际化人才。力争开办孔子学院，争取留学生教育实现新突破。

3. 构建终身教育体系

坚持"以质量求生存、以特色促发展、以服务为宗旨"的办学方针，紧紧抓住广东省产业结构调整和劳动力转移、梅州经济开始腾飞的大好机遇，利用学校富余资源，拓展办学空间，加强基地建设，提高办学层次和综合效益，培养社会急需的各级各类专门人才，实现学历教育与教育培训又好又快发展，基本构建起面向社会需求的终身教育体系。

（二）实施"重点学科建设工程"，创新学科专业建设体系

围绕粤东地区（特别是梅州）经济建设和社会发展的重大需求以及学科发展趋势，通过制度创新、优化结构、加大投入，逐步形成学科门

类较齐全、结构合理、特色突出、整体水平较高的学科体系；大力建设优势重点学科、特色重点学科与一般扶持学科，使更多学科达到或接近省重点学科或重点扶持学科的水平，成为省级立项建设学科（汉语言文字学已经成为省级重点扶持学科）。通过全面提升学科建设的水平和层次，使学校的综合竞争力有较大的提高，为把学校建设成为引领区域经济社会发展、优势突出的国内知名特色大学奠定坚实的基础。

1. 调整优化本科专业结构，培植新的学科生长点

根据市场的变化和需求，以及学校内部管理体制、学科布局调整与改革，推进各学院本科专业布局结构调整和重组，合理配置教育资源，提高我校本科专业教学质量、办学水平和办学效益。努力通过体制创新、制度创新，促进专业创新和专业发展。打破学科壁垒，支持开展跨学院、跨学科联合设置本科专业，实现资源互补和共享；加强基础学科建设，发展新兴学科、交叉学科和边缘学科，发挥学科互补优势；发展建设新专业，强调学科建设先行，按方向培养先行原则，不断寻找新的学科增长点，培育新的特色学科；继续挖掘本科专业中有条件的专业进行扶植，不断改善学科结构，扩大学科基础，使我校的学位点建设逐步走上可持续发展的轨道，争取形成具有学校特色、符合学校发展要求的完整的学科体系。

2. 强化学科内涵建设，提高学科建设水平

围绕学校的办学定位与发展目标，立足现实，着眼发展，以强化内涵建设为根本，以重点学科建设为核心，以学科梯队建设为基础，以争取硕士学位建设单位为动力，以凝练和培育前沿的、稳定的、有特色的研究方向为关键，以提升科研、教学水平和改善设施条件为保证，采取切实有力措施，推动全校学科的整体优化、持续发展，促进综合科研实力、学术水平及人才培养质量的全面提升。

3. 推行学科建设责任制，构建与学科发展相适应的学科管理体制

实行学科建设带头人制度，推行责任制和目标管理，将学科建设的职责、目标落实、分解到学院及学科带头人，并将"人、财、物"的支配使用权直接与职责和目标挂钩，充分调动二级学院的积极性。建立学科评估制度，制定学科评估指标体系，通过评估提高学科建设的效率和

责任意识。建立学科滚动建设制度，采取倾斜政策，实行优胜劣汰的动态管理，形成学科建设的竞争激励机制。建立学科建设奖励制度，加大学科建设方面的奖励力度，对学科建设有突出贡献的集体和个人给予重奖，充分调动各方在学科建设发展中的积极性。多渠道筹措学科建设经费，加大学科建设投入，实行保证重点、规划实施、立项管理的有效措施，按照不同层次学科的不同建设目标和内容开展学科投资项目建设，使投入的资金能发挥最大的效能。

（三）实行"科研目标管理"，构建产学研合作体系

科研与学科建设紧密结合，提高项目与成果的水平，增大二级学科覆盖面，对以硕士点作为建设目标的学科，要注重主要研究方向的覆盖面，并在数个点上突破基础研究、应用基础研究瓶颈；科研与学校办学定位紧密结合，将技术推广和应用理论实践跟踪、引进消化、集成、自主创新作为科研的主要方向；科研与提高培养质量紧密结合，吸收学生加入科研队伍，鼓励科研成果及时转移到培养过程中去；科研与为梅州乃至广东经济社会发展直接服务紧密结合，提高社会贡献度。

1. 确立科研对学科建设的基础作用，提升科技创新能力

整合全校资源，加大科研投入，加快科研发展速度，积极争取各类科研项目。纵向科研以提升学校科研水平为目标，以凝练学科方向、疏通课题渠道为突破，力争在国家社会科学基金、自然基金等高层次项目上取得突破并不断增加，争取获得国家、省重点和重大项目；横向科技以提高经费总量为主要目标，开辟科技经费筹措新途径，拓宽合作领域、优化运行机制；科研与学科建设紧密结合，对以硕士点作为建设目标的学科，注重研究方向的覆盖面，注重学科间的融合与交叉，发挥优势学科的龙头作用，带动其它学科的发展。

2. 加强科研创新团队及学科带头人的培养，推进科研平台及基地建设

加强科研创新团队建设、学科带头人培养、特色领域和方向的扶持，形成并壮大专职科技人员队伍。在凝练学科方向并整合科研方向的基础上，积极参与各级政府部门的计划指南编写；明确项目类别和申报渠道，根据国家、省市不同项目的研究层次要求，从我校的可行优势出发布局

研究层次，指导教师针对不同研究层次采取不同定位和研究发展方向；精心组织研究队伍，对于高层次人才的研究计划，学校和各学院应精心组织研究队伍，充分发挥科研群体和交叉学科的优势，在有基础的研究方向上进行创新研究；加强研究工作的前期积累，增加知识积累，进一步加大指导计划的资助力度，为争取高层次的研究计划奠定基础。完善重点实验室运行管理制度，加强省部级重点实验室、省级工程技术研究中心的建设和培育。依托我校专业优势，在巩固已有成果的基础上拓展渠道，积极申报争取各级各类重点实验室和工程中心的建设；立足现有省级实验中心，积极争取省级重点实验室，大力提升我校科研基地的水平层次。

3. 创新科研管理体制，促进科研成果转化

完善和加强院部二级管理模式，落实院部科技目标责任制；贯彻与完善科研项目经费管理制度及相应的科研激励办法，简化管理程序，提高管理效率。加强科研基地研究项目的立项及过程管理，制定科研基地研究成果验收办法，加强对科研基地获得项目经费、高水平论文、专利成果等方面指标的考核，确保其成果水平；制定科研基地工作考核指标体系，全面加强对科研基地人员、项目、成果及运行情况的管理。实施多种体制的产、学、研科技合作形式，切实加强科技成果的产业化。建立以原创性科学研究和战略高技术研究为主要目标的创新研发平台，形成以公共服务和科技资源共享为主要目标的公共服务基地，构建知识创新、技术创新与成果转化和公共服务三类平台为主体的学科创新平台体系。促进产学研合作，在优化资源配置的前提下，力争每个重点学科能够建设1个以上创新科研平台，强化为地方经济社会服务的能力。

第三节　用高质量的社会服务擦亮特色品牌

一　大力加强实践教学，为社会服务练好内功

（一）专业实习实践规范高效

实习是重要的实践教学环节，是提高学生实践能力与创新精神的重要途径。实习的质量高低直接影响我校毕业生的就业率，注重实习是学

校办学的优良传统。

学校建立健全了有关实习的各项制度，强化了实习工作管理，确保了实习工作有序进行，同时不断改革实习内容和方法，实习措施得力，实习时间有保证，实习效果好。几年来，我校先后建立了一大批师范和非师范学生高水平、高质量的实习实践基地。

1. 加强制度建设，规范实习管理

学校与梅州市教育局联合发文安排教育实习，这项工作得到了梅州市及所属教育行政部门和实习中学大力支持。重新修定了《嘉应学院实习工作条例》和《嘉应学院教育实习学生工作簿》，进一步规范实习管理，保证实习组织有序。规定校内校外指导老师的责任、对实习学校的要求、实习生的实习任务与要求、成绩评定标准、总结要求、后勤和安全保卫工作、实习生守则。实习时间长短主要根据学科特点来定。为规范实践教学经费管理，确保实践教学经费的正常使用，专门制订《嘉应学院实践教学经费管理暂行规定》，确定了实习实践经费标准。

2. 加强过程监控，保证实习质量

实习前，着重把好三关：实习计划关、教师关、学生关。各学院成立实习领导小组，制订出本专业的教育实习计划，并确定带队教师，认真抓好实习前各项准备工作，实习前有动员，使学生明确实习目的、要求、任务，在实习前必须到中学见习，并积极组织试教活动；实习期间，学校和学院领导到实习点了解、检查、指导学生的实习工作，并且与实习学校的领导、教师座谈，征求各实习单位对我校教学工作的意见；实习结束后，每个实习队和实习生都认真做好总结。

3. 加强基地建设，拓展实习空间

为适应本科实践教学的需要，学校连年增加经费投入。目前学校所建立的师范和非师范实习实践基地，能够完全满足专业教育实习。学校每两年分别召开一次教育实习工作、非师范专业实习工作经验交流大会，在总结、交流的基础上，进一步改进和加强实习工作。由于我校高度重视实习实践环节，对学生进行系统的技能训练，学生有较好的基本素质，因此实习效果好，得到实习单位的好评和用人单位的好评。

（二）实践教学内容与体系

实践教学是确保人才培养质量的重要环节，对学生的创新精神和动手能力的培养至关重要。学校自升本以来，构建了比较完善的实践教学体系。从培养学生综合素质、专业技能与专业训练、创新精神与解决实际问题能力三个方面着手，构建了教学内容循序渐进、层次分明的较为完善的实践教学体系，学校还通过设立学生科研项目、大学生挑战杯培育项目、大学生创新创业培育项目等，创造条件积极引导学生较早参与科研活动，其中，部分学院还试行了导师制、学徒制，由一些理论水平高、动手能力强的教授博士亲自带领一批成绩优异、积极主动的学生到企业开展科技服务，取得了一系列发明和专利，实践教学效果日益显著。

1. 构建比较完善的实践教学体系

经过长期探索与实践，学校形成了由基础实践（计算机应用训练、外语应用训练、普通话训练、规范字训练、军事训练）、专业实践（实验教学、教师技能训练、教育见习、教育实习、专业调查、专业见习、专业实习、毕业实习）、综合实践（毕业论文、毕业设计、创新实践）组成的既符合培养目标要求，又比较科学系统、操作性较强的实践教学体系。

2. 注重实践教学内容的更新

学校制定了《嘉应学院实验教学管理条例》，编印了《嘉应学院实验教学大纲》、《嘉应学院实践教学大纲》，注重知识衔接，使实验课设置、安排更合理，实验开出项目数逐年增加。除了开足实验课，还特别注重改革实验内容和方法，减少验证性实验，增设综合性、设计性实验，突出了对学生动手能力、创新精神和实践能力的培养。

在实践教学内容的更新上，学校还实行了实验室开放管理制度，结合学生学术基金项目，充分发挥有限资源的作用。师范专业实践教学体系是学校实践教学体系的一个重要组成部分，为强化教学基本技能训练，我校坚持"四个不断线"原则：一年级抓爱岗敬业教育，普通话、钢笔字训练；二年级抓粉笔字训练、教育工作文体写作、现代教育技术、计算机操作技能学习和教育见习；三年级抓教学工作、班主任工作、教师口语训练；四年级抓教育实习、教学研究、微格教学。

各专业根据学科特点制定了系统的学生科研训练计划和技能训练计

划，并且采取了许多行之有效的做法加强实践教学。例如，政法学院的"五位一体"实践教学法：观摩审判、案例教学、实验教学、法律实习、法律服务进入社区；外国语学院的口语合格证制和"英语演讲比赛"；教育科学学院的"师陶之旅"师范技能比赛；计算机科学学院的软件设计大赛等。实践教学体系的不断完善和更新符合培养目标要求，有利于学生较早参与科研创新活动和各类型实践活动。

（三）综合性、设计性实验

学校积极推行实验教学内容的改革，重视学生对知识综合运用能力与创新性思维能力的培养，逐渐减少演示性、验证性的实验，加大综合性、设计性实验。有综合性、设计性实验的课程门数占实验教学大纲中有实验课程门数的 62.25%。近年来，学校大力改善实验室环境和硬件条件，全面修订实践教学大纲，加大综合性、设计性实验的开出力度。学校专门制定了《嘉应学院关于规范和加强综合性、设计性实验的规定》，鼓励教师积极开展综合性、设计性实验。目前，各系开设综合性、设计性实验的积极性较高。在已有的 151 门实验课程中，有 94 门开设了综合性、设计性实验，开设比例达 62.25%。随着实验室的投入力度和实验教学改革力度的加大，在实验室面积、实验教师数量、实验教学设备套数都有提高的前提下，这一比例还会逐步提高。综合性、设计性实验的开设，使学生在熟练掌握基本实验技能的同时，也大大提高了灵活运用所学知识解决实际问题的能力，开拓了思维，激发了创造性，形成了初步的科研能力。近几年来学校本科生的实践成果数量和质量逐年提高。

二　微创业活动引领全校创业，享誉省内外

嘉应学院共有 59 个社团。而科创社则是该校 59 个学生社团中最著名的社团，不仅在广东省有极高的知名度和影响力，而且辐射到邻近的闽赣高校。创立于 2003 年的科创社历经十年，会员超过两千人。它一直以"激发创新思维"为宗旨，大力弘扬创业精神，逐步成为该校草根式、小型化的"微创业"孵化器，不但孵化出一大批创业人才，而且影响和带

动了整个学校的创业浪潮。微创业可谓群星闪耀。①

（一）百折不挠、屡败屡创的创业者——梁永卫

在科创社，梁永卫这个面庞黝黑、远比同学成熟的学生，常常被同学称为"来自北方的狼"。作为科创社的风云人物，他绝对称得上是创业疯子。他那响当当的名头并非得自其创业佳绩，而是"屡创屡败、屡败屡创"的执着。他自称"苦命人"，但天生与创业有缘。出生贫寒农家的他，初中和高中利用寒暑假四处干活，先后做过搬运工、水泥工、烧砖工、电工、矿工等。高中阶段还利用假期承包过几个小型工程，独立承包霍州铁路段一座小型高架桥的桥墩更换工程。他还与同学合伙开办了一家农产品加工厂，从麦麸和玉米中生产植酸钙，然后将植酸钙卖给山东济南爱迪科技有限公司。利用赚得的利润在加工厂隔壁开办了一家生产节能炉的小厂。然而，由于全部依赖武汉绿源科技有限公司的技术支持，再加上没有足够的销售能力和渠道，还得面临高考。最终，两个厂全部倒闭，耗光了之前所有盈利。所幸的是，卖掉厂子和设备的资金刚好还清了所有的债务，基本上不赚不赔。

2009年，梁永卫考入嘉应学院经济管理学院。入学后，学校著名的科创社牢牢地吸引了他。在科创社，他重新释放出无穷的创业活力，先后创办嘉园心悠社、经营大学早餐项目、成立梅州市追风贸易有限公司、建立嘉大生活资讯网等，将所学的市场营销理论在创业实践中发挥到极致。

梁永卫与一般的创业者最大的不同是，他创业早、涉业多、赚钱少，但骨子里从来没有"失败"二字。他坦言，是作家路遥的《人生》、《在最困难的日子里》以及《平凡的世界》给予他取之不尽的正能量，让自己在最艰难的时期能够咬牙坚持下来。同时，他善于总结创业的得与失，不在同一个地方跌倒两次。虽然创业难，但他追求"生命不息，创业不止"，并且坚信"挫折是成功之母"。刚刚毕业的他，已经率领一个团队进行新一轮创业。

---

① 胡解旺：《嘉应科创社微创业群星谱》，《中国教育报》2013年12月16日。

（二）为新生服务赚第一桶金的创业者——罗兴

作为科创社第五任社长，罗兴这个文学院的才子，强闻博识、成绩优异，本来可以在文学专业道路上走得更好、更远。但是，置身于科创社，他那涌动的创业欲望难以遏制。罗兴认为，现在大学生就业如此之难，岗位严重不足，社会上一个创业者所创造的价值远大于一个公务员或一个语文老师。他低调、略带羞涩地说，自己创业的第一桶金来源于为新生服务。

由于出生农村、家境一般，罗兴不便向家中伸手要钱创业，想到新生开学时需要购置床上用品以及其他生活必需品，于是便与梅城经销这些商品的商家联系，代理销售这些物品。由于准备充分、货源充足、品种齐全，因此短暂的几天时间便赚得了人生第一桶金。这次尝试让罗兴深刻地认识到信用高于一切和团队合作的重要性。从此，罗兴便开始带领创业团队开始了更多的创业活动。因为他是梅州兴宁人，对于梅州城区人们习惯的交流语言——客家话驾轻就熟，这样就减少了许多语言障碍。他充分利用了这一优势，组建了学习用品销售团队、家教团队以及其他营销团队，不但为科创社的同学赢得了赚钱和锻炼的机会，他自己也能够利用这些机会很好地了解和熟悉社会。

在餐饮行业萧条的情况下，罗兴与朋友创办的"黄鼎食府"却逆市而上，业绩蒸蒸日上。而罗兴这个老大哥，更是以此为"据点"，经常联络和组织科创社成员聚会，商讨创业大计，不断为师弟、师妹们出谋划策、鼓劲加油。这里俨然成为科创社凝聚创业动力的又一个发动机。

罗兴以"黄鼎食府"作为试验田，正在策划自己新的创业。按照他的想法，要带动更多的人创业和就业，要为自己圆梦，更要用实际行动弘扬"科创社"精神。

（三）善于整合创意的创业者——曾日旋

曾日旋有句名言：自己创业才是真正的王者。在科创社，曾日旋同样是一个大名顶顶的人物。他不但学习出类拔萃，在物理学院是老师们夸奖的好学生，还是创业的积极推崇者和践行者，可谓学习、创业两不误。在科创社期间，他一直以创业行动影响和带动他人走创业之路。他的团队非常注意整合成员"创意"，认真研究市场需求，力求创业效益最大化。他先后创办过小型园艺店、经营学校手机服务、酒类销售和工作服装定制等。每经营一项，都小有成就。尤其是他率团融资 8 万元创办的园艺店更是做得红红火火。

曾日旋给人的印象非常特别：他总是西装革履，皮鞋锃亮，浑身上下修饰得非常得体，而且他是"舞林高手"。因此，同学给他取的外号是"穿正装的舞者"。这是他在大学时间养成的习惯，他把自己当作一个鲜活的模特，推广他的职业正装。2010 年他走出校门后，开始了新的创业生涯。如今，他的主业"创益凡职业服装公司"规模和影响越来越大，同时，经营的酒类、园艺等副业也欣欣向荣。更重要的是，他虽然已经毕业，仍然与科创社保持"零距离"接触，经常鼓励科创社成员要不怕失败，勇于创业，并且把自己的公司作为他们练兵的实习基地。这是他和罗兴一道为科创社多做贡献的郑重许诺。

（四）胆大出奇、不断跳槽的创业者——沈恰金

嘉应学院主管社团工作的团委副书记李凌浩将他称为"新意迭出，不断跳槽的创业者"。而班主任刘德良博士则认为他是一个胆大出奇、游离生物学专业的技术急先锋。这个在同学、老师心目中的杰出人物便是沈恰金。

沈恰金创造了嘉应学院的两个第一：他是迄今为止该校两次获得省级挑战杯大奖的第一人，也是第一个携带项目并获得风投资金去北京创业的毕业生。目前，沈恰金和他的团队以北京国贸大厦为基地，开展更高水平的创业活动。沈恰金善于"跳槽"，从科创社出来后另立门户，创办了"创 E 网络联盟"。2010 年，他的《Admas 虚拟宝物批发商》获广东省大学生挑战杯银奖，2012 年他的"创想灵动网络科技有限公司"获广东省大学生挑战杯金奖，而且被评为"优秀首席执行官"，获得 50 万风险投资基金。

多年的网络技术积累和涌动的创业渴望，让沈恰金没有丝毫犹豫，2012 年毕业后立即率领创业团队，运用自己娴熟的网络知识技术和初生牛犊不怕虎的闯劲创业，经过短短一年时间的摸索，如今已经在北京立足。他的五人团队技术水平不断提高，业务开展得顺风顺水。目前还有多名在校学生协助开展技术研发和营销工作。

嘉应学院严谨的校风、宽松的创业环境以及该校长期推行"以创业

带动就业"的指导思想是科创社得以日益壮大的重要因素。近十年来，该校还通过学校举办的"盛家人才培训班"、"移动人才培训班"、"高级总裁培训班"等多种形式不断培育创新、创业理念，使该校逐步成为一个形式多样、学校主导与学生自主组成的创业大融炉，已经和正在造就一批又一批勇于创新、乐于创业的高素质毕业生。

三　嘉应学院的美誉度和知名度稳步提高

（一）生源质量稳步提高

随着学校办学条件日益改善，教学质量逐年提高，学校的社会声誉日渐上升，生源质量稳步提高。尤其是 2015 年，生源质量较往年有更大幅提升。本科招生方面（不含专插本），学校面向广东、湖南、河南、江西等 12 个省（区）招生，生源分布广泛、质量较好，其中广东省第二批本科 A 类文科类录取 1116 人，最高录取分为 565 分，最低录取分为 528 分，平均分 532.75 分，高出省线 8.75；理科类录取 3280 人，最高录取分为 578 分（高出一本线 1 分），最低录取分为 525 分，平均分为 531.68 分，高出省线 12.68 分；省外的招生较往年更加顺利，第一志愿完成招生计划的省份更多，生源质量较往年有大幅提升，总共录取 242 人，其中艺术类录取 222 人，文理类录取 20 人。

专科招生方面（不含梅州师范分院五年制转段），我校仅面向广东招生，其中文科类录取 961 人，最高录取分为 524 分（达到 2A 线），最低录取分数为 430 分，平均分 455.8 分，高出省线 52.8 分；理科类录取 1315 人，最高录取分为 517 分，最低录取分数为 423 分，平均分 454.04 分，高出省线 47.04 分。

（二）用人单位对毕业生评价较高

毕业生基础扎实、工作踏实、作风朴实、吃苦耐劳、诚实守信，受到用人单位的一致好评，社会评价好，为学校赢得了良好的社会声誉。

在优良校风、学风的薰陶下，学生德、智、体、美全面发展，综合素质较高，"勤俭诚信、立己树人"的校训在学生身上得到传承和发扬，毕业生具有吃苦耐劳、诚实守信等客家文化优良传统，就业竞争能力和就业适应能力强，用人单位对毕业生的评价好。

梅州市教育系统对我校毕业生质量抽样调查统计表

问卷项目	好		较好		一般		不合格	
	份数	比例	份数	比例	份数	比例	份数	比例
政治思想觉悟	53	75.71%	17	24.29%	0	0	0	0
团队合作精神	50	71.43%	20	28.57%	0	0	0	0
工作态度	56	80.00%	14	20.00%	0	0	0	0
专业基础知识	47	67.14%	22	31.43%	1	1.43%	0	0
语言表达和人际沟通能力	31	44.29%	37	52.86%	2	2.86%	0	0
创新意识	21	30.00%	45	64.29%	4	5.71%	0	0
独立工作和处理问题能力	35	50.00%	33	47.14%	2	2.86%	0	0
业务能力和业务水平	40	57.14%	29	41.43%	1	1.43%	0	0
工作业绩	37	52.86%	31	44.29%	2	2.86%	0	0
对我校毕业生的总体评价	46	65.71%	23	32.86%	1	1.43%	0	0

梅州市非教育系统对我校毕业生质量抽样调查统计表

调查项目	好		较好		一般		不合格	
	份数	比例	份数	比例	份数	比例	份数	比例
掌握的知识面和专业知识水平	36	55.38	28	43.08	1	1.54	0	0
业务能力和业务水平	31	47.69	33	50.77	1	1.54	0	0
工作态度	54	83.08	11	16.92	0	0.00	0	0
独立工作和处理问题的能力	37	56.92	24	36.92	4	6.15	0	0
工作敬业精神	57	87.69	6	9.23	2	3.08	0	0
创新意识	27	41.54	31	47.69	7	10.77	0	0
团队合作精神	47	72.31	17	26.15	1	1.54	0	0
工作业绩	31	47.69	30	46.15	4	6.15	0	0
单位对我校毕业生的总体评价	42	64.62	20	30.77	3	4.62	0	0

第五篇

地方特色大学的文化传承与创新

第十五章

文化传承与创新是大学的本质要求

文化传承与创新是大学的本质要求。这项繁重的任务与大学同步产生。北宋著名理学家、关学领袖张载曰："为天地立心，为生民请命，为往圣继绝学，为万世开太平。"这一振聋发聩的经典名言不只是知识分子的"安身立命"之说，更是大学的神圣使命。弱化这一功能，大学便是不够健全的"残障大学"，更难言高质量、高水平。

第一节 大学起源和发展轨迹就是 文化传承与创新的过程

一 文化与大学起源和发展

（一）文化是大学的天赋因素

大学是文化的有机组成部分，两者浑然天成。大学更是文化发展到一定阶段的必然产物。起源于欧洲中世纪的现代大学，其本身就是文化的生成与聚合，并成为文化的高地。著名教育学家金耀基先生指出："大学是中古给后世最可称美的文化遗产。"[①] 对于大学而言，文化是多功能的，它既是大学的外饰，更是大学体内流淌的血液，是大学的灵魂。一旦文化被矮化或被丑化，大学就会衣不蔽体、羞于见人；更可悲的是，大学会因为失血而亡。即使犹有大学之名，也承担不了其应有的作用。相反，它将成为腐朽思想的渊薮、社会倒退的魁首。

---

① 金耀基：《大学之理念》，生活．读书．新知三联书店 2001 年版，第 1 页。

大学之所以能够如灯塔、航标，自产生以来就倍受全人类崇敬和仰慕，就是因为它通过自身的吐故纳新功能，弘扬优秀文化、淘汰落后文化，成为构建社会文明的中坚力量。

创建于 11 世纪晚期的意大利博洛尼亚大学，与其后英国的牛津大学、法国的巴黎大学和意大利的帕多瓦大学，并称为欧洲"四大文化中心"。它们不仅是欧洲古代优秀文化的"发送台"和"中转站"，而且是中世纪和近代欧洲优秀文化的"聚宝盆"。其中，博洛尼亚大学不但是意大利的文化堡垒，更是文艺复兴的"发动机"和主要"引擎"，是文艺复兴众多杰出思想家、艺术家、哲学家和科学家诞生的摇篮。

不仅如此，它还贵为"欧洲大学之母"。数以百计的欧洲大学均主动承认由它娩出。"女儿"们后来真是"桃之夭夭，灼灼其华"，积极为它开枝散叶，将博洛尼亚大学的种子传播到欧洲各地，果然"其叶蓁蓁"、"有蕡其实"。博洛尼亚系统因此成为世界大学史上最庞大、最豪华、最值得骄傲的大学"家族"。1883—1887 年，欧洲有五所大学先后举行校庆，其中包括英国爱丁堡大学 500 周年、德国海德堡大学 500 周年、瑞典乌普沙拉大学 410 周年、奥地利格拉茨大学 300 周年、比利时布鲁塞尔大学 50 周年。这些大学在校庆之际都分别写信给博洛尼亚大学，以"女儿"的身份向"母亲"致以崇高的敬意和真挚的问候。1988 年 9 月 18 日，在博洛尼亚大学 900 周年校庆庆典上，整个欧洲共有 430 所大学的代表归宁"娘家"，并在该校的大广场共同签署欧洲大学宪章，正式向全世界宣布博洛尼亚大学为"欧洲大学之母"。

（二）文化积淀的厚薄决定大学的高度

大学的高度与文化积淀的厚度呈正相关。在相当程度上，文化积淀的厚度会影响大学的高度。从世界公认第一所大学——博洛尼亚大学诞生到现在数量庞大的大学群，无论是何种类型，都是如此。文化积淀是大学历史的诠注，是大学探索科学、追求真理的见证。许多古老的大学之所以长期保持大学精神，并未受外部强大势力的掣肘和压制，也未沾染社会不良习气，皆因文化的厚度和大学的底蕴决定其刚正不阿、特立独行的个性。

放眼世界，绝大多数历史悠长的大学都是如此。而个别已经烟消云散的大学虽然拥有相当长的历史，却并未有相应的文化厚度。这样的大学或是主动向神权、君权或其他权力臣服，已经成为各类权力的发号台和传声筒。它们所积淀的并非真正意义上的文化，而是自觉或不自觉地抽掉了文化的灵魂和精神的脊梁。由于没有坚实的文化作为铺垫，一旦跳跃，就有踏空的危险，因此，只能裹足不前或退避三舍。它们最终走向消亡或衰退，既能说"自杀"，也可谓"他杀"。

当然，也有少数大学历史较短，却成就辉煌。它们的文化积淀虽然相对薄弱，却非常善于吸收、消化其他大学的优秀文化，在较短的时期内增加了文化厚度。在此基础上，它们也吸取了一些失败大学的深刻教训，从而避免走弯路、错路。

香港科技大学是亚洲大学的一个重要典范。这所创建于1991年的"90"后大学，在短短的20多年时间内，不但办成了世界名校，在亚洲更是名列前茅、卓尔不凡。在2015年QS世界大学排名中，该校成功取代香港大学，成为香港第一、亚洲第四、世界第28名。它是港府为适应香港经济转型、提前为香港经济保持繁荣而进行的战略性科学布局。它拥有东西文化交汇和国际化大都市的独特优势，充分吸收了中国优秀传统文化和西方文化精髓，将两者融会贯通，打通了文化交汇的"任督"二脉、"功力"日渐深厚。因此，它不仅创造了大学文化积淀"倍增"的奇迹，也创造了超常规发展的大学奇迹。然而，它却并非大跃进的产物。

美国的加州大学欧文分校（UCI）也算作是扎根于美国文化泥土（尤其是加利福尼亚州特有的地域文化）的大学特例。这所成立于1965的大学，如今刚刚进入"知天命"之年。与众多数百年的老牌大学相比，实在只能算是"晚辈大学"、"少年大学"。然而，它已经成为公认的美国和世界顶尖大学。2013年统计，在最优秀的100所建校历史不足50年的学校中排名全美第一，世界第五。在美国最权威、影响最大的US NEWS（《美国新闻与世界报道》）排名中，2013年、2014年和2015年均位列世界第66名；在US NEWS的美国大学排名中，2013年、2014年和2015年则分别位居全美44名、50名和45名；而在US NEWS于2015年9月公布的2016年美国综合性大学的排名中，该校更是名列第39位，创历史新高。在上海交通大学发布的《世界大学学术排名》（ARWU）中，2013

年、2014 年和 2015 年，该校分别位列世界第 50 名、45 名和 45 名。

它是全美一级大学、全美公立大学的常春藤盟校。在美国公立大学的排名中，与著名的伊利诺伊大学香槟分校、德克萨斯大学奥斯汀分校以及位于西雅图的华盛顿大学不分伯仲。在这所名校中，汇集了大批来自世界各地的名师和优秀学子。迄今为止，共有 3 人获得诺贝尔奖。其中，1995 年，该校物理学家弗雷德里克·赖恩斯博士（Dr. Frederick Reines）和化学家谢伍德·洛兰德博士（Dr. F. Sherwood Rowland）分别获得诺贝尔物理学奖和化学奖，成为世界上第一所在同一年内的两个不同领域获得诺贝尔奖的大学。该校所聘教授中，美国国家科学院院士人数在全美所有大学中排名第 22 位。学生（本科生、硕士生和博士生）培养质量高，在就业领域具有强劲的竞争力和良好的口碑。部分专业毕业生的声誉直逼加州大学系统中最顶尖的伯克利分校、洛杉矶分校（两校也是世界和美国的顶尖大学）。

加州大学欧文分校与更加"年少"的香港科技大学是各自文化区域内大学特殊发展的超凡案例和奇迹。既然是奇迹，就必定有其他大学不可比拟的地理环境以及历史文化的殊异性，其他任何大学都不可能走雷同的道路。如果硬要以它们作为自身的发展定式，其结果便是东施效颦！只能算作"模仿秀"，徒有其形，了无其魂！最多可称为某某国家或某某地方的"加州大学欧文分校"或"香港科技大学"。因为它们生长的土地、环境和各种软硬条件都是其他大学所不具备的。

（三）大学文化是一种仰望天空式的悠闲文化

古代希腊圣哲亚里士多德有一句名言：哲学其实就是闲暇的产物。亚氏本人就是一个悠闲、以漫游为乐、百科全书式的哲学家。乃祖苏格拉底更是一个闻名遐迩的"赤脚大仙"，时常悠闲漫步在雅典街头，或思或想，或以三寸不烂之舌、唾沫四溅地与人雄辩。甚至练就了超强的"抗击打能力"。即使妻子在学生或其他辩论者面前河东狮吼、雷霆万钧，甚至连洗衣水泼在头上，他也能够处惊不变、泰然面对。一句"雷霆之后，必有暴雨"化解妻子怒气，也成为最经典的苏氏幽默。其斐然的哲学成就成为后世哲学的理论源泉，苏格拉底式的对话同样是经典的哲学思辩和教学范式，至今仍让后学晚辈遵奉为圭臬。

1941 年，梅贻琦、潘光旦先生的《大学一解》对大学悠闲文化进行了如下诠注："仰观宇宙之大，俯察品物之盛，而自审其一人之生应有之地位，非有闲暇不为也。纵探历史之悠久，文教之累积；横索人我关系之复杂，社会问题之繁变；而思对此悠久与累积者宜如何承袭节取而有所发明，对复杂繁变者如何应付而知所排解，非有闲暇不为也。"

梅、潘二位先生分别是教育名家、社会学大师，他们在战火纷飞的抗战岁月，依然在思考大学的出路、大学的使命。他们站在中国大学之巅，以高瞻远瞩的眼光敏锐地觉察到大学文化的走向——遵循大学规律，以平和与悠闲的姿态去冷静地思考问题，时不时地仰望星空、关注社会和民生、反躬自省。

以"慵懒"和漫不经心的表象所构建的大学悠闲文化，其实是赋予教授们完全自由的想象空间，"无丝竹之乱耳，无案牍之劳形。"他们有足够的空闲时间，或孤独、或群聚、或平和地探讨或激烈地批判与雄辩。在漫长的大学历程中，造就了许多闻名遐迩的思想家、哲学家、科学家以及其他各个领域的"大师"。

在中国，人们所缅想的民国时期的大学，拥有许多名副其实的大师。他们的共同特征是：喜欢悠闲、善于思考。当然，有人还兼有怪异之举。章太炎的傲慢、辜鸿铭的自负、吴宓的浪漫、黄侃的狂狷、刘文典的尖酸、熊十力的铁嘴、梁漱溟的木讷、王宠惠的吝啬、启功的风趣等，都是大师们自得其乐且难移的禀性。然而，这些平时悠闲、"谁分万类二仪间，禀性高卑各自然"的文人们在各自领域的成就实在让世人高山仰止、景行行止！这是一个大师群起的特殊时代。通过这些形态各异、性格不同的大师们，大学更加增添了引人入胜的独特魅力。许多欣逢其时的莘莘学子，正是通过大师们的谆谆教诲，赓续其风，成为新一代学术宗师、思想大家！

在西方，牛津大学的悠闲文化熏陶了亚当·斯密。他是一位集经济学大师与伦理学大师于一身的思想家、英国古典经济学的开拓者。《国民财富的性质和原因的研究》（即《国富论》）这部古典经济学体系的开山之作，奠定了亚当·斯密作为"经济学之父"的地位。其实，这部巨著是他在家乡卡柯尔迪休假时"为了消磨时光"而写成的。① 早在牛津就读时，受校风和教授们的影响，亚当·斯密就养成了悠闲之风。不但在悠闲中完成了这部划时代的巨著，而且也在悠闲中撰写并反复修改了伦理学领域的巨著——《道德情操论》。

悠闲也造就了伊曼努尔·康德。这位德国古典哲学的创始人、近代西方哲学的集大成者，具有异于常人的悠闲癖好。1770 年，他好不容易受聘于柯尼斯堡大学逻辑学与形而上学教授一职。在随后的十年内，居然没有发表过一篇论文，只是经常自得其乐地"仰望星空"、时常若有所思。与艾萨克·牛顿和亚当·斯密一样，康德也是终身未娶、孑然一身，甚至从未离开过家乡柯尼斯堡。他在悠闲思考哲学体系的同时，生活规律有若教堂钟表一般的精准程度。

康德生活中的每一项活动，如起床、喝咖啡、写作、讲学、进餐、散步，时间几乎从未有过变化。每天下午 3 点半，工作了一天的康德先生便会踱出家门，开始他那著名的散步，邻居们纷纷以此来校对时间，而教堂的钟声会同时响起。唯一的一次例外是：当他读到法国著名思想家卢梭的名著《爱弥儿》时，深为所动。为了能一口气看完它，不得不放弃每天例行的散步。这使得邻居们竟一时搞不清是否该以教堂的钟声来对表。

在现代，哈佛大学的大牌政治学家亨廷顿和罗尔斯，也喜好在悠闲中思考。他们没有"头悬梁，锥刺股"式的紧张和压抑。然而，他们在政治学领域的辉煌成就却具有他人难以企及的里程碑意义。亨廷顿的鸿篇巨制《文明的冲突与世界秩序的重建》所提出的"文明冲突论"，影响极其深远，也成为美国政治思想领域的主导理论。其核心观点是：未来世界的国际冲突的根源将主要是文化的而不是意识形态的和经济的，全球政治的主要冲突将在不同文明的国家和集团之间进行，文明的冲突将主宰全球政治，文明间的（在地缘上的）断裂带将成为未来的战线；国际政治的核心部分将是西方文明和非西方文明及非西方文明之间的相互

① [英] 约翰·雷著，胡企林、陈应年译：《亚当·斯密传》，商务印书馆 1983 年版，第160 页。

作用；文明冲突是未来世界和平的最大威胁，建立在文明基础上的世界秩序才是避免世界战争的最可靠的保证；全球政治格局正在以文化和文明为界限重新形成，并呈现出多种复杂趋势；文化，尤其是西方文化，是独特的而非普遍适用的；文化之间或文明之间的冲突，主要是目前世界七种文明的冲突，而伊斯兰文明和儒家文明可能共同对西方文明进行威胁或提出挑战。[①]

罗尔斯的扛鼎之作《正义论》甫一出版，即洛阳纸贵，风靡全世界。另外，诺贝尔经济学奖得主科斯，1964 年受聘为芝加哥大学教授后，醉心于教学，课余也非常悠闲自在。直到 2013 年去逝，在半个世纪的漫长岁月中，所发表的文章不过寥寥几篇，而且很难称得上是真正的学术论文，称作"学术随笔"、"学术漫谈"或许更加准确。然而，就是其中的两篇短文揭示了经济学领域的"交易费用"和产权的重要性，科斯从而成为新制度经济学的鼻祖、产权理论的奠基人，并于 1991 年获得诺贝尔经济学奖。

这些大师们都已经成为真正的精神贵族。正如德国著名哲学家、教育学家雅斯贝尔斯所描述的一样：精神贵族"会昼夜不停地思考并形销体瘦……敢冒风险，静听内心细微的声音，并随着它的引导走自己的路……有勇气正视失败。"[②] 如果教授们不愿意成为精神贵族，而沉迷于"为稻粱谋"、执着于功名利禄，或因为考核要求而被迫完成多少课题、出版多少著作、发表多少论文，获得多少经费，毫无疑问，他们不可能悠闲自在、心静平和，更不可能去从容地研磨和思考学术。因为，在量化考核中，他们已经一个个沦落为"下蛋的母鸡"——或主动要求多下蛋，或被迫下蛋。而且如果有哪只母鸡能够生下巨型蛋，它将"鸡以蛋贵"，身价百倍，名利双收。然而，在这种紧张的环境中，母鸡们不仅无法正常下蛋；即使下蛋，多半也是更小的"鸟蛋"或"软壳蛋"，绝对不可能产下能够形成巨大影响和威力的"原子弹"。

---

① 参见［美］塞缪尔·亨廷顿著，周琪等译：《文明的冲突与世界秩序的重建（修订本）》，新华出版社 2014 年版。

② ［德］雅斯贝尔斯著，邹进译：《什么是教育》，生活·读书·新知三联书店 1991 年版，第 147—148 页。

在如此浮躁的年代，大学何时能够回归悠闲状态，既是教授们的向往，更是大学回归本真的重要途径，需要大学改变考核方式、不以数量为标准。毕竟，生产再多的"鸡蛋"，也不如一个"原子弹"的威力和影响。

二　文化创新则是大学创造力的风向标

2015 年 11 月，《国务院关于印发统筹推进世界一流大学和一流学科建设总体方案的通知》明确指出："加强对中华优秀传统文化和社会主义核心价值观的研究、宣传，认真汲取中华优秀传统文化的思想精华，做到扬弃继承、转化创新，并充分发挥其教化育人作用，推动社会主义先进文化建设。"大学的文化需要多样性和包容性。"大学不是孤立的事物，不是老古董，不会将各种新事物拒之门外。"[①] 多样性文化是文化繁荣的基本要求。任何一个社会，文化多样性远甚于单一性。多样性文化能够形成外循环，通过相互"杂交"，形成文化碰撞和交融，有"源头活水"，从而增强文化活力。单一性文化则只能内部循环，导致文化"近亲繁殖"，其结果是一代不如一代，最终走向灭亡。或被外来文化同化，或自我毁灭。历史上许多文化最终不复延续，原因固然多种多样，但缺乏多样性正是其重要原因之一。

相对于社会文化，大学更需要文化的多样性。而包容、批判、质疑等都是文化多样性的体现。它些特质最后产生了闪耀的思想火花和源源不断的创新思想。现代著名哲学家哈贝马斯有一个经典的观点："'包容他者'，实际上是说，共同体对所有的人都是开放的，包括那些陌生的人或想保持陌生的人。"[②]

（一）包容成就了大批科学奇才、推动了科学发展

17 世纪最大伟大科学家牛顿之所以能够到达科学巅峰，包容是不可或缺的基础和前提。牛顿出生寒苦，作为遗腹子的他，出生后不久随母

---

① ［美］亚伯拉罕·弗莱克斯纳著，徐辉、陈晓菲译：《现代大学论——美英德大学研究》，浙江教育出版社 2001 年版，第 1 页。

② ［德］尤尔根·哈贝马斯著，曹卫东译：《包容他者》，上海人民出版社 2002 年版，前言第 2 页。

改嫁。在新的家庭中，牛顿不但没有得到温暖的母爱，更受到继父的冷嘲和白眼。进入剑桥大学三一学院后，童年生活的阴影并未褪去，导致他总是远离人群、形单影只，并时常怨恨于母亲和继父。尤其是对女性有一种本能的拒斥，这或许是他终身未娶的根本原因。

　　然而，剑桥大学的师长却对这位自卑、怪异举动的青年人给予了极大地包容。正是在这样宽松的环境中，牛顿可以远离喧嚣、繁杂的人际关系，用充裕的时间去思考他沉醉的科学问题。1665 年至 1667 年，牛顿因躲避瘟疫而回到故乡沃尔索普。在不足三年的时间里，他构建了微分学思想、万有引力定律，并将可见光分解成单色光，在数学、物理学和光学领域做出开创性贡献。因此，1666 年被称为科学史上的"牛顿奇迹年"。

　　1905 年则被喻为"爱因斯坦奇迹年"。虽然爱因斯坦的生活轨迹较之牛顿要平坦得多，但也非一帆风顺。爱因斯坦家境一般，考入心仪的苏黎世理工学院也是复读一年才如愿以偿。毕业时面临就业困难，最终好不容易进入伯尔尼专利局谋得一个三等职员工作，还要带着未婚先育的妻子过着拮据的生活。然而，他并未因为生活艰难而放弃科学理想。在养家糊口、照顾妻儿之余，爱因斯坦时常与学友们交流、如饥似渴地吮吸自然科学和哲学、人文科学等方面的思想乳汁，并逐步形成了自己独特的科学思想。1905 年，爱因斯坦发表了五篇科学论文，在布朗运动、量子学、狭义相对论等方面做出了前无古人的巨大贡献。作为专利局的一个普通职员，爱因斯坦在科学界籍籍无名，没有名校或著名研究机构的"高大上"平台，也未有重大项目、科学基金的支撑，但论文得以发表，这是公正审稿结果和尊重"英雄不问出处"的科学精神的彰显。

　　所以，从某种意义上说，包容成就了两位不同时代的科学大师。在当代，霍金同样也是包容的产物。这位黑洞理论的创始人、21 世纪最伟大的科学家在大学阶段便先因患肌肉萎缩症导致半身不遂、后则丧失语言能力。然而，他并未受到任何残疾歧视，而是在剑桥大学一以贯之的包容中登上科学高峰。

　　博弈论之父约翰·纳什能够名闻天下也是得益于包容。这位 22 岁便提出著名的"纳什均衡"的数学天才、1994 年诺贝尔经济学奖得主、奥

斯卡金奖影片《美丽心灵》主人公在 30 岁后便因患有严重的精神分裂症
而丧失了工作和生活自理能力。但是，母校普林斯顿大学、妻子艾丽西
娅和同事们数十年的不离不弃和宽广的胸怀让纳什晚年逐步恢复正常。
包容成就了科学史上的一段著名的纳什佳话。

（二）质疑、批判、争论是大学文化必不可少的内涵

德国著名哲学家、教育学家雅斯贝尔斯强调："对科学的迷信很容易
造成对科学的敌意，科学的迷信会变成迷信一些否定科学的势力，因为
它误认为可以这些势力可以扶持科学……迷信破坏了真正知识与本真信
仰的可能性。"[①] 美国高等教育学家克拉克·克尔则认为："没有无私和无
畏的批评，社会将丧失它自我更新的力量。"[②] 进化论为什么在英国勃兴
却在法国衰落？进化论的标志性成果、达尔文的《物种起源》1859 年一
经出版，便引起了巨大反响和广泛争论。特别是受到首相狄斯累利、大
学者欧文和杜林以及大主教威尔伯福斯等政、学、教名流的猛烈围攻。
其中神创论的代表人物、牛津大主教威尔伯福斯更是以"与猴子发生关
系的是你祖父还是祖母"来羞辱和讥讽进化论的坚定支持者、有"斗犬"
之谓的赫胥黎。但是后者则以"准备接受火刑"的勇气来捍卫达尔文的
进化论。正是在这种饱受质疑和抨击的环境中，进化论在英国非但没有
湮灭，其影响反而越来越大，并最终超越英伦三岛、成为轰动世界的划
时代科学理论。

（三）文化单一导致自身孱弱，并受制于各类权力

大学的文化如果单一，文化本身的生命力微弱，必将导致各种权力
滥用，或行政权力成为绝对主导，或学术权力神圣不可侵犯。而所有这
些，都说明在文化单一性的情况下，文化成为权力的奴婢。

18 世纪后期，生物物种思想在法国出现。生物学家拉马克建立了第
一个用进废退、获得性遗传的进化理论。然而，当时法国"生物学界的
独裁者"居维叶利用自己的学术权威和高官身份，大力推行灾变说，对

---

① ［德］雅斯贝尔斯著，邹进译：《什么是教育》，生活·读书·新知三联书店 1991 年版，
第 142 页。
② ［美］克拉克·克尔著，王承绪译：《高等教育不能回避历史——21 世纪的问题》，浙江
教育出版社 2001 年版，第 246 页。

拉马克等人进行全面打击。这位 26 岁就担任法国国家自然博物馆高等动物学教授，并奠定了比较解剖学和古生物学的权威学者，亲手将刚刚诞生、具有开创性的进化论思想扼杀在摇篮之中。

作为法国生物学界的知名专家，拉马克的思想或许对居维叶构成威胁，亦或与其唱反调，后者要么出于忌妒、要么不容许"异见"而采取打压措施，以确保自己的权威地位不受动摇。然而，权威们惟我独尊、舍我其谁的霸气无处不在，导致许多不知"天高地厚"、敢于创新的无名小辈失去了发展机遇，将这些年轻天才彻底阻拦在科学大门之外。

在近代数学界，挪威青年数学家阿贝尔自幼便展现出超人的数学天赋。大学期间，就发表过见解独到的论文。他是直接运用并解出积分方程的第一人。后来又自费印刷了证明五次方程不可解的论文，并以此求教于当时欧洲鼎鼎大名的数学大师——德国数学家高斯。可是，这位傲慢不逊的权威对阿贝尔的论文根本不屑一顾。直到高斯去世后，家人才从他的遗物中发现这封从来没有打开的信件。

因为高斯的冷漠，阿贝尔深受打击。但他依然痴迷数学研究。此后不久，他将自己潜心多年的研究成果整理成长篇论文寄给法国科学院，期望能够引起法国数学权威们的重视和推介。他还于 1826 年 7 月专程来到巴黎，渴望亲聆柯西、富里叶等名家的教诲。然而，在此足足等了一年，也未能如愿。贫病交加的阿贝尔怀着郁郁寡欢的心情回到家乡。其实，作为法国科学院的秘书，富里叶收到阿贝尔的论文后只略微扫了一眼，并转交给大数学家柯西。而柯西将论文带回家后，便随手一扔，不再理睬。阿贝尔在遭受一次又一次的打击后，一病不起，不到 27 岁便离开了人世（同样被柯西冷落的法国青年数学家、21 岁便去世的伽罗瓦，与阿贝尔一起，并称为现代群论的创始人）。而这篇开拓性的论文直到他死后 12 年才得以面世。数学界另一位悲剧性人物是康托尔。他创立集合后，被权威专家克隆尼克挖苦、讽刺长达 10 年，康托尔甚至连申请教职的机会都被这位一手遮天的权威剥夺了。在漫长的压抑中，康托尔年届40 便患上了严重的抑郁症，不久便神志不清。可以说是学阀作风扼杀这些数学天才。

不仅仅在生物学和数学领域，其他领域也或多或少存在这类现象。

以化学为例。1882 年，年轻的瑞典化学家阿伦纽斯发表一篇划时代的论文——《电解质的导电性研究》，提出了一个全新观点：电离学说。化学权威克列维等人怒发冲冠、横加指责。不久，以发现元素周期律而享有盛誉的俄国化学家门捷列夫为首，联合英、法、德等国的化学权威形成了一条强大的反对阵线。这些权威们给刚刚露头的阿伦纽斯安上了"离经叛道"、"胡说八道"等莫须有的罪名，也大大延缓了电离学说的传播和运用。①

第二节 中国大学肩负文化传承与创新的重大使命

一 文化传承与创新是中国大学实现精神回归的重要体现

现代意义上的中国大学模式是在学习和吸引欧洲大学经验的基础上建立的。可以说一直深受西方影响。时至今日，这种影响非但没有弱化，反而更加明显。一些人甚至张口闭口必称哈佛，似乎中国的大学（尤其是一流大学）必须走哈佛之路，否则，便无路可走。这种"外国月亮比中国圆"的观点具有明显的普遍性。随着大学国际化日益明显，中国大学如何通过文化传承与创新，实现大学精神回归，是所有中国大学值得深思的战略问题。

（一）文化自信是文化传承与创新的前提

文化自信既是对大学自身文化发展过程的肯定，也是对中国优秀传统文化的自豪。这是生长在中国大地上的基本文化自觉。2015 年 11 月《国务院关于印发统筹推进世界一流大学和一流学科建设总体方案的通知》强调："加强大学文化建设，增强文化自觉和制度自信，形成推动社会进步、引领文明进程、各具特色的一流大学精神和大学文化。"文化自信，可以战胜大学自身发展过程中的各种困难，有效弥补包括硬件在内的诸多不足和缺陷。应该说，中国大学发展过程中，无论是在战争时期还是和平时期，都曾经面临过较大困难。许多大学之所以能够在艰难困苦中昂首阔步、奋力前行，主要原因并不在于其物质条件，更在于大学

---

① 胡解旺：《包容：科学发展的先决条件》，《中国社会科学报》2015 年 07 月 21 日。

本身的文化自信和广大师生所特有的精神动力。尤其是在国家和民族处于生死存亡的关头，体现得更加淋漓尽致。因此，追求国家富强、民族兴盛既是大学文化自信的外延，更是其永恒的核心内涵和强劲动力。

马寅初先生在诠释北大精神时说："所谓北大主义者，即牺牲主义也。服务于国家社会，不顾一己之得，勇敢直前，以达到至高之鹄的。"①1937年"卢沟桥事变"后，北大、清华、南开三校迁往昆明组建西南联大。条件之艰难令人难以想象。然而，在民族危亡的生死关头，西南联大依然保持强烈的自信。广大教师以自己强烈的报国之志极大地影响了联大的少年才俊，厥有殊功。联大学子在这样的艰苦条件下既接受了严格的专业教育，也从恩师的身体力行中承接了以国家富强、民族兴旺为己任的接力棒。

1938年6月，在日寇疯狂进攻中，浙江大学被迫西迁。途经江西泰和时，著名科学家、校长竺可桢在学校第十一届毕业生典礼上语重心长地勉励毕业生："正值倭寇猖獗万方多难的时候……诸位的责任，就格外的重大……望诸位就事，不求地位之高，不谋报酬之厚，不惮地方的辽远和困苦，凡吾人分内所应该做的事就得去做。"②竺先生以其仰天弥高的学问，更以其勇抒国难的高尚情怀熏陶和深刻影响了学子们。

以西南联大为代表的抗战烽火中的大学群体，已经成为中国大学文化自信的绝佳样本！

这种文化自信，也赢得了国内外其他大学和整个社会的高度尊重。它们不但已经成为中国大学发展史上一座丰碑，而且也成为世界大学历史上浓抹重彩的一笔。反过来，缺少文化自信的大学，是不可能有如此有铮铮铁骨，也不可能与祖国同命运、共呼吸！

所以，文化自信是大学发展高度的衡量器，是大学自律与他律的共同需要。在文化自信中，中国大学无可争议地成为中国传统文化的主要传承者和创新者。在这一过程中，大学不但释放出强大的精神力量，也必然更加自信、自强。

---

① 杨东平编：《大学精神》，辽海出版社2000年版，第26—27页。
② 同上书，第309—314页。

（二）谨防中国大学文化走向自卑

大学文化自信需要把握好应有的"度"。既不能走向文化傲慢，"过犹不及"，更不能走向自卑。而中国大学文化更多地体现为后者。

自近代以来，西方基于强大经济军事实力，形成了文化傲慢。这种文化傲慢也逐步渗透到大学文化中，突出体现为"西方中心论"（或称"欧洲中心论"、"西方中心主义"）思想影响深远。在少数知名学者看来，"西方的月亮最圆"，西方的价值观具有普世价值意义，世界其他地区必须一揽子接受西方的制度、思想和价值，才能"进步"。否则，只能倒退。从学理上说，"西方中心论"就是进一步塑造和巩固西方人的心理优越感，抬高其拯救世界的能力和使命，本质上是服务于西方国家的对外扩张策略。例如，在美国汉学界，以哈佛大学终身教授、美国最负盛名的中国问题专家费正清为代表的一批学者便建立了以西方为中心的中国研究模式——"冲击—回应"模式。这一模式在美国汉学界一直占据统治地位，成为美国学术界视为圭臬的"学术范式"。"冲击—回应"模式的主要内涵是：假设西方社会是一个动态的近代社会，而中国社会则是一个长期处于停滞状态的传统社会，缺乏自身发展的内在动力。只有经过西方的冲击，中国传统社会才有可能摆脱困境、获得发展。"冲击—回应"模式不仅被应用于对 19 世纪中国历史的研究，而且被应用于对 20 世纪以后中国历史的研究。作为当代具有世界影响的政治学家，亨廷顿同样武断地抬高"西方中心论"："400 年之久的文明关系是由其他社会对西方文明的从属所构成的。"[①]

另外，西方这种学术傲慢也常常体现为"学术政治化"。标榜所谓学术自由、价值中立、与政治无涉，不过掩人耳目、自欺欺人。中国著名国际关系研究专家任卫东教授指出：学术为政治服务，美国恐怕是全世界做得最好的，最新范例就是"修昔底德陷阱"。这个故事的基本情节是，古希腊处于支配、主导地位的城邦斯巴达出于对不断崛起的雅典的"恐惧"，先发制人地对其发动战争并将其打败。自 2012 年以来，美国哈

[①]　[美] 塞缪尔·亨廷顿著，周琪等译：《文明的冲突与世界秩序的重建（修订本）》，新华出版社 2014 年版，第 30 页。

佛大学肯尼迪政府学院教授、贝尔弗科学与国际事务中心主任艾利森教授一再将这个逻辑用于中美关系，并把中美分别对应雅典和斯巴达。

表面上看，"修昔底德陷阱"明显占据了话语权优势，但它同时反映出美国学术乃至政策思维的一个严重弱点。在 21 世纪，还要用两千年前的模式思考国际关系，动不动就用战争方式对待竞争对手，这充分暴露了美国国际关系思想的陈腐及其对战争根深蒂固的执著，与其刻意塑造的维护和平的自身形象背道而驰。①

著名美国史专家李剑鸣教授对欧美史学家的"偏私行为"进行了严厉批判：在欧美史学史上，借公正之名而发偏私之见的现象同样比比皆是。欧洲中古的史家多以基督教原则为是非准则，对于基督教世界以外的历史，不是完全抹煞，就是刻意贬低。即便在兰克晚年所做《世界史》之中，仍然可见这种宗教观念的痕迹。美国史学长期受到种族意识的浸染，盎格鲁—萨克逊族裔的经历被作为美国历史的主线，对于其他少数族裔的历史，一般不做正面涉及，遑论对他们的历史地位做出公正的评论。②

然而，中国的大学文化在"西方中心论"的长期浸染下，也患上了十分明显的"自卑症"。中国一些学者鄙睨中国文化、全盘接受"西方中心论"为荣，对西方的文化成果不辨莠麦地极力推崇，形成了"西方文化至尊"的怪圈，自觉不自觉地屈尊附就、匍匐在西方文化体系下。

不少高校以广泛使用西文原版教材为荣。在某些专家、教授眼中，是否采用西文原版教材成为教学和办学水平高低的分水岭。即使一些学科使用的自编教材（著作），也是囫囵吞枣、食洋不化，以西方的文化理论、术语和观点作为立论基础。这些貌似"国产化"的教材最多行使了"英译中"的职能。如此"崇洋媚西"，除了鹦鹉学舌、拾人牙慧外，焉能产生原创性、开拓性成果？在此种语境下，所谓的大学文化自信，不过是阿 Q 式的"精神胜利法"。

---

① 任卫东：《"修昔底德陷阱"是对中国的学术讹诈》，中国社会科学网，2015 年 8 月 20 日。

② 李剑鸣：《论历史学家在研究中的立场》

　　所以，中国的大学文化必须立足于自信、自强。不可否认，现代大学肇始于西方。中国大学要想在其中占有一席之地，必须致力于中国化（又称本土化）。带有浓厚中国泥土芳香的大学文化才是赢得国际话语权的第一步。以社会学为例。自从19世纪末西方社会学被严复、康有为、梁启超等人以"群学"之名引入、推介后，便有一批青年社会学者将其与中国社会文化相结合，中国化从此与社会学发展相辅相成。尤其是以费孝通先生为代表的一批学贯中西的学者，更是始终坚持和践行社会学中国化。他们深入调查研究，用中国语言、中国概念，面对中国问题，提出适合中国的方案，取得了一系列对中国有用的学术成果，使社会学成为推进中国社会和谐发展的富民强国之学。《江村经济》、《乡土中国》等一批学术精品，凝聚着特有的中国气息，也深受西方社会学界推崇。[1]

　　老一辈社会学家开创的研究之风，一直影响和熏陶后世的社会学者。社会学的中国化道路和长盛不衰的国际影响力又一次强有力佐证了"越是民族的，越是世界的"这一公理。

　　同时，中国大学文化还必须强壮文化筋骨。当下，中国大学应当象承认"处于社会主义初级阶段"一样，勇于承认自身的文化建设水平处于"初级阶段"，并努力改变"积弱"的被动局面。从弱变强是一个卧薪尝胆的艰难历程，也是信心、耐心和恒心三者有机结合的集中体现。

　　如果罔顾自身弱势，虽有"临渊羡鱼"的渴望，却缺乏"退而结网"的忍耐，便容易违背大学发展规律，陷入"大跃进"和急功近利的窠臼，怎能侈谈国际影响、世界一流？

二　文化传承与创新是中国大学屹立于世界大学之林的必要条件

　　唯有自信，才能很好进行文化传承；唯有自信，才能进行真正的创新；唯有自信才能屹立于世界大学之林，才能成为国家和社会发展的发动机和引擎。

　　（一）自觉坚守中国优秀文化的阵地

　　美国高等教育学家克拉克·克尔强调："高等教育具有一个基本的义

---

①　胡解旺：《加强中国学术的国际话语权》，《中国社会科学报》2015年8月11日。

务，从事保存、传播和阐明过去的智慧；发现和分析过去的史料；为目前的科研和智力创造性提供一个环境；和为未来保证经过训练的心智和继续不断的兴趣，以便人类知识的储存可以保持扩张——所有这一切都超出参照任何当前的实际应用。"① 孕育于中国文化母体的大学，身上始终流尚着母亲的血液。尽管中国的传统和现代文化裹夹着一些糟粕，但不能因此而全盘否定。一个人假如因为母亲有缺点而全盘否定，实际上也在全盘否定自己。小而言之，这种做法是切断了与母体的脐带；大而言之，是数典忘祖。

大学对中国优秀文化的坚守，需要批判性继承，即"扬弃"，但并不意味着保守。保守非但不能坚守，反而是在庇护糟粕，削弱优点。保守的思想在大学中一直有较大的市场。在保守派的观念中，自己是优秀文化的坚定捍卫者和传承人。殊不知，保守思想既保护了优秀文化，也成为落后、腐朽文化的"卫道士"。保守思想对任何外来优秀文化保持强烈的排斥态度。因此，对外来文化知之甚少，随着时间的推移，便滋生了"坐井观天"的自大。而这样的文化一旦遇到外来文化的冲击，将缺少应对之策、难以抵御。中国近代被西方的坚船利炮轰开国门时，便是如此。

大学对中国优秀文化的坚守，还需要明辨是非。即哪些必须继续、弘扬光大；哪些需要剔除，扫进历史的垃圾堆。如果不能够明确分辨，就可能颠倒黑白、混淆是非。中国的传统文化，多次饱受抹黑、异化，教训深刻。新文化运动中，北大成为批判、否定传统文化的中心。然而，它绝非西方文艺复兴运动在中国的重演，而是对中国传统文化的全盘否定。它的三大旗手——陈独秀、鲁迅和胡适均是以激进地反对传统文化而著称。

陈独秀以其创立和主编的《新青年》为主要阵地，全面而猛烈地批判了中国传统文化和制度（包括在哲学、文学、教育、法律、伦理等广阔领域）。他发表了《宪法与孔教》、《孔子之道与现代生活》、《再论孔教问题》等一系列文章，反复论证道德和民族制度与封建礼教势不两立。

---

① 〔美〕克拉克·克尔著，王承绪译：《高等教育不能回避历史——21 世纪的问题》，浙江教育出版社 2001 年版，第 242 页。

到后来，陈独秀甚至十分赞同钱玄同的观点：必须废除中国一切传统包括废除中国文字和语言。

胡适幼儿时期饱读四书五经，后来师从美国实用主义哲学家、教育家杜威。他与陈独秀一样，主张全盘否定中国传统文化并全盘接受西方文化。不过，胡适毕竟自幼深受中国传统文化熏陶，对中国传统文化"爱恨交加"。所以，高举批判大旗时着笔比较温婉。

鲁迅对中国传统文化的批判最为犀利，完全是"投枪"、"匕首"式的。其代表性作品《狂人日记》写道："凡事总须研究，才会明白。古来时常吃人，我也还记得，可是不甚清楚。我翻开历史一查，这历史没有年代，歪歪斜斜的每页上都写着'仁义道德'几个字。我横竖睡不着，仔细看了半夜，才从字缝里看出字来，满本都写着两个字是'吃人'"！

新文化运动持续时间短，并没有产生强大的影响力。但是，它主张的"全盘否定"兼"全盘接受"，走上了绝对化之路，违背了基本的哲学思想。此后，中国多次出现"全盘否定"传统文化兼"全盘接受"西方文化的思潮，其思维定式均与此大同小异。

在文化碰撞如此激烈的时代，大学必须旗帜鲜明，成为中国优秀文化的坚定捍卫者和守夜人。

（二）大学是核心价值观的高地

捍卫中国优秀文化，也是为了更好地捍卫核心价值观。中华民族的精神之源是"自强不息"。这一文化基因深深地印刻于中国的历史长河。然而，在相当一个时期内，包括大学中某些学者在内，用所谓的学术研究方式去价值化、反价值化。他们的切入点是抹黑英雄、污化英雄、虚化英雄。因为英雄是中国优秀文化的重要载体，英雄身上所凝结的核心价值观是永恒的，具有极强的感染力和号召力。选择这一切入点，也说明"历史虚无主义者"急于搅浑人们的思想，在此基础上为全盘否定中国优秀文化抢占思想制高点。可以说，历史虚无主义是"全盘否定"派的另类表现。

他们以所谓符合历史逻辑、人性本质、生理极限等，去抹黑英雄、尤其是为中国革命抛头颅、洒势血的开国元勋、革命英雄，刘胡兰、张思德、狼牙山五壮士、董存瑞、邱少云、黄继光等都成为他们讽刺、挖苦的对象。他们通过信息发达的网络等各种传媒，不断强化自己的谎言，从而首先对处于历史空仓化的广大青少年产生影响，以达到自己的险恶目的。①

法国社会心理学家勒庞认为："一切与民族的普遍信念和情感相悖的东西，都没有持久力，逆流不久便又回到了主河道。"② 但是，没有"主流"的强大，"逆流"不可能自动回到"主河道"。面对以颠覆核心价值观和主流意识形态为目的的历史虚无主义和其他社会思潮，大学作为文化阵地和核心价值观的高地，必须义无反顾、并同样以学术研究方式来反驳其错误观点。这不仅是大学匡扶正义、点燃思想火把的应然之举，也是大学进行文化传承与创新的必要条件。如果大学面对如此社会思潮而无动于衷、视而不见，那么，大学就已失位，非但无力进行文化传承与创新，反而成为社会发展过程中无足轻重的配角。大学若无力承担起其应尽的责任，那么，它就处于被淘汰的边缘。

（三）文化创新是中国大学迈上一流的台阶

一流的文化创新才能有一流的大学。同样，一流的大学必须有一流的文化创新。两者相互促进。文化创新内涵广泛，包罗万象。它既有显性的、物化的成果，也有隐性的、渗透大学深层的精神和意识。

文化创新与大学的历史长短并无正相关。它主要体现为大学本身是否具有卓越的追求与高远的理想。如果是这样，大学本身就会进行论证、寻找主攻方向并全力进行创新。许多大学初创之时或在较短时期内并未显山露水，但是，持之以恒的文化创新终究会将其推向一流。相反，如果大学沉迷于守成，对文化创新无动于衷，消极对待甚至以不务正业进行斥责，这样的大学既无法认识自己的长处和不足，更不可能找到文化创新的突破口。所以，它们不但滞后于同时代的大学，也时常被后起的大学轻易赶超。

文化与大学固有的层级同样没有正相关。因为大学（尤其是中国大

---

① 欧清华：《英雄崇拜是民族信仰的源泉》，《中国社会科学报》2015 年 08 月 13 日。

② ［法］古斯塔夫·勒庞著，冯克利译：《乌合之众——大众心理研究》，中央编译出版社2014 年版，第 117 页。

学）或多或少受到来自政府、社会和其他各方面因素的影响。一所过去
是高层级大学，并不意味着它永远固定在这一轨道上，现在或者将来会
发生变化。这取决于它的文化创新能力和水平。无论是悠久的世界大学
历史还是较短的中国大学历史，都不乏类似事例。一些曾经的高层级大
学因为躺在既有荣誉簿上，意志消退，动力不足，慢慢地降到中等层级；
而一些敢于创新、善于开拓的中低层次大学则在几十年内脱颖而出，成
长为高层级大学，少数大学已经进行顶尖之列。

　　所以，文化创新不是局部或个别方面的创新，而是系统性创新，它
不但促使走在创新前沿的领域更上一层楼，而且还能够鞭策落后的领域
"力争上游"。

第十六章

文化传承与创新是地方特色
大学的必由之路

俗话说："一方水土养一方人"。同理，"一方水土养一方大学"。地方特色文化是地方特色大学成长的母体，为地方特色提供源源不断的养分。可以说，没有地方特色文化的滋养和哺育，地方特色大学的生命之源将日渐枯竭。

第一节　地方特色文化是地方特色大学成长的母体

一　地方特色文化的滋养功能

地方特色文化对地方特色大学具有不可替代的作用。它用深厚的文化资源滋养着生长于本土的大学，为它们提供源源不断的阳光雨露。与此同时，地方特色文化也会因为自身固有的局域特点，在外来文化的冲击和同化中受到削弱。

（一）地方特色文化是肥田沃土，提供了不竭的精神财富

英国著名社会人类学家马林诺夫斯基指出："文化是指那一群传统的器物，货品，技术，思想，习惯及价值而言的，这概念实包容着及调节着一切社会科学。"① 可见，文化所涉之面甚广，无论是内涵还是外延，对社会精神都具有巨大的影响力。地方特色文化作为一国文化的重要组

---

① ［英］马林诺夫斯基著，费孝通译：《文化论》，中国民间文艺出版社 1987 年版，第 2 页。

成部分，成为地方特色大学必不可少的精神财富，并产生不可磨灭的影响。

地方特色文化具有一般文化的功能。它长期的历史积淀和风俗习惯不但给"生于斯"的所有人都打上鲜明的烙印，而且对同样"长于斯"的任何组织、集团提供精神财富，并形成重要影响。企图逸脱于此的任何人、任何组织集团都是徒劳的。作为重要的文化组织，其内在的同质性和特殊需求，决定了地方特色大学会更加特别地获得地方特色文化的滋养，从而增强自身有别于其他大学的"特异功能"。

地方特色文化的长期积淀，可以为地方特色大学提供取之不尽、用之不竭的精神财富。既有历史悠久的、也有晚近的。有的在历史尘埃中，因为战争或其他动荡因素被湮没，有的"养在深闺人未识"，有的则被后世有意或无意抛弃。然而，无论现状如何，它们都在默默无闻地奉献。"对文化的正确认识应当求之于一代代人类产生文化的过程，及每一代新生的机体如何受文化陶炼薰染的情形中。"①

"凯风自南，吹彼棘心；棘心夭夭，母氏劬劳。"地方特色大学正是基于地方特色文化的特别滋养，方能特色鲜明。从这个意义上说，地方特色文化的肥田沃土，是地方特色大学确立和成长之母。

（二）地方特色文化的价值引导功能

地方特色文化除了滋养功能外，它还具有教化功能，对地方特色大学进行价值引导、方向定位。当地方特色大学刻意去掉"原色"或"土色"、企图丢弃根和源，披上"洋装"的时候，它会充分利用其各种因素去影响"儿子"的选择，引导其走向正确的发展道路。当然，这种影响带有母亲般的温柔和细腻。

当"儿子"执着于自己的精神游离、最后无所依归时，母亲会也最宽广的胸怀迎接"儿子"精神回归，绝无半点嫌弃。在地方大学的发展历程中，不少大学力图迈上"高大上"的平台，脱掉了故土的外套，放弃家乡的口味。总之，一切都按大学的"普世"道路行进，结果，若干

---

① ［英］马林诺夫斯基著，费孝通译：《文化论》，中国民间文艺出版社 1987 年版，第 10 页。

年的发展和打拼，发现自己徒有名校之表，绝无名校之实。更重要的是，因为"走得太远，忘记了自己的初心"，变得不伦不类、不土不洋。

而理智的地方大学在碰壁后，反复听到母校的召唤，毅然改变方向，实现回归，坚定地将办学方向、目标、定位与地方特色文化有机地结合起来，成为为"母亲"添光增色、努力弘扬地方特色文化的主力军。

地方特色文化以其特有的"磁力"，形成了强大的磁场，始终扮演着引导者的作用，不断修正地方特色大学的方向。它能够用最快捷、最慈祥的方式，最大限度地减少地方特色大学因为方向偏差而造成的损失。所以，地方特色大学无论从感恩还是其他角度看，都必须始终以弘扬地方特色文化作为自己的特殊使命。也只有如此，地方特色大学才能真正称得上"光宗耀祖"，而非"忤逆不孝"。

二　地方特色大学的"赡养"与敬畏

地方特色大学对地方特色文化的瞻养必须是一种全方位的回馈，这既是延续地方特色文化的生命力，更是弘扬和传播地方特色文化的精神动力。

（一）地方特色大学的"赡养"之责

"谁言寸草心，报得三春晖。"地方特色文化"扶养"了地方特色大学。因此，地方特色大学必须义不容辞地履行"赡养"之职。地方特色文化在长期的发展过程中，不可避免地出现吸引力下降、活力消退的局面。尤其是面对日益现代化的文化冲击，以及年轻人对时髦的追求，古老而传统的文化更显得有些格格不入。它们不再是现代生活的主角，逐步沦为配角，甚至被打入冷宫。它们更多的只在某种祭祀仪式中出现，仪式过后便被锁入柜底；抑或只在观众寥寥的戏曲舞台上呈现，只有少量怀旧者为之喝彩。现在，它们中最优秀的部分通常被冠以"非物质文化遗产"而日益远离人们视线。除了少数上了年纪的老人依然对其怀有深厚感情外，它们已经开始走上失传之路，逐渐成为后人模糊的历史记忆。或许再过若干年，它们就将被历史尘埃彻底封存。这是一种十分普遍而令人担忧的现象。

地方特色文化加速消退，也正在威胁着当地文化的兴盛。任何一个区域，坐视优秀传统文化退化而充耳不闻，却企望通过新兴文化建立起先进文化体系和标杆，提高文化影响力，都不过是缘木求鱼。文化是不可能被切断的，任何其他文化都不可能完全取代原生态文化。在日本明治维新时期，日本近代"教育之父"、"思想之父"，被称为"日本伏尔泰"的福泽谕吉曾提出"脱亚入欧"的思想，而且日本自近代至今一直坚称自己是"西方国家"。然而，一百多年来，日本并没有在文化上切断与自己固有的传统文化的任何联系。尤其是以"菊与刀"为代表的日本文化体系依然坚如磐石，成为诠释日本国民性格的标志。

一个国家如此，一个地区也是如此。总体上看，虽然地方特色文化的低靡衰退与现代文化的高歌猛进形成了鲜明对比、强烈反差，但并不意味着刚性的现代文化就一定能够将柔性的地方特色文化彻底清场。事实上，地方特色文化经过千年传承，已经根须满地。枝叶的枯黄，并不能说明它的生命已经耗尽。它所承载的使命是永恒的。一旦因为某种特殊的力量而导致其灭亡，那也就意味着当地文明退出历史舞台，成为人类发展史上的一幕悲剧。

所以，作为被"扶养"的地方特色大学，必须勇敢而坚定地履行赡养义务。因为，自身之所以能够成为"地方特色大学"，恰在于地方特色文化的长期熏陶和丰富营养。完全可以说，地方特色文化与地方特色大学"母子连心"，一荣俱荣，一损俱损。当地方特色文化面对时代变迁和现代文化的双重挤压时变得精力不济、步履蹒跚、"年老色衰"时，地方特色大学必须通过自己特有的学术优势、传承优势，尤其是通过文化创新，让古老的地方特色文化"枯木逢春"，重新焕发出强大的活力。

（二）地方特色大学的敬畏之心

地方特色大学对地方特色文化需要有足够的敬畏之心。具有敬畏之心的赡养是一种发自内心的高度尊崇，会产生一种不辱使命的弘扬与光大的决心。如果缺乏敬畏，赡养过程的尊重意识便将逐步淡化，变成纯粹的物质回报，甚至产生"嗟，来食"的轻慢。所以，永恒的敬畏既是地方特色大学自我反省的警钟，也是为了更好地传承与创新地方特色文化。

湖南的吉首大学之所以在短短的几十年内，成为"湖南的骄傲"，一个非常重要的原因便是对当地特色文化的敬畏。它以深入挖掘当地特色文化并通过学术研究方式，不断弘扬和传播。尤其是在民族历史文化、民族语言、民族音乐、民族体育、民族旅游等方面，吉首大学充分发挥了自身独特的大学优势，不但通过文化传承创新提升了自身的影响力，而且给当发相关产业带来了实惠，可谓相得益彰。例如，借助于沈从文研究、黄永玉研究、永顺县老司城研究、凤凰古城文化等方面研究，学校形成了一批独具特色的研究领域，造就了一批卓有建树的专家。反过来，这些名人、名景、名文化也随着研究的不断深入名声越来越大。

比较而言，在相当长的时期内，一些地方的特色文化并未受应有的敬畏。所在地域的大学只是将当地的特色文化作为自己脸上贴金、升格、谋取功名的跳板。一旦小有所获，便"过河拆桥"，将其弃之一旁；一旦受挫，也归咎于此。这种功利化的地方大学既没有赡养之情，也缺乏敬畏之心。它们长期处于低水平徘徊，却没有认真进行反省。可以预见，在未来更加激烈的竞争中，它们将日趋式微，并最后掉队。

敬畏既是弘扬地方特色文化的不二法则，也是地方大学自重和迈向特色大学的体现。唯有敬畏，方能自重；唯有敬畏，方能受到社会的尊重。如果说一所大学无法得到当地社会的尊重，那么，它绝不可能成为高水平的地方特色大学。

第二节　地方特色大学传承与创新
地方特色文化的方式

一　文化传承是规定动作

传承是地方特色大学弘扬地方特色文化的前提和基础，也是不折不扣的规定动作。如果缺乏传承的意识、策略和措施，遑论创新。

（一）凝聚研究队伍、挖掘文化宝藏、梳理文化脉络

对地方特色文化的传承既要有"板凳须坐十年冷"的精神，也必须条分缕析、思路清晰，抓纲举目。如果不学会"牵牛鼻子"，而是眉毛胡子一把抓，很可能事倍功半、效果甚微。

1. 凝聚研究队伍。通过各种行之有效的方式，培育一支有兴趣、有

能力的老中青相结合的研究梯队，是传承地方特色文化的第一要务。在遴选人才时，必须考虑多种因素。一是必须熟悉本地文化、通晓本地语言文字；二是要有强烈的责任心和使命感；三是具有较强的研究能力和水平；四是具有很强的团队意识和聚合力；五是专兼职相结合、校内校外相结合、省内外或国内外相结合，外聘高水平的专家协同研究。

同时，遴选出学术研究的带头人、首席专家，并设立分方向带头人，组成若干个研究小组，既强调分工，又重视合作。事实上，各个领域的研究，队伍的整合始终具有关键性作用。如果队伍松散、凝聚力缺失，即使个人能力再强，也难有太大作为。它如同一支球，其中一定有超级球星、也有蓝领式的普通球员，这样的配置也是球队正常运行的基础。如果一支球队中，大量超级球星聚集，那么，迟早会产生相互不服的矛盾。它也象一部戏曲，其中一定有主角，还有若干配角，这样的"班子"才能够释放出最大能量，将一部戏演绎得精采绝仑。反之，如果主角过多、层次不明，大家都想"抢戏"，难以达到理想效果。

地方特色文化是一种与普世和大众文化相联系、又有独特内涵的"亚文化体"，对它的传承是一个十分艰难而漫长的工作，没有一支凝聚力强、配合默契、水平较高的队伍，既不可能取得令人信服的成果，更不可能真正弘扬地方特色文化。

从当下一些地方大学的对本地特色文化的传承来看，有的地方大学之所以能够因此而走上特色大学之路，人才队伍的凝聚功不可没；而有的地方大学之所以仅仅停滞于表面，而没有真正获得传承的良好效果，也主要是由于人才队伍的不整、涣散，导致整体研究能力有限，研究方向紊乱、成果显示度微弱。

2. 挖掘文化宝藏。地方特色文化是一个巨大的文化宝库，如何挖掘这一汗牛充栋的宝库，从而进行提炼，"去粗取精，去伪存真"，"由此及彼、由表及里"，是一项极其重要的工作。如果良莠不辨，非但不能取得相应的效果，反而影响其形象和声誉。事实上，它与挖掘一个国家和民族文化的方式具有较大的相似性。

在中国传统文化的挖掘和传承过程中，因为后世某些人缺乏"去粗取精"辨识，将糟粕当作精华，并津津有味地加以放大、扩散，导致中国传统文化在相当程度上被丑陋化、妖魔化。传承地方特色文化，需要吸取这一深刻教训，绝不能为了猎奇、吸引外界眼球，而对其中的精华视而不见，转而放大其糟粕。与其说这是在传承地方特色文化，不如说这是一种伪传承，是一种借传承之名，实为损害地方特色文化的学术小丑行为。

在当下，一种值得警惕而又十分突出的传承现象是：将子虚乌有、封建迷信的东西硬生生地镶进主流的地方特色文化之中。凡是最有特色的亮点，都或多或少地沾上鬼神仙气，似乎不这样不足以展示地方特色文化的精髓和亮点。

靠这样的方式去挖掘文化宝藏，如同吸食毒品，能够在短期内将达到文化亢奋状态。然而，随着时间的推移，它将要么露出鸡皮黄脸的毒容；要么因过量"吸毒"而直接猝死，被抛弃于文化垃圾场。

3. 梳理文化脉络。地方特色大学关涉到许多方面，历史、地理、文化、语言、宗教、教育、风俗习惯等诸多方面。如果不梳理其脉络，便无法真正了解文化的存量和增量，不能在这些包罗万象的文化中寻找最适合、最具特色、最有价值的研究方向和线路，容易本末倒置。

不同地域的特色文化，其差别是显而易见的。因此，如何立足于本地的特色文化，进行把脉和诊断，是一个基础性工作。例如，客家文化与闽南文化就属于两个区域不同的"亚文化体"，从客家文化中去寻找闽南文化的经络，或反向行之，都将是南辕北辙。当然，同属中国优秀文化的重要组成部分，地方特色文化也有其相似和相同之处，但相同者显然少于殊异者，也即是说差异是它们之间最显著的特征。即使是同根同源的客家文化，粤、闽、赣三省也因地域各异，存在一定差别。别的不论，仅语言、风俗和饮食等诸多方面就多有体现。

所以，地方特色文化无论从哪个视角切入，都必须经过"梳理"这一步。任何想绕开这一关节而快速进入研究通道，都是得不偿失的做法，也注定要走回头路。

（二）构建研究平台、突出研究重点、展示最大特色

传承地方特色文化的另一项基础性工作是如何构建研究平台，并在此基础上突出研究方向和重点，从而展现其最大特色。这项工作的基础

如何，直接或间接地影响地方特色文化的有效传承。

1. 构建研究平台。研究平台是凝聚学术队伍、优化资源配置、发挥研究效能的重要舞台。构建一个具有大平台和若干个分平台的系统，可以在一定范围内较好地集中各类优势资源，开展卓有成效的工作。

比较而言，地方特色大学因为各方面原因，其师资力量相对较弱，如果不进行开放、吸收校外更广泛的资源，其研究水准将受到严重制约。因此，需要通过协同创新的方式，将不同大学的类似平台进行无缝拼接，打造更大的研究平台。即使是文化研究内涵的差异较大，也可以进行跨区域的深度合作，相互学习和借鉴。另外，还要努力创造条件，打造跨境、跨国平台，广泛开展国际合作研究。

这既是眼界开阔的表现，也是平台延展的标志。须知，任何研究平台如果走向封闭，就必然导致闭门造车，其研究队伍必然单一化，所取得的研究成果也只能自我欣赏，很以得到外界的公认和肯定。更重要的是，长期处于封闭状态下的研究，缺乏横向比较和外界刺激，对自身的落伍浑然不觉。若干年之后，这个处于低端水平的平台，已经缺少与高端平台对话的资本，被远远地抛在一旁，根本无法触碰到学术的前沿领域。而这个研究平台，也失去了它应有的价值和意义。

2. 突出研究重点。地方特色文化既然涉及多方面领域，就不可能面面俱到。必须"有所为，有所不为"，或至少要做到"有所多为，有所少为"，以此来突出研究重点，集中相对不足的人力、物力在某一方面取得突破性进展。通过某一方面的突破，形成研究上的"火车头效应"，进而影响和带动其他方面的研究。"通百艺莫如专一行"。基于自身的实际，地方特色大学必须如此抓大放小，集中优势力量坚决地突破重点。

如何选择重点突破口，这是需要综合考虑的，即某个方面已经具备了最基本的条件：一是研究队伍的学术方向明确、学术能力较强；二是构建了研究平台并积累了相关资源；三是已经积累了一定的经验和成果。如果能够满足这三个条件，完全可以在这个方面进行重点突破。切不可反其道而行之。

美国高等教育学家弗莱克斯纳指出："大学不是风向标，不能什么流行就迎合什么。"① 目前，一些地方特色文化的研究过程中，常常犯如下错误：或者放弃万事俱备、只欠东风的突破点，去追求学术时髦和"形象学术工程"。表面上注重跟踪学术前沿，实际上是放弃学术坚守的原则和理念；或者四面出击、细大不捐，"有枣没枣打一杆子"。看似学术兴趣广泛、涉猎学科门类多，其实每个领域都不过如浮光掠影、浅尝辄止。本来队伍力量有限，研究平台较低，研究资金不足，如此分散研究，不但个人无法凝聚方向、突出重点，整个研究队伍更是研究方向无数，完全缺乏大兵团配合、步步为营、整体推进的有序研究，是典型的游击战、麻雀战法，"打一枪，换一个地方"。所取得的零散、杂乱无章的成果，即使堆积盈尺、甚至等身，也无法取得真正意义上的突破，更不可能有自己独到的特色，最终难以形成强大的影响力。这一深刻的教训已经和正在一幕接着一幕上演，而且不少地方大学还乐此不疲、引以为傲。

他们将自己缺乏影响力的研究成果归咎于名校强势、顶尖学术期刊"店大欺客"、各类高水平基金项目评审厚彼薄此等，却丝毫不深刻反省自身存在的问题。这种状况如果继续维持下去，地方特色文化将在相当长的时期内难以得到学术界的公认，高水平成果将更加难以登上顶尖学术期刊的"大雅之堂"。

3. 展示最大特色。突出地方特色文化的重点也就是展示其最大特色。也即是说，地方特色文化"特"在何处？有何"人无我有"、"人有我优"的特色和亮点？其中有一些与其他的地方特色文化相似或相近的文化，也有诸多因特定地域、历史和人物等要素而形成的独一无二的特色。

最大特色也是地方特色文化的名片，最能反映这一文化的精髓。以湘西区域文化为例，它有著名的边城文化、土司文化、凤凰风情，还有沈从文、黄永玉等名人文化。那么，很显然，沈从文、黄永玉是"只此一家"的最大特色。全国、全世界其他任何地方都没有第二位。而边城文化本身来源于沈从文的小说，特色并不十分突出；土司文化在云南、贵州、湖南等地都有较长的历史渊源，而且云、贵的土司文化影响更大。

---

① ［美］亚伯拉罕·弗莱克斯纳著，徐辉、陈晓菲译：《现代大学论——美英德大学研究》，浙江教育出版社2001年版，第3页。

因此，土司文化并非湘西独有的文化特色；凤凰风情文化虽然基于这一特殊的小城而闻名于世，但类似的以保留古老建筑、富有当地人文气息的小城文化无论是国内还是国外，都不缺少。从国内的影响力来看，云南丽江显然胜于凤凰古城。

所以，吉首大学在突出湘西地方特色文化的过程中，首先全力强化沈从文、黄永玉研究，取得了学术界无人可匹的系列研究成果。不但如此，学校还专门建立了沈从文纪念馆、黄永玉艺术博物馆。经过多年的努力，吉首大学将湘西地方特色文化的最大特色——沈从文、黄永玉全方位展示在世人面前，形成了以两位文化名人为龙头的地方特色文化。

或许有人说，无论研究与否、研究水平高低，本地特色文化或文化名人的影响永远不会消失。这是值得商榷的。著名教育家金耀基先生强调："任何一国家或民族的文化，不论如何丰瞻璀丽，皆不可能是圆满俱足，无可增美的。"① 本地特色文化或文化名人虽然生于斯、长于斯，但如果后世没有深入研究、发掘其价值、擦亮其特色，而其他地方却在不遗余力地从事同样工作并取得显著成绩，那么，它们就会逐步流转，极有可能成为其他地方的文化标签。譬如，屈原生于湖北秭归，却成为湖南汨罗端午文化的标志性符号。虽然秭归也保留和新建一批有关"三闾大夫"的屈原祠、屈原故里文化旅游区等，但其影响力远逊湖南汨罗的屈原文化。诸葛亮生于山东临沂，却成为湖北襄阳的文化代言人；诗圣杜甫生于河南巩县，却是成都典型的文化标签。这方面的事例不可胜数。

二　文化创新是自选动作

"靡不有初，鲜克有终"。地方特色大学传承地方特色文化是必要的基础工程。然而，如果仅仅止步于此，就将前功尽弃。创新地方特色文化是在传承基础上的重要工作。通过创新，使地方特色文化能够更好地与现代化接轨、与现代文化有机融合，减少来自现代文化的冲击，从而更加有效地传承古老的地方特色文化。

---

① 金耀基：《大学之理念》，生活．读书．新知三联书店 2001 年版，第 74 页。

（一）创新地方特色文化的紧迫性

"长江后浪推前浪"。面对日益快捷的现代文化潮流冲击，任何国家和地区的传统文化都在承受着巨大的压力。地方特色文化也不例外。现代文化以适应青年人的语境、网络电视等现代传媒，极大地强化感官刺激。地方特色文化尽管有其特色，却显得暗淡，且色调老旧，因此，除非在特定仪式中出于恐惧或自抑，青年人很难从内心真正喜欢它的特色和内涵。

地方特色文化正是在青年人这种内心的强烈排斥中渐行渐远。其所承载的道德教化、文化影响功能逐步下降，文化之魂已"无处安放"。长此以往，地方特色文化极有可能断层、断代直至断根，最终走向消亡。

事实上，因为政府投资保护了一批古村落、古建筑、古文化等，并通过"非物质文化遗产"等方式，确实在一定程度上对地方特色文化起到了保护作用。在极度虚弱的情况下，政府给予保护是为了"治病"。然而，地方特色文化不能长期靠"吃药"生存，必须通过"锻炼"而强壮身体。毕竟，过度保护的过程也是在进一步弱化其生存能力的过程。与此同理，世界上许多濒临灭绝的野生动物，因为长期受到过度保护，已经失去了其原有的生存天性和能力，成为"圈养"动物，原有的基因也在慢慢退化。

因此，让地方特色文化重新焕发出活力，必须通过多方面的创新，提振其吸引力。"痛则不通，通则不痛"。没有任何创新，则痛；有了自内而外的创新，则通。因此，绝不能抱守残缺。少数极富特色的地方文化在创新过程中将传统性与现代性完美地结合起来，从而始终走在时代前列。

云南丽江的东巴文化便是其中的杰出代表。东巴文化是一种宗教文化，即东巴教文化，同时也是一种民俗活动。东巴教是纳西族的一种原始多神教，信仰万物有灵。它是在纳西族的本土文化——巫文化，与后来传入丽江的藏族"苯"教影响下，发展起来的宗教。其祭司叫"东巴"，意译为智者，他们是东巴文化的主要的继承者和传播人。这些"智者"知识渊博，能画、能歌、能舞，具备天文、地理、农牧、医药、礼仪等知识。他们书写经文使用的文字是一种"专象形，人则图人，物则图物，以为书契"的古老文字，称"东巴文"。它被誉为世界唯一存活着的象形文字。

在旅游业和商业大潮的冲击下，东巴文化在恪守其本质和内涵的基础上，进行了适度的创新，并通过"印象丽江"、"丽水金沙"等扩大其影响力，实现了凤凰涅槃的"重生"。

在地方特色文化的创新过程中，地方特色大学不能作壁上观，必须置身其中、积极参与。既是为了更好地传承地方特色文化，也是通过创新，焕发地方特色文化的生机与活力。当然创新的过程是一个痛苦的过程，即使是成功者如东巴文化，也有学者担心"被扭曲或莫名地变异"。①

（二）地方特色大学通过参与文化创新擦亮自身品牌

地方特色文化的创新仅靠其自身是完全不够的，需要地方特色大学的全力参与。这既是地方特色大学的应然之责，也在创新过程中提升了自己的影响力和知名度。一些地方特色大学之所以能够扬名，原因固然多种多样，但一个不可小觑的因素是：成为创新地方特色文化的主角并且成就显著。在创新过程中，地方特色大学还能够将这种创新模式有效地运用于自身的人才培养、科研研究和社会服务等各项职能，形成了以文化传承与创新为纽带的特色办学方向。地方特色大学与地方特色文化，两者相辅相成、交相辉映。

既然是创新，就不可能有固定的模式和套路，不能规行矩步，必须推陈出新，选择最适合当地特色文化的发展方式作为创新基点。任何模仿其他地方特色文化的创新做法，都会导致圆枘方凿。例如，同样是具有鲜明个性和特点的地方特色文化，云南丽江的东巴文化，其创新之路不可能适合其他的地方特色文化；同理，湘西的地方特色文化、粤闽赣的客家特色文化、福建的闽南特色文化的创新也只能是"唯一"。即使都是客家特色文化，粤闽赣三省虽然都是客家文化属地，但三地的创新依然是"殊途"，绝不可能采用相同的固定"套路"。

"求异"既是创新的常规法则，也是地方特色大学创新地方特色文化的不二法门。这是一条艰难的探索之路，是独辟蹊径之举，且只能靠自

---

① 木仕华：《变迁与创新中的东巴文化》，《中国社会科学报》2011 年 07 月 19 日。

己的双腿前进，既不能后退、也不能借助任何便捷工具。正是走他人未涉足的荆棘之路，才能收获真正的瑰宝。北宋改革家王安石的《游褒禅山记》用极富哲理性语言作了如下描绘："夫夷以近，则游者众；险以远，则至者少。而世之奇伟、瑰怪，非常之观，常在于险远，而人之所罕至焉，故非有志者不能至也。有志矣，不随以止也，然力不足者，亦不能至也。有志与力，而又不随以怠，至于幽暗昏惑而无物以相之，亦不能至也。"

不难发现，在地方特色文化的创新过程中，存在着诸多雷同或大同小异的现象，尤其是在人造景观和文化传播方面，更是如此。人造景观中或以洋为美，或直接由现代景观取代具有深厚历史积淀的古老建筑，或以历史名著的景观作为龙头景观，导致"四不象"。这种人造景观不但如古人穿西装、着革履，更是对地方特色文化的极大讽刺。如果以此为特色，与"文化整容"何异？

在文化传播方面，也时常出现"伪创新"、"劣创新"，以低俗当高雅。这种创新大多具有"造谣、造假、造势"的共同特征。地方特色文化一旦走上这条不归之路，无异于饮鸩止渴、加速自身的衰亡。

因此，地方特色大学在努力参与和带动地方特色文化创新的同时，亦有义务进行纠偏和匡正，这绝非越俎代庖。否则，两者都可能成为以创新为名、实则粗制滥造的直接受害者。不但两者的特色全无、名声扫地，而且有若裾马襟牛、贻笑天下。

第十七章

嘉应学院对客家文化传承与创新

嘉应学院是一所省属普通本科院校，前身是创办于 1913 年的梅县县立女子师范学校，是一所拥有百年历史的大学。它位于"世界客都"——广东省梅州市。梅州在清朝时称嘉应州，嘉应学院由此得名。学校以"植根侨乡，服务地方，弘扬客家文化"作为自身鲜明的办学特色。

第一节 嘉应学院客家文化的研究情况

多年来，嘉应学院立足于"世界客都"，高度重视客家文化的传承与创新，取得了丰硕的成果，成为海内外客家文化的重要研究基地，影响日隆。

一 客家人的源与流

（一）何谓客家人

客家人，又称客家民系，是一个具有著名特征的汉族民系，也是世界上分布地区最广、人口最多的民系之一。在中国国内有客家聚居的地区，共有广东、江西、福建、广西、四川等 19 个省区，265 个县市，其中纯客或基本纯客县市 41 个，总人数约 5500 万；约 600 万人分布在香港、澳门、台湾地区；国外遍布五大洲六大洋，分布在 80 多个国家和地区，约 5000 万。总计共约 1.1 亿。

有关客家的起源存在多种说法，主要的有客家中原说和客家土著说。

而前者被广泛认同。绝大多数学者认为：客家人是从中原迁徙到南方，是汉民族在中国南方的一个分支，因为身在异乡，对于故乡河洛（以洛阳为中心的洛河流域）地区的眷恋，自称"河洛郎"。

（二）客家人南迁

客家人的南迁，最早可以追溯到秦始皇时代，彼时中原汉民大举南迁，经赣南、闽西到达梅州，最终形成相对成熟的、具有很强稳定性的客家民系。此后，客家人又以梅州为基地，大量外迁到全国乃至世界各地（下南洋）。

客家先民迁徙的原因多种多样。早期则主要是源于灾害的胁迫。诸如残酷的战争、水、旱、虫等特大自然灾害的打击及瘟疫的流行。中国历史上每次大规模的战乱，几乎都造成了客家人的大迁徙。据史料记载，南北朝时期就有过客家先民的大迁徙。史学界有一种观点：秦始皇为了建造阿房宫，驱赶数万中原百姓"木客"往赣南兴国伐木，没累死的后来就留在了当地，这大概便是赣南客家最早的先民。

史学界还有一种观点：秦始皇平定、治理岭南时的将士戍卒及官吏和他们的家属，是北方人向岭南移居的第一批移民。这批人来到岭南之后不久，中原地区即发生了陈胜、吴广的起义，当时的南海尉赵佗（现广东省河源市龙川县便有以赵佗为名的"佗城"）为防岭南地区出现动乱，拥兵关隘，封闭南北通道，建立南越国，自封南越王。南越国存在近百年，来自中原地区的秦朝将士戍卒及官吏和他们的家属只能滞留在岭南地区安居生息。到汉武帝时，南越国归并汉朝，这些人留下的子孙也不可能再回到北方，名副其实地成为做客他乡之人。所以，秦朝是客家文化和客家民系的起源时期，当时所留下的将士戍卒及官吏和他们的家属，是岭南地区最早的客家人。（学术界一般不将这两次人口变动称为真正的迁徙）。公认的客家人大规模南迁共有五次。

第一次大迁徙。西晋永康元年，发生了"八王之乱"，继而又爆发了人民反晋王朝的斗争，大大动摇了西晋王朝的统治。这时北方的匈奴、鲜卑、羯、氐等少数民族趁虚而入，各自据地为王，相互争战不休，使中原陷入"五胡乱华"的动荡局面。西晋王朝覆亡后，中原成了胡人的天下，他们废农田，牧牛羊，虏汉人做奴隶。不堪奴役的汉人大举南迁，他们由中原经河南南阳，进入襄樊，沿汉水入长江迁向湖北、安徽、江苏一带；朝东则由九江到鄱阳湖，或顺赣江进入赣南山区。其前锋已抵达今之梅州大埔，并于东晋义熙九年（即公元 413 年）以"流民营"为基础设置了义招县。这时，东晋王朝为安置中原移民，专门设立了侨州、郡、县，予以各种优待。这股潮流此起彼伏，持续 170 多年，迁移人口达一二百万之众。

第二次大迁徙。唐朝自"安史之乱"后，国势由盛而衰，出现藩镇割据的局面。加之中原灾荒连年，官府敲榨盘剥，民不聊生，许多城乡烟火断绝，一片萧条。不久，爆发了先后由王仙芝、黄巢领导的农民起义。起义军驰骋中原，辗转大江南北十数省。这些地方正是第一次南迁汉民分布的地域。战乱所及，惟有赣南、闽西南和粤东北"堪称乐土"，于是上述各省客家先民的大部分，由江州溯赣江而上，来到今天的赣南、闽西、粤东北的三角地带定居。根据客家族谱记载，这时期的移民，避居福建宁化石壁洞者也不少。这就是中原汉人历史上第二次大举迁徙。这次南迁，延续到唐后的五代时期，历时 90 余年。

第三次大迁徙。客家民系形成。公元 112 年，北宋都城开封被金兵攻占后，宋高宗南渡临安（今杭州）称帝，建立南宋王朝。随高宗渡江南迁的臣民达百万之众。元兵入侵中原后，强占民田，推行奴隶制。处于黄河流域的汉族人民，为躲避战乱，又一次渡江南迁。随后由于元兵向南进逼，赣闽粤交界处，成为宋、元双方激烈争夺的战场。与陆秀夫、张世杰并称为"宋末三杰"的江西吉州（今江西吉安）人、文天祥起兵抗元，率义军进抵梅州，客家儿女纷纷从军，转战于闽粤各地。"男执干，女甲裳，八千子弟走勤王"。早先迁入此地的客家人，为寻求安宁的环境，又继续南迁，进入粤东的梅州、惠州一带。因为这时户籍有"主"、"客"之分，移民入籍者皆编入"客籍"。而"客籍人"遂自称为"客家人"。

第四次大迁徙。原因有二：一是受满族入主中原的影响。清兵进至福建和广东时，客家节义之士，出面号召群众举义反清，失败后被迫散居各地。有随郑成功到台湾的；有向粤北、粤中、粤西搬迁的；有的到了广西、湖南、四川。二是客家人口膨胀。赣闽粤边区的客家人，经过

200 多年的发展，人口大增，而当地山多田少，耕作所获，供不应求，乃思向外发展。适逢清政府于康熙年间发起"移湖广、填四川"和移民运动。于是，由中原移居两湖两广的汉民，又大量入川。川籍客家先民，都是当时由广东、福建迁到四川的客家人。

第五次大迁徙。清朝咸丰、同治年间，洪秀全领导的太平天国运动，以客家人为基本队伍，辗转征战十余年。天京陷落后，起义军受到剿杀，百姓纷纷逃匿。在此期间，粤中地区发生了持续 12 年的土客械斗。清政府为解决土客之争，特划出台山赤溪地区以安置客家人。动乱使得客家人开始了又一次的大迁徙，分别迁到海南、广西，甚至飘洋过海去谋生。

二　客家文化研究

（一）何谓客家文化

客家文化是指客家人共同创造的物质文化与精神文化的总和，包括语言、戏剧、音乐、舞蹈、工艺、民俗、建筑、饮食等方面。

客家文化既继承了古代正统汉族文化，又融合了南方土著文化，加上长期居住在丘陵地环境影响，形成具有特色的客家文化。耕读传家是客家文化的特点。客家文化的基本特质是儒家文化；移民文化与山区文化也是客家文化的重要特质，客家人的祖先崇拜、重教观念、寻根意识、开拓精神、以及奇特而丰富多彩的民俗风情等，在很大程度上是这三种文化特质的外化。客家文化有古汉文化活化石之誉，客家学日益成为学术研究的一门显学。

（二）客家文化研究的历史变迁

客家文化研究源于大陆。最早的研究是上世纪初。1905 年，著名革新家、外交家黄遵宪因"百日维新"的牵连被清廷削职而回家乡梅县从事办新学活动。祖籍梅州蕉岭县的台湾反日保台义军首领丘逢甲已返梅定居。他们积极发动梅县各界有学之士，在黄之住所"人境庐"成立了"客家研究会"（此乃中国最早的客家研究团体。在"人境庐"旁边，已经建立起"中国客家博物馆"，2008 年正式开馆，是"世界客都"——梅州的标志性建筑之一）。其目的是通过研究客家文化之根来驳斥当时甚嚣尘上的反客家言论，为客家正名正言。最后，迫使广东提学使书面道歉。1906 年，晚清嘉应三大诗人之一、兴宁名士胡曦撰写《广东民族考》一书，论证客家来自中原河洛，与河洛文化血脉相联。在此前后，还涌现了包括邹鲁、张资平、温仲和、罗香林等在内的一批客籍研究专家和学者。

1933 年，客家文化的奠基人罗香林先生《客家研究导论》问世，成为公认的客家文化研究集大成之作，从而开启了客家文化研究的新时代。谢幼伟先生当时的书评很具代表性："用科学方法，将客家问题作一种严密研究…… 当以罗君一书为嚆矢。"罗香林先生也被誉为"为全球客家人正名的史学大师"，是客家文化研究的不祧之祖。

这一标志性研究成果不但使客家文化研究在学术界占据一席之地，而且对于消除外界对客家渊源、客家文化的误解，展示客家精神起到了重要作用。此后，客家文化研究因战乱不断而受到极大影响。50 年代至 80 年代，客家文化研究重心开始向台湾、香港等地区转移，主要成果以台湾、香港居多，影响最大。

自上个世纪 80 以来，大陆客家文化研究重新崛起。发展至今，已经成为一门新兴的有一定影响力的学科。特别是以广东、福建和江西三所客家地区高校最为重视，三校均成立了专门的客家研究机构，并各国自成为所在省的人文社会科学重点研究基地，使客家文化的影响力日益扩大。在这一过程中，涌现出一批成果较为丰硕的中青年知名学者。

三　嘉应学院对客家文化的研究与传播

（一）研究平台

嘉应学院客家研究院是中国大陆地区最早从事客家学研究的专门学术机构之一。

1989 年 12 月，成立客家研究所；

2006 年 4 月，以客家研究所为基础，组建嘉应学院客家研究院、梅州市客家研究院；

2006 年 11 月，由广东省社会科学界联合会批准为"广东省客家文化研究基地"；

2007 年 6 月，由广东省教育厅批准为"广东省普通高校人文社会科

学省市共建重点研究基地";

2011 年 12 月，梅州市政府依托客家研究院，成立客商研究院；

2012 年 6 月，由中共广东省委宣传部、广东省社会科学院批准为"广东地方特色文化研究基地——客家文化研究基地"；

2012 年 12 月，经国家民政部门批准，国家一级学会"中国人类学民族学研究会客家学专业委员会"在研究院挂牌成立；

2013 年 6 月，由广东省文化厅批准为"广东省非物质文化遗产研究基地"；

2014 年 6 月，成立了"粤台客家文化传承与发展协同创新中心"；

2014 年 8 月，与赣南师范学院、龙岩学院联合成立了"客家研究协同创新中心"；

经过 20 多年来的发展和学术积累，研究院已成为集科研、教学、资料收集、文物展示、出版为一体的多功能的学术研究机构。客家研究院下设客家民俗研究所、叶剑英思想研究所、客家方言研究所、黄遵宪与客籍作家研究所、客家近现代名人研究所、客家艺术研究所、客家音乐研究所、华人华侨研究所、客商研究所、客家建筑研究所、台湾研究所等 11 个研究所，并设有客家研究资料中心、客家文物陈列馆、《客家研究辑刊》编辑部。

《客家研究辑刊》创刊于 1990 年 3 月，是国内唯一以客家研究为宗旨的纯学术性期刊（半年刊）。本刊高品质的学术论文与前沿的办刊理念，得到学术界的广泛认可，先后被美国哈佛大学、哥伦比亚大学、新加坡国立大学、香港中文大学等国内外 100 多所大学列为重点学术刊物收藏。同时与梅州日报社合办《客家人》杂志（季刊）。

（二）主要研究方向及成果

客家研究院学术队伍实力雄厚。现有专兼职研究人员 62 人，并聘请海内外客座研究员 100 余人。其主要研究方向有：

客家历史与民俗方向——先后主持国家社会科学基金项目 2 项，教育部课题 1 项，省厅级课题 20 余项，嘉应学院重点课题 20 余项；与法国远东学院、香港中文大学等高校合作课题 5 项。出版《粤东客家生态与民俗研究》、《白堠乡的故事——地域史脉络下的乡村社会建构》等学术专著 40 余部，发表学术论文 400 多篇，主办专业学术期刊《客家研究辑刊》。其中，《白堠乡的故事——地域史脉络下的乡村社会建构》获广东省 2010—2011 年度哲学社会科学优秀成果著作类二等奖。

客家方言方向——先后主持国家社会科学基金项目 1 项，教育部课题 1 项，省厅级课题 5 项，校级重点课题 4 项。出版《客家方言特征词研究》、《客家方言》等专著 8 部，发表学术论文 70 多篇。

客家文学方向——主持省厅级以上研究课题多项，出版《客家·文学·禅》、《黄遵宪题批日人汉籍》等著作 15 部，发表论文 150 多篇。

客家艺术方向——出版《中国客家民居建筑艺术》、《客家民间艺术》等著作 15 部，录制音像资料 60 盒，发表论文 100 余篇。

客家社会与经济方向——先后参与完成国家级课题 2 项，主持完成省厅级课题 10 多项，校级重点课题 10 多项，出版《兴宁市总体发展战略规划研究》、《叶剑英经济建设思想概论》等著作 20 余部，发表学术论文 200 余篇。其中，《兴宁市总体发展战略规划研究》获广东省 2008—2009 年度哲学社会科学优秀成果调研咨询报告类一等奖。

（三）举力学术会议，加强学术交流

从 1995 年开始，研究院每两年组织召开一次国际性的客家学术研讨会，每年召开小型学术会议 2—3 次。其中影响较大的有：

2015 年 10 月，由国务院台湾事务办指导，中国社会科学院、台盟中央、全国台联、中山大学主办，中国社科院近代史研究所、台湾史研究中心，中大历史学系和我校承办的"纪念抗战胜利与台湾光复 70 周年学术研讨会"在广州举行；随后，我校联合中国社会科学院、中山大学主办，我校客家研究院和粤台客家文化传承与发展协同创新中心承办的"纪念抗战胜利与台湾光复 70 周年学术研讨会"专场"客家人与抗战"；

2015 年 8 月，与梅州市委宣传部、广东省珠江文化研究会共同承办"世界客商与 21 世纪海上丝绸之路"国际学术研讨会；

2015 年 7 月，举办"粤台客家文化传承与发展"学术研讨会；

2014 年 9 月，与中国社会科学院近代史研究所共同主办的"客家与近代中国社会"圆桌会议；

2013 年 10 月，举办"国际移民与客家文化"学术研讨会；

2012 年 12 月，举办"客家文化多样性与客家学理论体系建构"国际学术研讨会；

2011 年 12 月，承办第二届世界客商大会之"客商论坛"；

2011 年 6 月，承办第五届海峡两岸客家高峰论坛之"2011 海峡两岸客家文化高级研修班"；

2010 年 6 月，承办"粤东客家文化学术研讨会"；

2009 年 7 月，在云南昆明举办国际人类学与民族学联合会（IUAES）第 16 届大会——"解读客家历史与文化：文化人类学的视野"专题会议；

2008 年 7 月，承办"粤东客家地域社会与文化"研讨会；

2007 年 8 月，承办"第五届历史人类学高级研修班暨 2007 年全国历史人类学研究生暑期学校"活动；

2006 年 11 月，举办"纪念罗香林诞辰 100 周年学术研讨会"；

2006 年 1 月，举办"比较视野下的客家民俗文化国际学术研讨会"；

2003 年 12 月，举办"客家文化与全球化国际学术研讨会"；

客家研究院每年利用寒暑假为台湾、香港、新加坡等硕博士生举办田野工作坊，田野实作研习营等学术活动。

从 1995 年以来，先后有国内外 100 多位专家学者前来研究院做高级访问学者。目前客家研究院已先后与法国远东学院、美国哥伦比亚大学、哈佛大学、日本东京都立大学、清华大学、中山大学、厦门大学、台湾交通大学、台湾中央大学等 40 多所国内外高校、科研机构，建立了学术交流关系。

研究院研究人员也不断走出校门、国门，进行国际性学术交流活动，使客家研究不断走向世界。据统计，共有 100 余人次到美国、加拿大、新加坡、日本以及港台等境外参加学术活动并作学术交流。

第二节　彰显客家文化研究的品牌效应

随着嘉应学院的客家文化研究日趋深入，其品牌效应逐渐彰显。然而，嘉应学院并未就此自满，而是倍感使命荣光、责任重大。

一　危机意识与学术自信

（一）强烈的危机意识

作为国内较早开展客家文化研究的大学，嘉应学院在客家文化研究方面取得了一批有份量、有影响的成果。诚如校长兼客家研究院院长邱国锋教授所言："作为国内较早成立专门从事客家研究的机构，嘉应学院客家研究院用 25 年的岁月，换来了客家研究成果在数量空间的增长，率先成为客家学研究的重要阵地，也引起了国内外学术界的高度关注。"[①]随着客家文化研究日益推广和深入，包括粤闽赣以及台湾、香港和国外一些大学在该领域取得了许多新的成果，并形成日益明显的影响。对此，嘉应学院从上至下的危机感也与日俱增。

这种危机意识在近年来与国内外相关高校和研究机构的交流中显得尤其突出。"人无远虑，必有近忧"。危机意识既是一种强烈的进取精神，也是一种敏锐的准确判断。基于此，嘉应学院逐步梳理客家文化研究中存在的不足，寻找最佳解决方案。

危机意识绝非瞻前顾后、畏首畏尾，而是能够审时度势、准确定位。它能有效防范"温水煮青蛙"的危害，也能够规避因急功近利而造成的学术短视。毕竟，学术研究是一个漫长的积累过程，非朝夕之功。具有强烈的危机意识，就能够时刻警醒自己，防止懈怠和自满。

嘉应学院在与海内外其他高校和研究机构的比较中，清楚地知道，自身的客家文化研究在某些方面尚有一定优势，但在其他方面，尤其是研究方法和理论构建方面，已经处于下风，进而制约了研究水平的提高。

所以，学校通过"走出去，请进来"等各种途径，认真学习、取长补短。在大陆，不但向客家研究水平较高的赣南师范大学、龙岩学院学习，也到吉首大学、闽南师范大学学习它们研究当地特色文化的经验。尤其是，通过参加台湾的客家文化学术研讨活动，尽可能吸收台湾高校的经验与做法。

---

① 邱国锋：《理论对话与田野调查：构建客家学的思考》《嘉应学院学报（哲学社会科学版）》2015 年第 3 期。

从这个意义上说，强烈的危机意识大大提高了客家文化研究的主动性和积极性。在总体研究实力并不占优的情况下，嘉应学院的客家文化研究成果和影响力要明显高于自身实力。

（二）坚定的学术自信

当代中国高等教育学的奠基人潘懋元先生切中肯綮的观点对我们很有启迪意义："我们过去有一种自高自大、骄傲自满的情况。而到了现在则有一种相当厉害的自卑情绪…… 我们是有前途的，是应该有自信心的。"① 嘉应学院在客家文化研究方面的自信有目共睹。学术自信不但是一门学科的精神支柱，也是一个国家、一个民族、一所学校甚至一个人所必备的软实力。某种意义上，学术自信也是一种学术信仰、学术责任，对自身研究具有强烈的使命感和神圣感。美国高等教育学家布鲁贝克指出："学者献身于自己的学科领域是最为重要的。这种献身精神还要求理智上的正确彻底性和精细的正确性。"② 这样的自信是创新学术必不可少的灵感之源和持之以恒的动力之源。

反之，如果"有过之"，就会心中只剩自己、目中无人，产生自大自满自傲的情绪。"骄兵必败"！学术上的傲慢同其他方面的傲慢，其结局大同小异。在学术史上，这样的案例可谓层出不穷。傲慢成了傲慢者既不愿逾越、也不可能逾越的一座高山，同时，长期沉迷于自我满足和自我膨胀中而不能自拔，对于他人的研究进展不感兴趣。在孤芳自赏中慢慢地成为井底之蛙。若干年后，等到清醒过来、不再自欺欺人时，他人的研究已经迈上一个新水平，而自己却在原地踏步。

同样，假设"无不及"，自卑情绪便会油然而生。与少数领域、少数人的傲慢相比，自卑情绪漫延甚广。自卑者表面是直立行走，事实上，其心理和思想都已经处于跪地状态，主动降低自己的身段的同时，也降低了自身的思想高度、学术高度，成为俯仰他人鼻息的伪学者。

这种可怕的自卑，使得中国学术界出现了大量的应声虫。西方学术

---

① 《潘懋元文集》【卷二．理论研究（上）】，广东高等教育出版社 2010 年版，第 422—423 页。

② ［美］约翰·S·布鲁贝克著，郑继伟等译：《高等教育哲学》，浙江教育出版社 1987 年版，第 121 页。

界刮什么风，中国学术界便下什么雨；西方学术界一伤风，中国学术界便感冒。不但无法产生原创性成果，反而导致学术研究大踏步后退。社会渴望学术研究大师而不得，于是，只能更加怀旧，时常缅想黑白照片中那些早已驾鹤西行的泰山北斗，以弥补学术精神的空缺。

所以，嘉应学院客家文化研究体现的自信，弥足珍贵。它既能有效地防范宴安耽乐、不思进取，又能规避"武大郎开店"式的危害。在自信的过程中，嘉应学院作为地处世界客都、世界客家文化研究的重镇，虽然具有得天独厚的区位和地缘优势，但是，学校更加坚信：学术研究绝非零和博弈，而是一种双赢或多赢。通过校内外协同创新，有效整合各种资源，实现了强强联合。2014 年 8 月与赣南师范学院（现赣南师范大学）、龙岩学院联合成立了"客家研究协同创新中心"，同年牵头成立了"粤台客家文化传承与发展协同创新中心"。以一种开放式的合作研究，将客家文化研究推向一个新的高度。相信在不久有将来，这些平台经过反复磨合，一定能够成为上升为国家级研究基地。

"一枝独秀不是春，百花齐放春满园"。当下的客家文化研究，已非昔日少数学者探索的冷僻领域，而是成为地方特色文化中一枝奇葩，受到越来越多学者的关注和重视。作为客家文化研究的重镇，嘉应学院功不可没。

二　重点突破

（一）力量整合

嘉应学院的客家文化研究一直强调整合力量，形成集团式研究体系。不可否认，早期的客家文化研究人员偏少，各自为阵，成果零星。虽然个别学者在学术界（尤其是在台湾）也有一定影响和知名度，但整体水平依然不够。梅州作为世界客都，是世界最大的客家文化"富矿"，个体挖掘如同星星点点的小煤窑，不但产量低、浪费大，而且"矿品"不可能太高。

近年来，嘉应学院加大力量整合力度，从研究平台到研究队伍，从校内到校外甚至海外，平台不断延伸、队伍不断扩大、水平不断提高。这种力量整合首先便极大地缓解了研究人员不足的困局。毕竟，作为大学中的一个二级研究机构，从编制等方面限制看，不可能引进一支庞大的专职研究队伍，只能专兼职互补、校内外结合。而这种"不为所有，但为所用"也是世界通行的做法。更重要的是，学校可以根据研究情况、针对该领域不同学者的学术专长，进行遴选，自身省力，被聘者又能充分发挥自身潜力和学术专长。

需要说明的是：让"外来和尚念经"绝不能目光短浅，急功近利。在项目研究的时限上需要有较强的弹性，不能因为某些纪念活动或重要事件，用"献礼工程"的方式仓促结项。学术成果如果不是十月怀胎的"顺产"和瓜熟蒂落的果实，而是用非自然的人工方式让其"早产"和提前采摘，这样的成果很可能就存在或明或暗的先天性缺陷；或者表面上光鲜亮丽，其味或苦或酸或涩。

当然，力量整合并非简单的拼积木，或是人数的相加，它有诸多有形或无形因素在起着微妙的作用。同一队伍中来自不同大学、不同国家和地区的学者，能否真正形成合力，提高研究水平，从而达到 $1+1>2$ 的效果，是必须认真考虑、反复推敲的。同样重要的是，力量整合并非是单方面的，而是相互信任的结果。其中，聘用单位的研究实力起着关键性作用。

在这一方面，嘉应学院之所以能够聘请国内外一大批客家文化研究领域的著名专家，自身雄厚的研究实力、较高的平台以及客家文化本身的魅力无疑至关重要。

除此之外，嘉应学院还非常重视客家文化研究者自身力量的整合。与其他历史悠久、非常成熟的学科相比，客家文化研究目前还只能算是"小众"。除了专职研究人员外，有的兼职研究人员或为课题经费、或为职称晋升，或有其他功利性目的而暂时涉足该领域，一旦达到或达不到目的，都有可能"再作冯妇"，重回其原有的学科。"如若神不守舍、心动意摇，就会跑调走板，贻笑大方。"① 所以，学校从既往的经验和教训中进行总结，通过各种行之有效的政策措施，帮助学者们整合自身力量。

---

① 邱国锋：《理论对话与田野调查：构建客家学的思考》《嘉应学院学报（哲学社会科学版）》2015 年第 3 期。

正是各方力量的整合，为嘉应学院客家文化研究打造了一支"以专为主、专兼结合"、实力不俗的研究队伍。

（二）重点领域

客家文化是一座"富矿"，涉及历史学、民俗学、社会学、民族学、考古学、人类学、艺术学、文学、语言文字学等众多学科。仅凭某一所大学或几所大学就能在如此众多学科都取得辉煌的成果，绝无可能。嘉应学院基于自身的研究积累和学术梯队，主要集中于客家历史与民俗、客家方言与文学、客家艺术、客家社会与经济等领域实行重点突破。

这些重点研究领域都无一例外地与梅州的客家文化紧密相关，具有鲜明的地方特色。需要说明的是，客家文化分布地域很广，在国内最集中的省份就有粤闽赣三省，即使是广东省内，不同地区的客家文化也存在或多或少的差异性，如梅州与河源市（客家古邑）就有明显的不同。因此，只有立足于梅州的客家文化研究，才有坚实的地方基础和地方特色。

嘉应学院在这些重点领域的固守和坚持不但取得了丰硕的成果，而且赢得海内外众多知名专家的高度肯定。这种执着于"立地"的研究路径实际上是为将来"顶天"打牢基础、夯实平台。如果地基疲软，何谈跳高？其结果只能是"下不着地，上不触天"！而这样的研究范式恰恰是许多研究领域和研究者累犯的错误，而且至今仍执迷不悟、乐此不疲！

嘉应学院的客家文化研究已经获得了国家社会基金重点项目和广东省哲学社会科学一等奖等标志性成果。但是，在《中国社会科学》、《历史研究》、《社会学研究》等顶尖学术期刊依然没有发表相关学术成果，这无疑是一个不小的遗憾。

（三）重点人物

梅州地区的客籍名人众多，在诸多领域或者是开拓者，或者具有辉煌的影响力。如何进行研究，也是一个热点和难点问题。嘉应学院的客家研究者目前主要开展了对黄遵宪、张弼士、丘逢甲、叶剑英等人的研究。

关于重点人物研究，如果要体现自身的综合影响力，既需要有高水平的研究成果、并利用自身较强的影响力，召开全国性、国际性学术研讨会，也需要借助地方政府和热心人士的支持，收集、整理其相关资料、遗物、声像资料等。另外，更要借助于国际、同内形势，适时开展相关纪念活动。例如，2015 年是抗日战争胜利 70 周年。梅州客籍拥有 384 名著名抗日将领，如梅州蕉岭县的谢晋元将军。淞沪会战中率"八百壮士"死守上海四行仓库，鼓舞了人民的抗战热情，被国民政府授予抗战最高荣誉奖章"青天白日勋章"。梅州大埔县的罗卓英将军，抗日战争时期，率部先后参加了淞沪抗战、南京保卫战、南昌会战、上高会战、长沙会战、平满纳会战等重大战役，战功卓著。如果在历史学领域一批专门研究梅州爱国将领并取得重要成果的学者，笃定能够利用特定的地缘优势和学术影响力，在梅州成功举办一次高水平的学术研讨会暨纪念活动，这不但能够强化爱国主义教育，也能够很好地展示这一领域的研究成果，同时，能够扩大学校在全国的影响力。

所以，梅州客家的重点人物研究虽然已经取得了一定成绩，然而，在许多方面仍需要反省和推进。仅靠个人的学术自觉远远不够，应该通过政策导向，以"课题群"面向全国招标，突出其中某些具有全国性、世界性影响的人物的集团式研究，达到全国最高研究水平，并深入总结这些先辈的爱国思想和核心价值。其实，其他的客家文化研究课题也可采用这一招标方式，既能够吸引相关学者的关注和参与，也能够更好地提高学校的知名度。如果只局限于校内，很难达到预期有目的。

第三节　创建"客家学"学科　提升地方特色大学的影响力

任何学科都是一个综合性平台、一项巨大的系统工程。包括人才培养、科学研究、师资队伍建设等诸多要素。其中，最关键的是培养若干在本学科内具有较大影响的学科带头人和一支高水平的学科梯队。最终目标是全面提高该学科的整体实力，并形成较强的国际国内影响。当下，"客家学"尚未列入国务院学位委员会的学科名录，即既非一级学科，也非二级学科。但是，20 多年来，包括嘉应学院在内的客家文化研究专家一直致力于创建"客家学"学科，并且取得了较大进展。

一　创建"客家学"学科的紧迫性和必要性

自从 1933 年罗香林先生《客家研究导论》付梓，便标志着客家文化研究正式步入现代学术体系。然而，经过 80 余载的发展历程，"客家学"依然无法成为一个独立的学科，已经严重制约其稳步、健康发展。正因为不能自立门户，几乎在所有方面都没有自己的"出海口"，必须借助其他学科的通道。

（一）"客家学"专业人才培养的需要

在长达数十年的客家文化研究中，一直都缺乏稳定的"客家学"专业人才来源。现有的专业研究人员和未来新增的年轻学者，均非"客家学"专业的正统出身，只能打"擦边球"，来自历史学、社会学、民族学、人类学等其他学科门类。这种长期的人才断档大大影响了"客家学"的研究阵容。也就是说，他们都是半路出家，从别的学科转道而来。"隔行如隔山"，来自其他任何学科的人员，在进入这个新领域后，必须有一个相当长的适应期和学习期，必然延缓了研究的步伐。另外，在研究过程中或多或少地留存原有学科印迹，自觉或不自觉地用原有学科的观点、方法或理论进行论证。这样，便容易导致主客颠倒、降低了"客家学"本身的地位。甚至在某些领域不排除个别学科借客家研究之名而鸠占雀巢的现象。因此，只有创建"客家学"学科，才能为未来更大发展提供强有力的专业队伍支持，更好地做大做强客家文化研究。

（二）学科平台的需要

著名高等教育学家刘献君教授对学科进行了如下论述：（1）学科水平决定一所大学的水平；（2）学科是教授们成长、活动的土壤；（3）学科、专业对人的发展起着定向和规范的作用；（4）学科方向建设是学科建设的基础；（5）学科梯队建设是学科建设的关键；（6）基地建设是学科建设的依托；（7）科研项目是学科建设的载体。学科发展和建设既受内动力作用，又受外力作用。①

然而，没有"客家学"学科这一正统平台，客家文化研究在众多学

---

① 刘献君：《论高校学科建设》，《高等教育研究》2000 年第 5 期。

科中要么缺乏阵地；要么因为其研究的特殊意义受到特殊政策的同情和照顾。总之，它是以一个弱者的形象出现在其他学科面前，完全不能名正言顺地依靠自己的学科平台，有效而充分地开展学术研究。

问题在于，本来已经具备独挡一面的学科，因为没有得到学科之名，而名不正言不顺。于是，只能屈尊附就于其他学科。所以，在客家文化研究的盛名之下，各种各样的学科汇聚一堂，却唯独缺少了这个主角的名号和座位。没有"客家学"的平台，所有以客家文化研究作为地方特色文化的大学在彰显特色方面都会受到极大地限制，甚至因此降低特色大学的影响因子。

如果说"客家学"作为一门独立的学科依然遥遥无期，客家文化研究要想形成巨大的影响，并为学术界所公认，将难于上青天。从这个层面上说，创建"客家学"也是客家文化研究学者义不容辞的重大使命和责任。

（三）客家文化研究先辈和海内外学者的共同期盼

如果说上个世纪初黄遵宪、丘逢甲、胡曦、邹鲁、张资平、温仲和等客籍名士研究客家文化还只是为了正本清源，希望藉此向世人证明客家人具有正宗的汉族血统，而罗香林先生的系统研究则已经进入到十分严谨的学术规范，他试图将客家文化研究与其他学科并驾齐驱。此后的诸多学者沿着罗先生的学术方向，不断扩大客家文化研究的影响。

然而，倭寇入侵、时局动荡，极大地影响了客家文化的深入研究。尽管如此，海内外依然有不少学者心系于此。尤其是在大陆在客家文化处于低潮时期，上世纪 50 年代到 80 年代，台湾、香港等地的学者异军突起，很好地将客家文化研究传承下来，并取得了令世人瞩目的成就。迄今为止，台湾高校对客家文化的重视程度和研究范围都值得大陆高校学习和借鉴。从研究机构来看，目前，台湾高校共有包括台湾大学、台湾中央大学、台湾交通大学、台湾成功大学、台湾师范大学等 16 所高校成立了专门的客家文化研究机构。其中，成立于 1999 年的台湾中央大学"客家学院"下设"客家语文暨社会科学系"、"客家社会文化研究所"、"客家语文研究所"、"客家政治经济研究所"；成立于 2003 年的台湾联合大学"客家研究学院"下设"客家语言与传播研究所"、"全球客家研究中心"。其研究范围也远远超过大陆高校，尤其是它们高度重视客家文化研究的全球化。例如，以台湾大学"客家研究中心"为代表的日本客家文化研究、印度尼西亚客家文化研究、马来西亚客家文化研究，现已将视野延伸到美国。① 台湾高校推动客家文化研究的全球化，极大地将客家文化的影响力扩展到世界各地。不仅于此，包括许多资深专家在内的台湾客家文化研究学者与大陆学者一样，积极努力创建"客家学"学科。

作为客家文化的发源地，大陆学者（尤其是以粤闽赣三省客家地区的高校学者）同样十分迫切。早在 1990 年，吴泽便提出"客家学"应是"一门以民族学基础理论为基础，又比民族学具有更多独特特征、丰富内容的学科。"凌双匡、张应斌等学者也明确提出了建立"客家学"的构想。

创建"客家学"学科，既是对客家文化研究的先行者和海内外学者的学术延续，是数代研究者孜孜不以求的共同愿景和心声，也是为了更好地弘扬、光大客家文化。客籍专家邱国锋教授在论及此处时强调："在当前客家学研究成果积淀日益丰厚、客家研究日益受到社会各界重视之下，总结以往研究成果，形成客家学学科理论和方法，构建客家学学科体系，成为目前客家学界非常紧迫而又十分重要的任务。"② 可见创建"客家学"学科未竟之日，永远是客家文化研究学者之痛！同时，也必须明确，创建"客家学"学科只有起点，绝无终点和尽头。

二　创建"客家学"学科的基础

（一）"立地"研究和"顶天"理论成果丰硕

百年以来，客家文化研究成果喜人，发表和出版一大批涉及客家文化各个方面的论文和著作。仅近 20 多年来，大陆学者便发表了近万篇论文，出版著作数百种。同时，还有了自己专门的学术阵地，相关期刊种类已经超过十种。这是其他任何地方特色文化都无法比肩的。

---

① 胡解旺：《台湾高校重视传承客家文化对大陆的启示》，《嘉应学院学报（哲学社会科学版）2013 年第 10 期。

② 邱国锋：《理论对话与田野调查：构建客家学的思考》《嘉应学院学报（哲学社会科学版）》2015 年第 3 期。

　　从"立地"研究看，客家文化研究学者非常注重从基础研究做起，长期的田野调查和文献采集、整理工作，为客家文化研究打下了坚实的基础。

　　学科发展需要走一条"从感性认识到理性认识再到感性认识"的螺旋式发展道路，从而达到"去精取精，去伪存真，由此及彼，由表及里"的目的，认识事物的本质，把握事物的规律。

　　可以说，在学术研究领域，基础研究通常劳心费力，且难出成果。但是，它又是整个研究不可缺少的前期工作。任何基础不够厚实的学术领域，都不可能建成高楼大厦。没有大量学者"板凳须坐十年冷"的奉献精神，没有他们长期奋斗在基础研究的第一线，客家文化研究便不可能取得当下的成就。

　　"从学科建设和学科发展的角度，客家族群的分布和文化多元特征，决定了客家研究对田野调查的依赖性。这就要求研究者深入客家乡村聚落，采用参与观察、个别访谈、开座谈会、问卷调查等方法调查客家民俗节庆、方言、歌谣等，收集有关客家地区民间历史与文化丰富性与多样性的资料。"① "在客家文献资料采集方面，田野工作的精神同样适用。文献资料可以增加研究者对客家文化的理解，而且还可以为研究者的学术敏感和问题意识产生积极影响；另一方面，田野工作既增加了文献资料更为广阔的来源，又能提供给研究者重要的历史感和文化体验，也使得文献的解读可以更加符合地方社会的历史与现实。"②

　　然而，要想升格为"客家学"学科，仅仅停滞于感性认识阶段显然不够，必须上升到理性认识，形成"顶天"式的理论，来指导和加深对客家文化的研究。海内外学者经过长期的研究和探索，提出一系列有较大影响的"客家学"理论构想。"当前的客家学研究主要分布在人文社会科学的诸多学科范围之内，所以开展卓有成效的客家研究自然需要敢于接触不同学科领域的学术前沿理论。"③

---

　　① 邱国锋：《理论对话与田野调查：构建客家学的思考》《嘉应学院学报（哲学社会科学版）》2015 年第 3 期。

　　② 同上。

　　③ 同上。

有的理论略显精浅；有的理论已经有一定突破；有的理论则开始产生较大影响。不论如何，在重视基础研究的同时，能够勇于大胆设想、小心求证，便是进步。"客家学"的理论宝库需要有越来越多的新思想、新理论、新突破，并通过它们去更好地引导"客家学"学科建设，将其打造成一门既有厚重的历史积淀、又有朝气蓬勃的新兴学科。

（二）传播广泛、影响巨大

客家文化已经不再局限于某个狭隘的地域，而是遍及大陆 19 个省区、港澳台地区和国外 80 多个国家和地区，客属人口已经超过 1 亿。或曰："有阳光的地方就有华人，有华人的地方就有客家人"，实不为过。迄今为止，尚未有其他任何一种地方特色文化有客家文化如此广泛的分布和影响。

尤其是近年来，随着客家文化的影响力日益增强，各种高规格、高水平的国际、国内客家学术会议连年举办，是世界各地的客家学者交流、沟通的重要舞台。同时，也吸引许多其他学科的专家、学者参与。自上个世纪 90 年代以来，仅仅是以大陆和台湾高校为主办单位的各种大中小型学术研讨会议就有上百场，而且学术活动方式灵活多样，生动活泼、妙趣横生。

在台湾地区，一些客家研究团体还将举办学术活动与普及客家文化有机地结合起来。它们的学术会议别出心裁——用广告、宣传方式向社会发布召开学术研讨的时间、地点，尽可能吸引普通民众参与；正式学术会议开始前，颁发小学生参与的客家语言征文比赛奖状和奖金、聘请客籍少年和妇女进行客家舞蹈表演；学术会议期间，除了提交论文和其他参会学者可以讨论外，还有充足的时间供其他普通民众提问和交流。这样一场学术会议，将高雅与通俗、学术与传播有机结合，大大增强了客家文化的吸引力。

为了有效传播客家文化，近年来，以客家文化为内容的电视、广播、网站等越来越多。中央电视台制作并播出了客家文化的系列节目。中央人民广播电台则定期用客家话向全球广播。在台湾地区，还有专门的客家电视台，每天 24 小时播放客家文化节目。所以这些快捷的传播途径，都进一步提高了客家文化的传播速度和范围。

此外，各地（尤其是大陆以外）成立了众多客家团体，加深了相互之间的联系和交往。以台湾为例，台湾花莲客属总会、台湾世界客属总会、台湾高雄客属文化协会、台北县客家公共事务协会、台湾客属高雄分会蕉岭同乡会、台北市闽西同乡会、台湾屏东客家公会、台北市梅州同乡会、台湾高俊客属公会、台北县新店市、台湾高雄美农同乡会、台湾张氏宗亲会、桃园县中原客家文化传播协会、台湾客家美国总路洲客家分会等虽然都是客属团体，且各具特色。

迄今为止，"世界客属恳亲大会"成为国际上具有广泛影响力的华人盛会之一，是海内外客属乡亲联络乡谊和进行跨国跨地区交往的重要载体，也是各国各地区客家人开展经济合作和文化交流的重要舞台。以"弘扬客家精神，增进海内外客家人的团结，促进经济合作与文化交流，推进祖国和平统一"为最基本的指导思想。它缘起于1971年9月28日香港崇正总会举行的第一届世界客属恳亲大会，20世纪基本上每两年举行一届，21世纪以来每年举办一届。已在亚、美、非三大洲11个国家和地区举办了27届，2015年在台湾新竹年举办第28届。其影响逐渐扩大，已由单纯的恳亲联谊，发展为融经济合作、文化交流和学术研讨于一体的活动载体。

三　创建"客家学"学科的路径

百年的不竭探索、积累和传承，客家文化研究已经具有了深厚的学术积淀。古语云："月晕而风，础润而雨"。种种迹象显示，创建"客家学"学科的时机已臻成熟，并需要六个"坚定不移"。

（一）坚定不移地走"交响乐"之路

创建"客家学"学科经过漫长的马拉松地长跑，已经到了"冲刺阶段"。越是这样的关键时期，就会有更多高校、更多的学者希望"夺冠"——率先完整提出构建"客家学"学科理论。然而，这种"独享尊荣"是悖逆学科规律、不切实际的幻想。因此，不同地区、不同高校、不同学者应该秉持"大视野、大协作、大兵团"的理念，协同创新，明确分工，共同奏出一曲悦耳的交响乐。

高水平的交响乐不但乐器种类复杂，一般都有弦乐乐器、木管乐器、铜管乐器、打击乐器、色彩乐器等，还有一些特殊乐曲，如根据中国经典民歌改编的交响乐，会增加符合中国音乐元素的乐器，如二胡、唢呐等。尼采说："交响乐是音乐中的音乐，是音乐中神圣的殿堂，而且它具有博大的、高远的、深厚的精神境界。"

在创建"客家学"学科的"演奏"过程中，所有的学者根据自身学术特点和学术能力，成为这部交响乐的一个指挥、一个小提琴演奏者、或一支"单簧管"，甚至曲谱上的一个音符，都将学科创建大有裨助。

然而，与某些学科存在类似问题的是：部分人不愿意成为交响乐的一份子，而是想独唱、当主角，从不屑于充当学科的镙丝钉和铺路石。这种学术思路看似理想远大，实则大谬不然。因为一旦产生这种思想，必然各自为阵，容易脱离学科群体、成为孤家寡人。

创建"客家学"学科是在合奏交响乐，也像一支球队。必须力避学术研究过程中存在的误区，不同学者确定自身的位置和分工，尽可能在自己的岗位上创造性地工作，充分发挥潜能，此乃"客家学"学科创建之幸。

（二）坚定不移地走凝炼方向之路

初创的学科与成熟的学科相比，更加举步维艰。为此，需要集中力量，通过高水平的"课题群"来确立自己的学科地位。创建"客家学"学科也必须坚定不移地凝炼方向之路。在瀚如烟海的客家文化研究中，如何集中海内外优势的人力资源、学术资源在相对集中的若干个方向取得重大突破，即获得一批重大课题——发表（出版）一批高水平成果——培养一批高水平专家——形成一系列国际影响，这是创建"客家学"学科的最优选择。

事实上，一个学科的发展，只有通过若干重大项目的连续集中攻关，才得以实现。例如，北京大学社会学人类学研究所的"人类学"学科，就是在已故社会科学家费孝通教授的指导下，通过"社会人类学理论与方法"、"当代文化人类学思潮研究"、"中外民族学、文化人类学比较研究"等若干国家社科基金项目、教育部"九五"重点规划项目和青年项目的攻关研究，使得这门外来学科脱胎换骨，开创了人类学中国本土化的先例，引起了国内外学术界的极大关注，使人类学学科建设呈现出新气象。

谚曰："百星不如一月"。如果方向分散，一人一个方向或几个方向，东一榔头，西一棒子，将无法形成强有力的"拳头"。既不可能获得关联度极高的重大课题、发表（出版）一系列高水平成果，也不可能培养出一批顶尖专家，从而无法产生国际性影响。因此，凝炼方向是当前创建"客家学"学科必须优先解决的紧迫问题。否则，用力越大，"北辕适楚"的负面效应便越明显。

同时，还须特别防止以众人攻关的课题掩盖个人单独"作业"的奇状。一些人在申报课题时罗列一批成员，而事实上，课题批准后，这些申报书上的教授、博士只不过挂名而已，既不参与任何论证，也不涉及课题研究，更无权获得课题费用。因此，申报过程看起来是申报者领衔主演、其他成员积极参演的一部"大片"，实际上整个研究过程中，只是申报人唱"独角戏"，最后结题时，这些"虚拟"的参与者又莫名其妙地成为申报人结题的若干符号。这类课题在中国广泛存在，已经完全背离了联合攻克科学难题、共同提高科研水平、增强学科建设实力的基本宗旨。

（三）坚定不移地借鉴其他优秀学科理论

创建"客家学"学科是一项开拓性的学术系统工程，其目的是要形成独具特色的话语体系和研究方法、学科理论。但是，这并不意味着它就应该闭目塞听，拒绝借鉴和学习其他学科的优秀成果。"个别学科脱离了与整个高深学问的联系就会失去意义。"[1] 作为一门尚未形成的学科，更应该理性运用"拿来主义"。"客家研究具有自身独特的学术传统，但要形成自身的理论构架和研究方法，若离开历史学、文献学、考古学、人类学、语言学、社会学、民俗学等诸多学科理论的支撑，显然就是痴人说梦。"[2]

英国近代著名教育家纽曼爵士认为："构成知识的各门科学之间有着

---

① ［美］约翰·S·布鲁贝克著，郑继伟等译：《高等教育哲学》，浙江教育出版社 1987 年版，第 142 页。

② 邱国锋：《理论对话与田野调查：构建客家学的思考》《嘉应学院学报（哲学社会科学版）》2015 年第 3 期。

千丝万缕的联系……它们相互补充，相互纠正，相互平衡。"① 当今时代，众多传统学科在走向现代化过程中，坚持开放、融合之路，认真吸引其他学科的优点。以社会学为例。"社会学之父"的奥古斯特·孔德在19世纪30年代创立社会学以来，已经成为一门体系庞大、影响巨大的学科群。其以实证研究为基础、以社会事实（客观事实：社会行为、社会结构、社会问题等；主观事实：人性、社会学心理等）为研究对象，形成了功能论、解释论、批判论等众多理论体系，并与许多学科相互融合和渗透，形成了政治社会学、教育社会学、经济社会学等一批新学科，在社会科学的各个方面都产生了重要影响。而近年来崛起的一批新兴学科，其本身就是学科交叉的产物，因此，更加注意借鉴和融合其他学科的理论和方法，从而挺立在学科发展的前沿领域。

客家文化研究虽然历史较长，但是，"客家学"学科犹可称为新兴学科。其本身与许多传统学科具有千丝万缕的天然联系。换言之，离开其他相关学科，"客家学"学科将成为无源之水、无本之木。吸收其他学科的理论和研究方法，是创建"客家学"学科不能回避的现实选择。

然而，吸收并非照搬照套。"客家学"要想独立成为一门学科，自身必须具有独特的话语体系和理论建构。否则它就不具备"客家学"学科特有的基因密码，只不过是形似"客家学"学科，而神似其他学科。也即是说，它的本质依然是其他学科或学科基因变异。

（四）坚定不移地培养高水平的学科带头人

学科带头人是高等学校学科建设的领导者和组织者，担负着学科梯队建设，人才培养，制订学科建设规划，促进学科发展等项任务。一个学科整体是否真正有成效，是否出显著的科研成果，除专业结构，人员构成等因素外，很大程度上取决于学科带头人的自身素质和才能。② 高校的学科建设明确规范学科带头的要求："高等学校中具有高尚的职业道德和严谨正派的学风，学术造诣深厚，学术思跃。形成学科前沿领域。有

---

① ［英］约翰·亨利·纽曼著，徐辉等译：《大学的理想》，浙江教育出版社2001年版，第20页。
② 燕红、杨潮：《高校学科带头人考核中应注意的几个问题》，《中国高教研究》2000年第3期。

突出特色的学科研究方向和教学建设基础，并取得了创造性的具有突出学术水平的教学和科研成果，并且善于组织和带领学科梯队成员促进学科建设的教授（或相当职务）均为高等学校教师队伍的学科带头人"。

"客家学"学科要想在林立的学科中占有一席之地，也必须培养一批具有全国性甚至世界性影响的学科带头人。从现有的情况看，如果某些高校暂时没有这样声望的专家，可以走全球海选之路，从其他高校、其他地区甚至海外聘请公认的一流专家担纲，通过他们的影响和带动，为未来培养和造就一批潜在的学科带头人和学术骨干队伍。

创建"客家学"学科，在人才储备上必须是高起点、高规格。绝不能关起大门，在"小众"群体中遴选、"矮子里面拔将军"。如果没有陂湖禀量和"肥水愿流外人田"的宏大胸怀，那么，要想在众多"老大哥"学科面前立足，将困难重重。从某种意义上说，一个高水平的领军将才，对学科发展将产生重大而深远的影响，决定着这个学科未来走向；而一个平庸的领军将才，将直接决定这个学科永远在低水平上徘徊，甚至倒退，无法步入巅峰。"兵熊熊一个，将熊熊一窝"，正是此理。

（五）坚定不移地尊重学科规律

规律是事物之间内在的必然联系，决定着事物发展的必然趋向。规律是客观的，不以人的意志为转移。任何学科既有普遍规律，也有特殊规律。尊重学科规律是所有学科发展的基本准则。"客家学"学科也不例外。尊重学科规律必须认真审视本学科的发展水平、研究情况，从而制定出符合学科实际的规划。

"客家学"学科如同褪褓中的婴儿，必须先练习爬行、坐立，进而蹒跚学步。只有"积一时之跬步"，方能"臻千里之遥程"。绝不能指望"只争朝夕"式的"速成。

因此，只能尊重学科规律、保持足够的学术定力才能减少不必要的失误，才能大胆创新。这是创建"客家学"学科过程中必须贯穿始终的一条主线。以"客家学"学科现有的发展实力，不急不躁、迈好每一步，哪怕是处于暂时的落后状态，只要方面明确、坚定不移，就一定能够到达目的地。从自然到社会，从过去到现在，误将违背规律等同于发挥主观能动性而导致的危害已经数不胜数。学科建设违背规律的"大跃进"

现象也从未间断。一些学科罔顾自身具体实际，动辄宣称全国首创或全国领先或填补全国某领域空白。其结果，除了玩弄文字游戏和数字游戏、自欺欺人外，便没有下文，徒留一堆笑柄。

（六）坚定不移地突显客家地方特色

创建"客家学"学科既有助于夯实地方特色大学的基础，也通过后者的创建，进一步提高自身的影响力。切忌为了"客家学"学科这一"顶天"工程，而抹杀地方特色。事实上，这两者并不矛盾，而是相辅相成、彼此促进。

在创建"客家学"学科过程中，无论是嘉应学院还是其他以客家文化为主要文化特色的大学，都必须更好地突显客家文化所在地的地方特色。一方面，这是"客家学"学科的天然养分，是该学科赖以顶天和立地的支柱之一；另一方面，也是地方特色大学自身的主色调。易言之，"客家学"学科越能够顶天和立地，其地方特色便越明显；而地方特色越明显，"客家学"学科的影响力就越大。

所以，以客家文化作为特色文化的地方大学，要有非常清晰的认知：全力擦亮地方特色文化是直接为"客家学"学科添砖加瓦，也是提高自身影响力和声望的重要筹码。

尤其需要强调的是：不要误以为自身所处客家文化的优越环境，就能够自动地、顺理成章地成为具有客家文化特色的大学。鲜明的客家文化特色是需要所在区域的大学通过十倍、百倍努力而逐步彰显。如果存在坐享其成的惰性思想，非但无法获得这一文化特色，反而造成损害、玷污客家文化的事实，是一种贻害无穷的文化"犯罪"！

主要参考文献

著作类

1. ［英］约翰·亨利·纽曼著，徐辉等译：《大学的理想》，浙江教育出版社 2001 年版。

2. ［美］约翰·S·布鲁贝克著，郑继伟等译：《高等教育哲学》，浙江教育出版社 1987 年版。

3. ［美］伯顿·R·克拉克著，王承绪等译：《高等教育系统》，杭州大学出版社 1994 年版。

4. ［美］克拉克·克尔著，王承绪译：《高等教育不能回避历史——21 世纪的问题》，浙江教育出版社 2001 年版。

5. ［美］亚伯拉罕·弗莱克斯纳著，徐辉，陈晓菲译：《现代大学论——美英德大学研究》，浙江教育出版社 2001 年版。

6. ［德］雅斯贝尔斯著，邹进译：《什么是教育》，生活·读书·新知三联书店 1991 年版。

7. ［英］马林诺夫斯基著，费孝通译：《文化论》，中国民间文艺出版社 1987 年版。

8. 金耀基著：《大学之理念》，生活·读书·新知三联书店 2001 年版。

9. 潘懋元著：《潘懋元文集》（一至八卷），广东高等教育出版社 2010 年版。

10. 刘道玉著：《中国高校之殇》，湖北人民出版社 2010 年版。

11. 朱九思著：《高等教育刍议》，华中工学院出版社 1984 年版。

12. 夏之莲主编：《外国教育发展史料选粹》（上、下），北京师范大学出版社 1999 年版。

13. 杨东平编：《大学精神》，辽海出版社 2000 年版。

14. 陈学飞. 著：《当代美国高等教育思想研究》，辽宁师范大学出版社
1996 年版。

15. 王英杰著：《美国高等教育的发展与改革》，人民教育出版社 1993
年版。

16. 刘献君著：《大学之思与大学之建》，华中科技大学出版社 2013 年版。

17. 卢晓中著：《当代世界高等教育理念及对中国的影响》，上海教育出版
社 2001 年版。

18. 朱明著：《地方特色大学核心竞争力》，中国大百科全书出版社 2005
年版。

19. 刘晖著：《地方大学办学特色研究》，暨南大学出版社 2008 年版。

20. 冯晋祥，宋旭红著：《大学特色的形成与发展》，中国海洋大学出版社
2012 年版。

21. 郑登云编著：《中国高等教育史（上、下）》，华东师范大学出版社
1994 年版。

22. 张乐天著：《高等教育政策的回顾与反思》，南京师范大学出版社
2008 年版。

23. 贺国庆、王保星、朱文富等著：《外国高等教育史》，人民教育出版社
2003 年版。

论文类

1. 威廉·冯·洪堡著，陈洪捷译：《论柏林高等学术机构的内部和外部组
织》，《高等教育论坛》1987 年第 1 期。

2. 潘懋元：《中国高等教育的定位、特色和质量》，《中国大学教学》
2005 年第 12 期。

3. 潘懋元、吴玫：《高等学校分类与定位问题》，《复旦教育论坛》2003
年第 3 期。

4. 潘懋元、车如山：《特色型大学在高等教育中的地位与作用》，《大学
教育科学》2008 年第 2 期。

5. 王英杰：《规律与启示———关于建设世界一流大学的若干思考》，《比较教育研究》2001 年第 7 期。

6. 刘献君：《论高校学科建设》，《高等教育研究》，2000 年第 5 期。

7. 瞿振元：《建设中国特色高等教育治理体系推进治理能力现代化》，《中国高教研究》2014 年第 1 期。

8. 黄伯云：《特色发展：大学办学之理念》，《现代大学教育》2003 年第 1 期。

9. 别敦荣、田恩舜：《论大学和心竞争力及其实现途径》，《复旦教育论坛》2004 年第 1 期。

10. 赖德胜：《论大学核心竞争力》，《教育研究》2002 年第 7 期。

11. 卢晓中：《自主权·竞争·特色化》，《教育研究》1995 年第 5 期。

12. 卢晓中：《特色化是我国普通高校发展的现实选择》，《江苏高教》1994 年第 6 期。

13. 冯向东：《学科、专业建设与人才培养》，《高等教育研究》2002 年第 5 期。

14. 冯向东：《高等学校定位：竞争中的抉择》，《北京大学教育评论》2004 年第 4 期。

15. 尚钢：《坚持科学发展　建设特色大学》，《高等工程教育研究》2009 年第 6 期。

16. 邱国锋：《植根桥乡　培育办学特色：嘉应学院的案例》，《高等教育研究》2012 年第 9 期。

17. 邱国锋：《理论对话与田野调查：构建客家学的思考》，《嘉应学院学报》2015 年第 3 期。

18. 邱国锋：《新建地方特色大学竞争战略选择研究———基于波特竞争理论的视角》，华中科技大学 2013 年博士论文。

19. 李雪飞：《美国研究型大学竞争力发展策略研究》，华东师范大学 2008 年博士论文。

21. 陈翠荣：《反思与构建———大学办学特色问题研究》，华中师范大学 2007 年博士论文。

22. 申纪云：《高等学校办学特色问题探析》，《中国高等教育》2014 年第

10 期。

23. 陈翠荣：《大学办学特色与相关问题之关系的辩证思考》，《现代教育科学》2009 年第 4 期。

24. 管华诗：《高水平特色大学建设的探索与思考》，《中国高等教育》2004 年第 20 期。

25. 田恩舜、康全礼：《地方特色大学产学研合作定位探论》，《广东工业大学学报（社会科学版）》2002 年第 6 期。

26. 王鹏令：《论中介》，《中国社会科学》，1981 年第 2 期。

27. 马士斌：《"战国时代"：高校核心竞争力的提升》，《学海》2000 年第 5 期。

28. 孟丽菊：《大学核心竞争力的含义及概念塑型》，《教育科学》2002 年第 3 期。

29. 彭少健：《高校特色的路径选择》，《中国高等教育》2008 年第 19 期。

30. 李进才：《世界一流大学办学水平的启示.》，《武汉大学学报（哲学社会科学版）》1997 年第 3 期。

31. 刘新荣：《差异化战略与大学竞争优势》，《教育发展研究》2007 年第 Z1 期。

32. 杜林：《抓三大特性塑应用型人才培养特色》，《中国高等教育》2008 年第 10 期。

33. 陈国锋、杨金田、潘国祥：《地方普通高校应用型人才培养特色及培育策略》，《湖北社会科学》2011 年第 12 期。

34. 刘汉东：《高水平特色大学的建设策略》，《华北水利水电学院学报（社会科学版）》2010 年第 6 期。

35. 陈洪捷：《什么是洪堡的大学思想》，《中国大学教学》2003 年第 6 期。

36. 朱国仁：《西方大学职能观演变之历史考察》，《国外社会科学》1995 年第 3 期。

37. 余雪莲：《美国研究型大学职能发展演变的经验》，《比较教育研究》2007 年第 5 期。

38. 李俊夫、邱国锋：《大学培养党政战略后备人才的实践与思考》，《盐城师范学院学报（人文社会科学版）》2008 年第 3 期。

39. 李友文：《提升地方特色大学大学生就业竞争力的新探索——以嘉应学院党政干部战略后备人才培养模式为例》，《嘉应学院学报（哲学社会科学版）》2008 年第 4 期。

40. 钟凯雄，刘奕涛：《优秀学生群体的培养：高校推进学风建设的新视——以嘉应学院战略后备人才培养模式为例》，《嘉应学院学报（哲学社会科学版）》2011 年第 10 期。

41. 胡解旺：《美国地方普通大学的特色之路——以圣荷西州立大学等高校为例》，《当代教育论坛》2013 年第 1 期。

42. 胡解旺：《特色大学是高等教育发展的最佳范式》，《嘉应学院学报（哲学社会科学版）》2015 年第 3 期。

43. 胡解旺：《台湾高校重视传承客家文化对大陆的启示》，《嘉应学院学报（哲学社会科学版）》2013 年第 10 期。

后　记

《地方特色大学研究》历经两年多的艰苦努力，终于完成并即将付梓。本书由嘉应学院教育科学研究所会同教育科学学院多位老中青教师共同完成，是集体智慧的结晶。

主要撰稿人分别是：胡解旺（第一篇和第五篇），彭旭、任永泽、李斌琴（第二篇），陈明（第三篇），刘达志、尹玉英（第四篇，其中刘达志撰写第十二章，尹玉英撰写第十三、十四章）。全书由胡解旺拟订提纲，并完成最后的统稿、修改和校正工作。

本书是广东省哲学社科"十二五"规划2012年度学科共建项目"客家文化视角下的地方特色大学研究——以嘉应学院为例（GD12XJY10）"和广东省创新强校项目"客家特色鲜明的国内知名特色大学理论研究与实践探索"的终期成果。

本书主要以嘉应学院作为典型案例进行分析和研究，探索自身特色和发展脉络，是对中国高等教育学会院校研究分会宗旨的具体落实和体现。长期以来，教育研究学者对名校钟爱有加，各种研究论著动辄上百种，甚至对名校无从考证的轶闻趣事也乐此不疲、心向往之，却有意或无意地冷落身边的风景。不可否认，作为高等教育塔尖上的明珠，名校以其辉煌的办学成就，形成了不可抗拒的影响。然而，作为地方大学的研究者，在探索高等教育理论和研究名校的基础上，更应该将本校作为研究蓝本，深入分析其发展轨迹和目标定位。在外界看来，研究"非典型"大学更多体现为学术领域的"下里巴人"，远未达到"阳春白雪"的高度。但是，作者认为，任何研究均无高低之分，只有深入与否之别。

"临渊羡鱼，莫如退而结网"。作者也希望通过抛砖引玉，推动各型各类非名校开展对自身发展的归纳、总结和提炼，并通过"庖丁解牛"式的自我解剖，在正视问题的同时，努力挖掘发展潜力、擦亮品牌，增强自我认同的信心，进而强化"校兴我荣，校衰我耻"的使命感和责任感。

真诚感谢学校领导的关心和支持，特别是感谢邱国锋校长在百忙之中，仍对本书写作进行精心策划和指导，并提出了许多富有建设性、创新性的学术观点，让本书增色良多。在撰写过程中，华南师范大学教育科学学院院长、博士生导师卢晓中教授悉心指点、不吝赐教，让作者受益匪浅。本书还得到了嘉应学院科研处长韩小林教授、财务处曾向前处长等人的大力支持。学校学术委员会相关专家以及杜德栎教授认真审阅了全书。作为责任编辑，中国社会科学出版社王半牧先生以耐心细致、一丝不苟的精神对书稿进行了认真审阅和教正，并提出了许多宝贵意见。在此一并致谢！

虽经反复修改和检查，由于时间紧迫、作者水平有限，难免存在这样或那样的不足和谬误。

不当之处，恳请各位专家、读者指正为谢。

胡解旺

2015 年 11 月 30 日